21世纪全国高职高专汽车系列技能型规划教材

二手车鉴定与评估

主　编　李玉柱
副主编　杨朝英　陆志农　王　芹
参　编　杜　荣　陈帮陆

北京大学出版社
PEKING UNIVERSITY PRESS

内容简介

本书根据教育部颁布的《汽车运用与维修专业领域技能型紧缺人才培训指导方案》以及汽车行业标准、技能规范和技术工人等级标准编写而成。

本书共6章内容，主要介绍二手车鉴定评估的依据及基本原则、汽车的基本知识、二手车技术状况的检查方法、二手车价值的计算方法、二手车交易及鉴定评估流程、事故车鉴定与评估等内容，同时介绍国家现行的有关管理法规和标准，以及二手车交易市场的运行规律和运作方式。本书内容全面，实用性强，既有一定的理论深度，又有很强的实践性。

本书可作为高等职业学校汽车运用与维修专业、汽车营销等专业的教材，也可作为汽车鉴定评估师的参考用书，还可作为计划购买二手车人士的科普读物。

图书在版编目(CIP)数据

二手车鉴定与评估/李玉柱主编. —北京：北京大学出版社，2012.6
(21世纪全国高职高专汽车系列技能型规划教材)
ISBN 978-7-301-20753-6

Ⅰ.①二… Ⅱ.①李… Ⅲ.①汽车—鉴定—高等职业教育—教材 ②汽车—价格评估—高等职业教育—教材 Ⅳ. ①U472.9 ②F766

中国版本图书馆CIP数据核字(2012)第120540号

书　　名：二手车鉴定与评估
著作责任者：李玉柱　主编
策 划 编 辑：张永见　赖　青
责 任 编 辑：张永见
标 准 书 号：ISBN 978-7-301-20753-6/TH·0295
出　版　者：北京大学出版社
地　　址：北京市海淀区成府路205号　100871
网　　址：http://www.pup.cn　http://www.pup6.cn
电　　话：邮购部62752015　发行部62750672　编辑部62750667　出版部62754962
电 子 邮 箱：pup_6@163.com
印　刷　者：河北滦县鑫华书刊印刷厂
发　行　者：北京大学出版社
经　销　者：新华书店
787毫米×1092毫米　16开本　15印张　348千字
2012年6月第1版　2012年6月第1次印刷
定　　价：28.00元

前　言

随着我国汽车市场的迅猛发展，我国机动车保有量不仅在生产和销售数量方面迅猛增长，而且在车型品种上也有了大幅度的提高，轿车也大规模地进入了普通家庭。中国汽车业已进入一个市场活跃期。其中二手车的交易量呈逐年递增且大有赶超新车成交数量的趋势，在汽车销售市场上占据着重要的份额。与此同时，随着汽车与经济和社会活动联系的紧密和功能的拓展，车辆鉴定评估行为也逐步渗透到社会的各个领域，成为资产评估的重要组成部分。在汽车金融、保险、置换、旧机动车交易以及其他汽车领域，急需高素质的汽车鉴定与评估人才。

本书是根据教育部颁布的《汽车运用与维修专业领域技能型紧缺人才培训指导方案》以及汽车行业标准、技能规范和技术工人等级标准编写而成的。

本书共6章内容，主要介绍二手车鉴定评估的依据及基本原则、汽车的基本知识、二手车技术状况的检查方法、二手车价值的计算方法、二手车交易及鉴定评估流程、事故车鉴定与评估等内容，同时介绍国家现行的有关管理法规和标准，以及二手车交易市场的运行规律和运作方式。本书内容全面，实用性强，既有一定的理论深度，又有很强的实践性。

本书建议课时96课时，课时分配详见下表。

序号	课程内容	课时分配		
		小计	理论教学	实践与实习
第1章	二手车评估概述	2	2	
第2章	汽车基础知识	8	8	
第3章	二手车技术状况评估	26	20	6
第4章	二手车价值评估	22	22	
第5章	二手车的鉴定评估工作流程和案例	18	14	4
第6章	二手车交易实务	16	12	4
附录	相关法律法规	4	4	
合计		96	82	14

本书可作为高等职业院校汽车运用与维修专业、汽车营销等专业的教材，也可作为汽车鉴定评估师的参考用书，还可作为欲购买二手车人士的科普读物。

本书由无锡商业职业技术学院李玉柱任主编，河北交通职业技术学院杨朝英、无锡商业职业技术学院陆志农、连云港职业技术学院王芹任副主编。

本书第1章由连云港职业技术学院王芹编写，第2章由无锡商业职业技术学院陈帮陆、陆志农编写，第3章由河北交通职业技术学院杜荣编写，第4章由无锡商业职业技术学院李玉柱编写，第5章、第6章由河北交通职业技术学院杨朝英编写。附录部分内容由李玉柱和杨朝英提供。

由于编者水平有限，书中难免有疏漏和不妥之处，敬请读者批评指正。

编　者

2012年3月

目录

第1章

二手车评估概述

知识目标	了解二手车交易的特点； 了解二手车交易的类型； 掌握二手车评估的基本原则
技能目标	掌握二手车鉴定及评估的特点和原则

本章导语

从第一批私家车进入家庭到现在，旧车淘汰早已正式开始，二手车在市场上已占据了一席之地，而二手车的数量更是这个行业潜在能量的集中体现。我国二手车交易市场也随着经济的发展而逐步形成，如图 1.1、图 1.2 所示。特别是近几年国家经济发展了，人民的生活水平提高了，私人购买汽车的比例逐年增加。从我国的国情看，我国二手车的交易量大约是新车交易量的 30%，并且每年以 25%的速度增长。

图 1.1　北京旧车市场

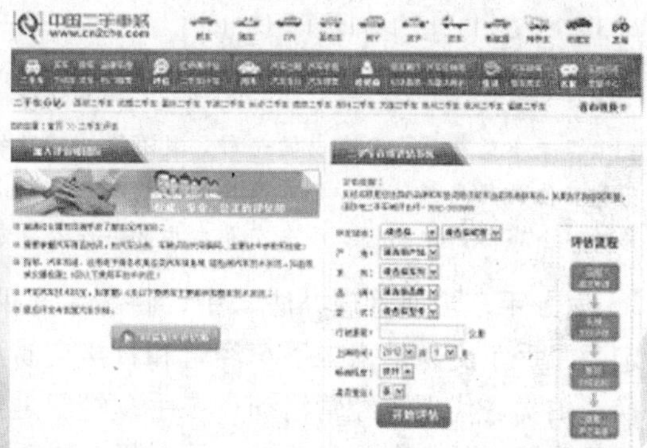

图 1.2　二手车交易网站

1.1 二手车评估的发展

1. 二手车交易市场

二手车交易是指买主和卖主进行二手车商品交换和产权交易。二手车交易市场是从事旧机动车经营活动的流通企业或场所。它的功能是为机动车用户及消费者服务。具体地讲，二手车交易市场就是把二手车信息和资源聚集在一起，买主和卖主进行二手车产权交易的场所。在国家规定的二手车交易市场中交易、转换二手车的产权。由此可见，二手车交易市场也是一种中介服务机构，其主要业务就是接受产权交易双方委托并撮合成交，并对二手车交易及产权交易的合法性进行监督、审查。除此之外，二手车交易市场同时还开展二手车的收购与销售的经营活动。

二手车在交易前要由专门的鉴定估价人员，按照特定的目的，遵循法定或公允的标准和程序，运用科学的方法，对二手车进行各种手续的检查、技术状态的鉴定和价格估算。其交易价即为鉴定评估人员根据市场信息对二手车的现时价格做出预测和估算的价格。

二手车交易不同于其他商品交易，有其特殊性。

(1) 二手车交易是机动车交易的一种，应符合和遵循汽车交易的一系列法律制度和市场营销规律。

(2) 二手车交易是旧货交易的一种，应符合旧货交易的一系列法律法规和交易技巧。

(3) 二手车交易是有明确政策和法律制度规范的行为事件，只有遵循政策法规制度才能充分发挥二手车营销工具的作用。

(4) 二手车交易在我国将是快速发展中的行业之一，发展潜力和潜在的交易量在我国都很大，应该在遵守现行政策和法律制度的基础上，利用政策和法律制度的保护，充分发挥人的创造性和主观能动作用，合理选择目标市场，整合各类相关资源，以求在满足二手车消费者需求的前提下获取利润，实现企业的长足进步和稳定发展。

特别提示

二手车交易是汽车交易的一种，具有汽车交易的共同特点，同时又有别于新车交易。虽然机动车交易和其他商品交易一样，都是商品交换的单元，同属于流通领域，是汽车商品从生产领域向消费领域转移的一个事件，但包括二手车交易在内的汽车交易有一些共同的特点，是进行二手车交易必须注意的。

《二手车流通管理办法》中，将二手车的交易、经营、经纪等概念明确划分开来，规定：二手车交易是指二手车经营和直接交易活动；二手车经营是指二手车收购、销售、置换、拍卖、代理等经营活动；二手车经纪是指为二手车买卖双方提供信息咨询、撮合交易并收取佣金的中介服务活动。同时规定二手车交易市场和二手车经纪公司均不得参与二手车经营活动。在管理办法上对交易市场、经纪公司、经营公司、鉴定评估机构的职责和经营范围进行区分，有助于堵塞行业黑洞，保障买卖双方的合法权益。

由于政府对机动车辆实行严格的管理，二手车的产权只能在二手车市场中进行交易、转换。因而，为满足二手车的产权流动而建立的二手车产权交易市场，其主要业务就是接受产权交易双方委托并撮合成交，以及对二手车交易及产权转换的合法性进行审查。

狭义的二手车市场是指机动车商品二次流动的场所，它具有中介服务商和商品经营者的双重属性。具体而言，二手车交易市场的功能有：二手车鉴定评估、收购、销售、寄售、代购代销、租赁、置换、拍卖、检测维修、配件供应、美容装饰、售后服务，以及为客户提供过户、转籍、上牌、保险等服务。此外，二手车交易市场还应严格按国家有关法律、法规审查二手车交易的合法性，坚决杜绝盗抢车、走私车、非法拼装车和证照与规费凭证不全的车辆上市交易。

随着二手车市场的发展和壮大，二手车大卖场、二手车超市和二手车园区也在逐渐形成。其主要功能是在一般二手车市场的基础上，引入了二手车品牌、汽车文化、科普教育、旅游、娱乐等多项功能。

广义的二手车市场则不仅局限于一个提供交易活动的场所，也包括买卖双方，交易的车辆这些客观主体及其交易关系，还包括各种交易信息、政策法规等一切影响二手车交易的外部环境。

2. 二手车交易的特点

1）技术性和专业性

汽车商品是经过复杂加工而制成的产品，包含着丰富的技术内容，具有很强的技术性，有些汽车商品甚至还与专利、商标或专有技术相联系，特别是二手车可能还与原使用者的特别身份或者特别事件相联系。另外，汽车交易的商品都具有较强的专业性。不但汽车生产技术本身具有一定的专业性，而且汽车应用范围也有一定的专业性。由于汽车交易产品的技术性和专业性强，加工质量要求高，因此在交易中的升值能力也很强，尤其是高新技术产品，在市场需要的情况下，售价要比成本高很多。

2）结构复杂性

汽车商品的结构很复杂，尤其在一般消费者看来。现代汽车至少由几千个零件组成，有的总成也要由几十个甚至数百个零件组成。零件的形状各异，工艺复杂，加工难度大。随着生产和生活现代化水平的不断提高，汽车交易的商品技术性能不断提高、品种不断增加、应用范围不断扩大。因而，汽车交易产品都必须满足不同的工作需要，不但有一定的要求，而且性能各异。

3）交易技巧要求高

很多二手车交易需要经过询价、比价、接受、订立合同这些交易程序。因此，二手车交易人员不仅需要一般的业务知识和语言交流能力，还必须具备汽车技术知识和谈判技巧，且需要全面的业务知识和能力。

二手车交易同时具有旧货交易的共同特点，应遵守旧货交易的一切法律制度。但同时二手车交易也与一般的旧货交易有别。这主要是因为汽车产品的技术性、专业性和结构复杂性决定了二手车交易在技术和管理上的难度加大，同时由于新车技术不断进步，二手车的维修和再制造工程不断发展，使得二手车交易在整个交易难度上变得比一般的旧货交易大很多。

为了规范二手车交易双方的行为，保证交易双方的合法权益，国内颁布了一系列的与二手车交易相关的政策、法律制度和行为规范。这些规范使得交易双方有法可依，但同时对于普通消费者来说，要了解这些复杂的规范又是一个问题，反过来又加大了交易双方信息的不对称性，使得二手车交易更加具有专业性。作为具有明确政策和法律制度规范行为事件的二手车交易，需要解决的问题表面上增加了，实际上是社会的进步，在这种情况下二手车交易的咨询服务和鉴定评估就显得更加重要了。

3. 二手车行业在汽车产业中的地位和作用

二手车交易业务是汽车产业链最重要的组成部分之一，同时二手车交易也是一个可持续发展的产业，同样能创造大量的就业机会。二手车交易市场的繁荣程度是一个国家汽车流通领域是否发达成熟的重要标志。汽车市场越发达的国家和地区，二手车交易也越活跃，二手车交易量均超过新车销售量。一般来说，一个国家二手车交易市场的成熟程度与这个国家经济体制、经济发展水平、汽车工业的发展水平和汽车的保有量、交通管理政策、社会文化背景都有很大关系。

在汽车产业较成熟的国家和地区，汽车销售商的利润来源中，售后服务占50%，汽车整车销售占10%，零部件销售占10%，二手车经营占20%，这说明二手车行业的利润在汽车销售以及售后市场中处于较高水平。较高的利润水平有利于激励人们积极参与到这个行业中来，也有助于维持行业自身的持续发展。

不仅如此，二手车行业在汽车产业链中其他环节也起着积极的作用。例如，二手车对新车销售有着积极的推动作用。在汽车行业发展成熟的地区，据统计，有将近70%购买新车的消费者是原来就有车的，购买新车往往是通过置换的方式进行。因此，经销商们在销售新车的同时也提供二手车置换业务，提供更好的服务和优惠的二手车收购价格来吸引消费者促成交易。二手车对新车销售的影响还不仅在于此，品牌厂商们已经注意到二手车的残值对其品牌的影响力，消费者在购买新车时不仅会考虑其新车价格性能等方面，还会考虑其残值的高低，因为几乎没有一个消费者会将一部车从新车一直使用到自然报废，使用一段时间以后就会将其卖掉，残值是其不得不考虑的一个重要问题。因此，品牌厂商们非常注重本品牌的二手车残值，通过各种手段来提高其二手车残值，从而提高消费者对本品牌的信任。

4. 二手车交易的类型

二手车交易的类型根据交易双方行为和参与程度的不同可以分为以下几种。

1）收购

二手车的收购是二手车交易市场的经营业务之一。它是指二手车经营主体为方便客户进场直接购置的前提下，按照客户的要求，代为购置二手车的一种经营活动。收购价格由于受到快速变现原则的作用，其价格大大低于“市场价格”。二手车经营主体是指经工商行政管理部门依法登记，从事二手车经销、拍卖、经纪、鉴定评估的企业。

2）销售

销售是指二手车经营主体为方便客户的旧车进场直接销售，按照客户的要求，代为销售二手车的一种经营活动。二手车的销售价格是决定二手车流通企业收入和利润的唯一因素，因此，企业必须综合考虑成本因素、供求关系、竞争状况以及国家的相关政策法规，并运用一定的定价方法和定价技巧为产品制定切实可行的销售价格。

3）寄售

寄售是指卖车方与二手车经营主体签订协议，将所售车辆委托二手车经营主体保管及寻找购车方，二手车经营主体从中收取一定的场地费、服务费及保管费的一种交易行为。

4）代购

代购是指在无需客户进场直接购置的前提下，二手车经营主体按照客户的要求，代为购置二手车的一种经营活动。

5）代销

代销是指在无需客户进场直接销售的前提下，二手车经营主体按照客户的要求，代为销售二手车的一种经营活动。

6）租赁

租赁是指二手车经营主体将二手车向客户提供租赁，以获取租金为目的的一种经营活动。

7）拍卖

拍卖是指二手车拍卖机构以公开竞价的形式将二手车转让给最高应价者的一种经营活动。对于公务车辆、执法机关罚没车辆、抵押车辆、企业清算车辆、海关获得的抵税和放弃车辆等，都需要对车辆进行鉴定估价，以在预期之日为拍卖车辆提供拍卖底价。

8）经纪

经纪是指二手车经纪机构以收取佣金为目的，为促成他人交易二手车而从事居间、行纪或者代理等的一种经营活动。

9）鉴定评估

二手车的鉴定评估，是指二手车鉴定评估机构对二手车技术状况及其价值进行鉴定评估的经营活动。

10）置换

汽车置换指的是过去卖新车的品牌专卖店参与二手车的经营，取代存在争议的中介机构，品牌专卖店用“以旧换新”的方式促进新车的销售，这就是汽车置换。汽车置换在国外很普遍，经营模式已相当成熟，以美国为例，很多汽车品牌专卖店都有经营二手车的业务。在我国，汽车置换业务还处于起步阶段，上海通用汽车“诚新二手车”率先在国内以品牌化的方式经营旧车业务，这其中包括以旧车(任何品牌)换新车(别克品牌)的置换业务。

11）直接交易

二手车所有人，不通过经销企业、拍卖企业和经济机构等经营主体，将车辆直接出售给买方的交易行为。《二手车流通管理办法》规定直接交易应当在二手车交易市场进行。

1.2　二手车评估基本原则

1. 二手车鉴定估价的特点

二手车作为一类资产，有着区别于其他类型资产的特点：一是单位价值较大，使用时间较长；二是工程技术性强，使用范围广；三是使用强度、使用条件、维护水平等差异较大；四是使用管理严，税费附加值高。由于车辆本身的这些特点决定了二手车鉴定估价具有如下显著特点。

1）二手车的估价以技术鉴定为基础

汽车本身具有较强的工程技术性，且技术含量较高，在长期的使用过程中，由于机件的摩擦和自然力的作用，其始终处于不断的磨损过程中。随着行驶里程和使用年数的增加，车辆实体的有形耗损和无形耗损加剧。而且车辆耗损程度的大小，因为使用强度、使用条件、维修水平等不同而存在很大差异。因此，在评定车辆实物和价值状况时，通常需要通过技术设备检测等技术手段来鉴定车辆的耗损程度，如图 1.3 所示。

图 1.3　二手车检测

2）二手车鉴定估价都以单台为评估对象

二手车本身单位价值相差较大、规格型号多、车辆结构差异较大，为了保证评估质量，对于单位价值大的车辆，一般都是分整车、分部件逐台、逐件地进行鉴定估价，为了简化鉴定估价工作程序，节省时间，对于以产权转让为目的，单位价值小的车辆，也不排除采取“提篮作价”的评估方式。

3）二手车鉴定估价要考虑手续构成的价值

国家对车辆实行“户籍”管理，使用税费附加值高，因此在对二手车鉴定估价时，除了估算其实体价值以外，还要考虑由“户籍”管理手续和各种使用税费构成的价值。

2. 二手车鉴定估价的主要依据和原则

1）二手车鉴定估价的依据

二手车鉴定估价工作和其他评估工作一样，在评估时必须有正确科学的依据，这样才能得出较为正确的结论，其主要依据如下所示。

(1) 理论依据。旧机动车鉴定估价的理论依据是资产评估学，按国家规定的方法操作。

(2) 政策法规依据。旧机动车鉴定估价工作政策性强，依据的主要政策法规有《国有资产评估管理办法》《国有资产评估管理办法实施细则》《汽车报废标准》等，以及其他方面的政策法规。

(3) 二手车的价格依据。一是历史依据，主要是二手车的账面原值、净值等资料，它具有一定的客观性，但不能作为估价的直接依据；二是现实依据，即在评估价值时都要以基准日这一时点的现实条件为准，即现时的价格、现时的车辆功能状态等。

2）二手车鉴定估价的原则

二手车鉴定估价的工作原则是对二手车鉴定估价行为的规范。为了保证鉴定估价结果的真实、准确，并做到公平合理，被社会承认，就必须遵循一定的原则。

(1) 公平性原则。公平、公正是二手车鉴定估价工作人员应遵守的一项最基本的道德规范。鉴定估价人员的思想作风、工作态度应当公正无私。对评估结果应该是公道、合理的，而且绝对不能偏向任何一方。

（2）独立性原则。独立性原则是要求二手车鉴定估价工作人员依据国家的有关法规和规章制度及可靠的资料数据，对被评估的二手车价格独立地做出评定。坚持独立性原则，是保证评估结果具有客观性的基础。鉴定估价人员的工作不应受外界干扰和委托者意愿的影响，公正客观地进行。

（3）客观性原则。客观性原则是指评估结果应有充分的事实为依据。它要求对二手车计算所依据的数据资料必须真实，对技术状况的鉴定分析应该实事求是。

（4）科学性原则。科学性原则是指在二手车评估过程中，必须根据评估的特定目的，选择适用的评估标准和方法，使评估结果准确合理。

（5）专业性原则。专业性原则要求鉴定估价人员接受国家专门的职业培训，经职业技能鉴定合格后由国家统一颁发执业证书，持证上岗。

（6）可行性原则。可行性原则亦称有效性原则。要想使鉴定估价的结果真实可靠又简便易行，就要求鉴定估价人员是合格的，具有较高的素质；评估中利用的资料数据是真实可靠的；鉴定估价的程序与方法是合法的、科学的。

习　题

1. 简述二手车交易的特点。
2. 二手车鉴定评估的原则是什么？

第2章 汽车基础知识

知识目标	掌握汽车的分类方法； 了解汽车的组成； 了解汽车识别代号的作用； 掌握汽车识别代号的编制原则； 掌握汽车参数及性能指标
技能目标	能够区别不同车型； 能够判断车辆产地、生产年份

本章导语

"汽车"(auto)英文原译为"自动车"。按照国家最新标准GB/T 3730.1—2001对汽车的定义：由动力驱动，具有4个或4个以上车轮的非轨道承载的车辆，主要用于：载运人员和(或)货物；牵引载运人员和(或)货物的车辆；特殊用途。我国将有些进行特种作业的轮式机械以及农田作业用的轮式拖拉机等列入工程机械和农用机械之中。图2.1所示为家用车和货车的外形图。

(a) 家用车　　(b) 货车

图2.1　家用车和货车

美国汽车工程师学会标准SAEJ 687C中对汽车的定义是：由本身动力驱动，装有驾驶装置，能在固定轨道以外的道路或地域上运送客货或牵引车辆的车辆。

日本工业标准JISK 0101中对汽车的定义是：自身装有发动机和操纵装置，不依靠固定轨道和架线能在陆上行驶的车辆。

2.1 汽车分类

随着经济社会的不断发展和科学技术的飞速进步，人类对汽车的需求日趋丰富，汽车的用途更加广泛，汽车的结构和装置被不断改进，使得汽车的种类越来越多。出于对生产、销售、管理等各种需要，必须对汽车进行分类。汽车分类的方法有很多，可以按汽车的用途来分，可以按汽车的结构来分，也可以按有关标准法规来分。世界各国对汽车的分类方法也不尽相同。

2.1.1 国家标准机动车辆及挂车分类

汽车属于机动车辆家族中的一员，我国现行的国家标准 GB/T 15089—2001《机动车辆及挂车分类》中将机动车辆及挂车分类如下。

1. L 类

两轮或三轮机动车辆，分类见表 2-1。

表 2-1 L类

类别	分类依据
L1 类	若使用热力发动机，其气缸排量不超过 50mL，且无论何种驱动方式，其最高设计车速不超过 50km/h 的两轮车辆
L2 类	若使用热力发动机，其气缸排量不超过 50mL，且无论何种驱动方式，其最高设计车速不超过 50km/h，具有任何车轮布置形式的三轮车辆
L3 类	若使用热力发动机，其气缸排量超过 50mL，或无论何种驱动方式，其最高设计车速超过 50km/h 的两轮车辆
L4 类	若使用热力发动机，其气缸排量超过 50mL，或无论何种驱动方式，其最高设计车速超过 50km/h 的 3 个车轮相对于车辆的纵向中心平面为非对称布置的车辆(带边斗的摩托车)
L5 类	若使用热力发动机，其气缸排量超过 50mL，或无论何种驱动方式，其最高设计车速超过 50km/h 的 3 个车轮相对于车辆的纵向中心平面为对称布置的车辆

2. M 类

至少有 4 个车轮并且用于载客的机动车辆，分类见表 2-2。

表 2-2 M类

类别		分类依据
M1 类		包括驾驶员座位在内，座位数不超过 9 个的载客车辆
M2 类		包括驾驶员座位在内座位数超过 9 个，且最大设计总质量不超过 5000kg 载客车辆
	A 级	可载乘员数(不包括驾驶员)不多于 22 人，并允许乘员站立
	B 级	可载乘员数(不包括驾驶员)不多于 22 人，不允许乘员站立
	Ⅰ级	可载乘员数(不包括驾驶员)多于 22 人，允许乘员站立，并且乘员可以自由走动

续表

类别		分类依据
M2类	Ⅱ级	可载乘员数(不包括驾驶员)多于22人，只允许乘员站立在过道和/或提供不超过相当于两个双人座位的站立面积
	Ⅲ级	可载乘员数(不包括驾驶员)多于22人，不允许乘员站立
M3类		包括驾驶员座位在内座位数超过9个，且最大设计总质量超过5000kg的载客车辆
	A级	可载乘员数(不包括驾驶员)不多于22人，并允许乘员站立
	B级	可载乘员数(不包括驾驶员)不多于22人，不允许乘员站立
	Ⅰ级	可载乘员数(不包括驾驶员)多于22人，允许乘员站立，并且乘员可以自由走动
	Ⅱ级	可载乘员数(不包括驾驶员)多于22人，只允许乘员站立在过道和/或提供不超过相当于两个双人座位的站立面积
	Ⅲ级	可载乘员数(不包括驾驶员)多于22人，不允许乘员站立

注：对于M1类中的多用途乘用车(定义见GB/T 3730.1—2001中2.1.1.8)，如果同时具有其定义中规定的两个条件，则不属于M1类而是根据其质量属于N1、N2或是N3类。

特别提示

包括两个或多个不可分但却铰接在一起的铰接客车(定义见GB/T 3730.1—2001)被认为是单个车辆。

3. N类

至少有4个车轮且用于载货的机动车辆，分类见表2-3。

表2-3 N类

类别	分类依据
N1类	最大设计总质量不超过3500kg的载货车辆
N2类	最大设计总质量超过3500kg，但不超过12000kg的载货车辆
N3类	最大设计总质量超过12000kg的载货车辆

特别提示

对于为挂接半挂车而设计的牵引车辆(半挂牵引车)。车辆分类所依据的质量是处于行驶状态中的牵引车的质量，加上半挂车传递到牵引车上最大垂直静载荷，和牵引车自身最大设计装载质量(如果有的话)的和。

某些专用作业车(例如：汽车起重机、修理工程车、宣传车等)上的设备和装置被视为货物。

4. O类

挂车(包括半挂车)，分类见表2-4。

表 2-4　O类

类别	分类依据
O1 类	最大设计总质量不超过 750kg 的挂车
O2 类	最大设计总质量超过 750kg，但不超过 3500kg 的挂车
O3 类	最大设计总质量超过 3500kg，但不超过 10000kg 的挂车
O4 类	最大设计总质量超过 10000kg 的挂车

特别提示

O2 类、O3 类、O4 类挂车是 GB/T 3730.1—2001《汽车与挂车类型的术语和定义》中 2.2 中的一种。

就半挂车或中置轴挂车(见 GB/T 3730.1—2001《汽车与挂车类型的术语和定义》中 2.2.2 和 2.2.3)而言，对挂车分类时所依据的质量是半挂车或中置轴挂车在满载并且和牵引车相连的情况下，通过其所有车轴垂直作用于地面的静载荷。

5. G 类

满足如下要求的 M 类、N 类的越野车。

(1) M1 类和最大设计总质量不超过 2 000kg 的 N1 类车辆，如满足以下条件就认为是 G 类车辆。

至少有一个前轴和至少有一个后轴能够同时驱动，其中包括一个驱动轴可以脱开的车辆。

至少有一个差速锁止机构或至少有一个具有类似作用的机构。单车计算爬坡度至少为 30%，此外还必须满足下列 6 项要求中的至少 5 项。

① 接近角≥25°。

② 离去角≥20°。

③ 纵向通过角≥20°。

④ 前轴离地间隙≥180mm。

⑤ 后轴离地间隙≥180mm。

⑥ 前后轴间的离地间隙≥200mm。

(2) 最大设计总质量超过 2 000kg 的 N1 类、N2 类、M2 类或最大设计总质量不超过 12 000kg 的 M3 类车辆，如果所有车轮设计为同时驱动(包括一轴的驱动可以脱开的车辆)或者如果满足下列三项要求，则认为是 G 类车辆。

至少一根前轴和至少一根后轴同时用于驱动，其中包括一轴的驱动可以脱开的车辆。

至少有一个差速锁止机构或至少有一个类似作用的机构。

单车计算爬坡度至少为 25%。

(3) N3 类或最大设计总质量超过 12 000kg 的 M3 类车辆，如果所有车轮设计为同时驱动(包括一轴的驱动可以脱开的车辆)或满足下列要求，则被认为是 G 类车辆。

至少有半数车轮用于驱动。

至少有一个差速锁止机构或类似作用的机构。

单车计算爬坡度至少为 25%；并且必须满足下列 6 项要求中的至少 4 项。

① 接近角≥25°。

② 离去角≥25°。

③ 纵向通过角≥25°。

④ 前轴离地间隙≥250mm。

⑤ 后轴离地间隙≥250mm。

⑥ 前后轴间的离地间隙≥300mm。

通常将M类、N类、M类或N类与O类组合及G类机动车辆都称为汽车。

2.1.2 公安管理机动车辆分类

为了便于机动车辆技术检验，核发牌证以及进行专门管理，公安部根据《警车管理规定》、《临时入境机动车和驾驶人管理规定》、《机动车登记规定》制定了《机动车辆登记工作规范》(公安部公交管[2008]185号文件)。《机动车辆登记工作规范》将机动车辆按类型和使用性质分别分类如下。

1. 机动车辆类型分类

机动车辆规格术语和结构术语见表2-5和表2-6。

表2-5 机动车辆规格术语

<table>
<tr><th colspan="2">分类</th><th>规格术语</th><th>说明</th></tr>
<tr><td rowspan="10">汽车</td><td rowspan="4">载客</td><td>大型</td><td>车长大于等于6m或者乘坐人数大于等于20人。乘坐人数可变的，以上限确定。乘坐人数包括驾驶员(下同)</td></tr>
<tr><td>中型</td><td>车长小于6m，乘坐人数大于9人且小于20人</td></tr>
<tr><td>小型</td><td>车长小于6m，乘坐人数小于等于9人</td></tr>
<tr><td>微型</td><td>车长小于等于3.5m，发动机气缸总排量小于等于1L</td></tr>
<tr><td rowspan="4">载货</td><td>重型</td><td>车长大于等于6m，总质量大于等于12000kg</td></tr>
<tr><td>中型</td><td>车长大于等于6m，总质量大于等于4500kg且小于12000kg</td></tr>
<tr><td>轻型</td><td>车长小于6m，总质量小于4500kg</td></tr>
<tr><td>微型</td><td>车长小于等于3.5m，总质量小于等于750kg</td></tr>
<tr><td colspan="2">三轮汽车(原三轮农用运输车)</td><td>以柴油机为动力，最高设计车速小于等于50km/h，最大设计总质量不大于2000kg，长小于等于4.6m，宽小于等于1.6m，高小于等于2m，具有3个车轮的货车</td></tr>
<tr><td colspan="2">低速货车(原四轮农用运输车)</td><td>以柴油机为动力，最高设计车速小于等于70km/h，最大设计总质量小于等于4500kg，长小于等于6m，宽小于等于2m，高小于等于2.5m，具有4个车轮的货车</td></tr>
<tr><td rowspan="2">摩托车</td><td colspan="2">普通</td><td>最大设计时速大于50km/h或者发动机气缸总排量大于50mL</td></tr>
<tr><td colspan="2">轻便</td><td>最大设计时速小于等于50km/h，发动机气缸总排量小于等于50mL</td></tr>
<tr><td rowspan="3">挂车</td><td colspan="2">重型</td><td>最大总质量大于等于12000kg</td></tr>
<tr><td colspan="2">中型</td><td>最大总质量大于等于4500kg且小于12000kg</td></tr>
<tr><td colspan="2">轻型</td><td>最大总质量小于4500kg</td></tr>
</table>

表 2-6 机动车辆结构术语

<table>
<tr><th colspan="2">分类</th><th>结构术语</th><th>说明</th></tr>
<tr><td rowspan="21">汽车</td><td rowspan="6">载客</td><td>普通客车</td><td>车身为长方体或近似长方体，单层地板，一厢或两厢式结构，安装座椅的载客汽车</td></tr>
<tr><td>双层客车</td><td>车身为长方体或近似长方体，双层地板，一厢或两厢式结构，安装座椅的载客汽车</td></tr>
<tr><td>卧铺客车</td><td>车身为长方体或近似长方体，单层地板，一厢或两厢式结构，安装卧铺的载客汽车</td></tr>
<tr><td>铰接客车</td><td>车身为长方体或近似长方体，单层地板，由铰接装置连接两个车厢且连通，安装座椅的载客汽车</td></tr>
<tr><td>越野客车</td><td>车身结构为一厢式或者两厢式，所有车轮能够同时驱动，接近角、离去角、纵向通过角、最小离地间隙等技术参数按照高通过性设计的载客汽车</td></tr>
<tr><td>轿车</td><td>车身结构为两厢式且乘坐人数不超过 5 人，或者车身结构为三厢式且乘坐人数不超过 7 人的载客汽车。但同一型号车辆可增加乘坐人数的除外</td></tr>
<tr><td rowspan="8">载货</td><td>普通货车</td><td>载货部位的结构为栏板的载货汽车，不包括具有自动倾卸装置的载货汽车</td></tr>
<tr><td>厢式货车</td><td>载货部位的结构为封闭厢体且与驾驶室各自独立的载货汽车</td></tr>
<tr><td>封闭货车</td><td>载货部位的结构为封闭厢体且与驾驶室联成一体，车身结构为一厢式载货汽车</td></tr>
<tr><td>罐式货车</td><td>载货部位的结构为封闭罐体的载货汽车</td></tr>
<tr><td>平板货车</td><td>载货部位的地板为平板结构且无栏板的载货汽车</td></tr>
<tr><td>集装箱车</td><td>载货部位为框架结构且无地板，专门运输集装箱的载货汽车</td></tr>
<tr><td>自卸货车</td><td>载货部位具有自动倾卸装置的载货汽车</td></tr>
<tr><td>特殊结构货车</td><td>载货部位为特殊结构，专门运输特定物品的载货汽车。如运输小轿车的双层结构载货汽车，运输活禽畜的多层结构载货汽车</td></tr>
<tr><td rowspan="7">其他</td><td>半挂牵引车</td><td>不具有载货结构，专门用于牵引半挂车的汽车</td></tr>
<tr><td>专项作业车</td><td>装置有专用设备或器具，用于专项作业的汽车。如洒水车、吸污车、水泥搅拌车、起重车、医疗车等</td></tr>
<tr><td>三轮汽车</td><td>载货部位为栏板结构，具有 3 个车轮的货车</td></tr>
<tr><td>普通低速货车</td><td>载货部位为栏板结构，具有 4 个车轮的货车</td></tr>
<tr><td>厢式低速货车</td><td>载货部位为封闭厢体结构且与驾驶室各自独立，具有 4 个车轮的货车</td></tr>
<tr><td>罐式低速货车</td><td>载货部位为封闭罐体结构，具有 4 个车轮的货车</td></tr>
<tr><td>自卸低速货车</td><td>载货部位具有自动倾卸装置，具有 4 个车轮的货车</td></tr>
<tr><td colspan="2" rowspan="2">电车</td><td>无轨电车</td><td>以电动机驱动，设有集电杆，架线供电的电车</td></tr>
<tr><td>有轨电车</td><td>以电动机驱动，设有集电杆，架线供电，有轨道的电车</td></tr>
</table>

续表

分类	结构术语	说　明
摩托车	二轮摩托车	装有两个车轮的摩托车
	正三轮摩托车	装有与前轮对称分布的两个后轮，仅有驾驶员座位的摩托车
	正三轮载客摩托车	装有与前轮对称分布的两个后轮的具有载客装置的摩托车
	正三轮载货摩托车	装有与前轮对称分布的两个后轮的具有载货装置的摩托车
	侧三轮摩托车	在两轮车摩托车的一侧装有边车的摩托车
轮式自行机械	轮式装载机械	具有装卸设备的轮胎式自行机械
	轮式挖掘机械	具有挖掘设备的轮胎式自行机械
	轮式平地机械	具有平整设备的轮胎式自行机械
全挂车	普通全挂车	载货部位为栏板结构的全挂车
	厢式全挂车	载货部位为封闭厢体结构的全挂车
	罐式全挂车	载货部位为封闭罐体结构的全挂车
	平板全挂车	载货部位的地板为平板结构且无栏板的全挂车
	集装箱全挂车	载货部位为框架结构且无地板，专门运输集装箱的全挂车
	自卸全挂车	载货部位具有自动倾卸装置的全挂车
半挂车	普通半挂车	载货部位为栏板结构的半挂车
	厢式半挂车	载货部位为封闭厢体结构的半挂车
	罐式半挂车	载货部位为封闭罐体结构的半挂车
	平板半挂车	载货部位的地板为平板结构且无栏板的半挂车
	集装箱半挂车	载货部位为框架结构且无地板，专门运输集装箱的半挂车
	自卸半挂车	载货部位具有自动倾卸装置的半挂车
	特殊结构半挂车	载货部位为特殊结构，专门运输特定物品的半挂车

签注要求如下。

(1) 签注机动车类型时，按照表2-5和表2-6的分类栏所对应的规格术语和结构术语加签注，如“大型普通客车”、“中型罐式货车”等。分类栏不对应的，不签注规格术语。

(2) 除微型轿车外，其他轿车、三轮汽车、普低速货车、厢式低速货车、罐式低速货车、自卸低速货车不签注规格术语。

(3) 半挂牵引车、使用载货汽车底盘的专项作业车按照载货汽车的规格术语签注；使用载客汽车底盘的专项作业车按照载客汽车的规格术语签注。

2. 机动车辆使用性质分类

机动车辆使用性质分类见表2-7。

表2-7　机动车辆使用性质分类表

分　类		说　明
营运		个人或者单位以获取运输利润为目的而使用的机动车
细类	公路客运	专门从事公路旅客运输的机动车
	公交客运	城市内专门从事公共交通客运的机动车
	出租客运	以行驶里程和时间计费，将乘客运载至其指定地点的机动车
	旅游客运	专门运载游客的机动车
	货运	专门从事货物运输的机动车
	租赁	专门租赁给其他单位或者个人使用，以租用时间或者租用里程计费的机动车
非营运		个人或者单位不以获取运输利润为目的而使用的机动车
特种		具有专用标志、灯具，用于完成特殊任务的机动车
细类	警用	公安机关、监狱、劳动教养管理机关和人民法院、人民检察院用于执行紧急职务的机动车
	消防	公安消防部队和其他消防部门用于灭火的专用机动车和现场指挥机动车
	救护	急救、医疗机构和卫生防疫部门用于抢救危重病人或处理紧急疫情的专用机动车
	工程抢险	防汛、水利、电力、矿山、城建、交通、铁道等部门用于抢修公用设施、抢救人民生命财产的专用机动车和现场指挥机动车
	营转非	原为营运车辆，现改为非营运车辆
	出租营转非	原为出租车辆，现改为非营运车辆

签注使用性质时，除“非营运”外，其他按照细类签注。

2.1.3　汽车类型的术语和定义

我国国家标准GB/T 3730.1—2001《汽车和挂车类型的术语和定义》中将广义上的汽车分为有动力的汽车和无动力的挂车，有动力的汽车和无动力的挂车组成汽车列车。其中将汽车分为乘用车、商用车。汽车、乘用车、商用车、挂车和汽车列车分别定义如下。

1. 汽车(Motor Vehicle)

由动力驱动，具有4个或4个以上车轮的非轨道承载的车辆，主要用于：载运人员和/或货物；牵引载运人员和/或货物的车辆；特殊用途。

本术语还包括：①与电力线相连的车辆，如无轨电车；②整车整备质量超过400kg的车辆。

2. 乘用车(Passenger Car)

在其设计和技术特性上主要用于载运乘客及其随身行李和/或临时物品的汽车，包括驾驶员座位在内最多不超过9个座位。它也可以牵引一辆挂车。乘用车类型及定义见表2-8。

表2-8 乘用车类型及定义

类型	定义
普通乘用车	车身：封闭式，侧窗中柱有或无。车顶(顶盖)：固定式，硬顶。有的顶盖一部分可开启。座位：4个或1个以上座位，至少两排。后座椅可折叠或移动，以形成装载空间。车门：2个或4个侧门，可有一后启门
活顶乘用车	车身：具有固定侧围框架可开启式车身。车顶(顶盖)：车顶为硬顶或软顶，至少有两个位置：第一个位置封闭；第二个位置开启或拆除。可开启式车身可以通过使用一个或数个硬顶部件和/或合拢软顶将开启的车身关闭。座位：4个或4个以上座位，至少两排。车门：2个或4个侧门。车窗：4个或4个以上侧窗
高级乘用车	车身：封闭式。前后座之间可以设有隔板。车顶(顶盖)：固定式，硬顶。有的顶盖一部分可开启。座位：4个或4个以上座位，至少两排。后排座椅前可安装折叠式座椅。车门：4个或6个侧门，也可有一个后开启门。车窗：6个或6个以上侧窗
小型乘用车	车身：封闭式，通常后部空间较小。车顶(顶盖)：固定式，硬顶。有的顶盖一部分可开启。座位：2个或2个以上的座位，至少一排。车门：2个侧门，也可有一个后开启门。车窗：2个或2个以上侧窗
敞篷车	车身：可开启式。车顶(顶盖)：车顶可为软顶或硬顶，至少有两个位置：第一个位置遮覆车身；第二个位置车顶卷收或可拆除。座位：2个或2个以上的座位，至少一排。车门：2个或4个侧门。车窗：2个或2个以上侧窗
仓背乘用车	车身：封闭式，侧窗中柱可有可无。车顶(顶盖)：固定式，硬顶。有的顶盖一部分可以开启。座位：4个或4个以上的座位，至少两排。后座椅可折叠或可移动，以形成一个装载空间。车门：2个或4个侧门，车身后部有一舱门
旅行车	车身：封闭式。车尾外形可提供较大的内部空间。车顶(顶盖)：固定式，硬顶。有的顶盖一部分可以开启。座位：4个或4个以上的座位，至少两排。座椅的一排或多排可拆除，或装有向前翻倒的座椅靠背，以提供装载平台。车门：2个或4个侧门，并有一后开启门。车窗：4个或4个以上侧窗
多用途乘用车	上述车辆以外的，只有单一车室载运乘客及其行李或物品的乘用车。但是，如果这种车辆同时具有下列两个条件，则不属于乘用车而属于货车 ① 除驾驶员以外的座位数不超过6个；只要车辆具有可使用的座椅安装点，就应算“座位”存在 ② $P-(M+N\times68)>N\times68$ 式中 P——最大设计总质量； M——整车整备质量与1位驾驶员质量之和； N——除驾驶员以外的座位数
短头乘用车	一种乘用车，它一半以上的发动机长度位于车辆前风窗玻璃最前点以后，并且方向盘的中心位于车辆总长的前1/4部分内

续表

类型		定义
越野乘用车		在其设计上所有车轮同时驱动(包括一个驱动轴可以脱开的车辆),或其几何特性(接近角、离去角、纵向通过角,最小离地间隙)、技术特性(驱动轴数、差速锁止机构或其他型式机构)和它的性能(爬坡度)允许在非道路上行驶的一种乘用车
专用乘用车		运载乘员或物品并完成特定功能的乘用车,它具备完成特定功能所需的特殊车身和/或装备。例如:旅居车、防弹车、救护车、殡仪车等
	旅居车	旅居车是一种至少具有下列生活设施结构的乘用车:座椅和桌子;睡具,可由座椅转换而来;炊事设施;储藏设施
	防弹车	用于保护所运送的乘员和/或物品并符合装甲防弹要求的乘用车
	救护车	用于运送病人或伤员并为此目的配有专用设备的乘用车
	殡仪车	用于运送死者并为此目的而配有专用设备的乘用车

3. 商用车辆(Commercial Vehicle)

在设计和技术特性上用于运送人员和货物的汽车,并且可以牵引挂车,乘用车不包括在内。商用车辆类型及定义见表2-9。

表2-9 商用车辆类型及定义

类型		定义
客车		在设计和技术特性上用于载运乘客及其随身行李的商用车辆,包括驾驶员座位在内座位数超过9个。客车有单层的或双层的,也可牵引一挂车
	小型客车	用于载运乘客,除驾驶员座位外,座位数不超过16个的客车
	城市客车	一种为城市内运输而设计和装备的客车。这种车辆设有座椅及站立乘客的位置,并有足够的空间供频繁停站时乘客上下车走动用
	长途客车	一种为城市内运输而设计和装备的客车。这种车辆没有专供乘客站立的位置,但在其通道内可载运短途站立的乘客
	旅游客车	一种为旅游而设计和装备的客车。这种车辆的布置要确保乘客的舒适性,不载运站立的乘客
	铰接客车	一种由两节刚性车厢铰接组成的客车。在这种车辆上,两节车厢是相通的,乘客可通过铰接部分在两节车厢之间自由走动。这种车辆可以按1)~4)进行装备。两节刚性车厢永久联结,只有在工厂车间使用专用的设施才能将其拆开
	无轨电车	一种经架线由电力驱动的客车。这种电车可指定用作多种用途,并按2)、3)和5)进行装备
	越野客车	在其设计上所有车轮同时进行驱动(包括一个驱动轴可以脱开的车辆)或其几何特性(接近角、离去角、纵向通过角、最小离地间隙)、技术特性(驱动轴数、差速锁止机构或其他形式机构)和它的性能(爬坡度)允许在非道路上行驶的一种车辆
	专用客车	在其设计和技术特性上只适用于需经特殊布置安排后才能载运人员的车辆

续表

类型		定义
半挂牵引车		装备有特殊装置用于牵引半挂车的商用车辆
货车		一种主要为载运货物而设计和装备的商用车辆，它能否牵引一挂车均可
	普通货车	一种在敞开(平板式)或封闭(厢式)载货空间内载运货物的货车
	多用途货车	在其设计和结构上主要用于载运货物，但在驾驶员座椅后带有固定或折叠式座椅，可载运 3 个以上的乘客的货车
	全挂牵引车	一种牵引杆式挂车的货车。它本身可在附属的载运平台上运载货物
	越野货车	在其设计上所有车轮同时进行驱动(包括一个驱动轴可以脱开的车辆)或其几何特性(接近角、离去角、纵向通过角、最小离地间隙)、技术特性(驱动轴数、差速锁止机构或其他形式机构)和它的性能(爬坡度)允许在非道路上行驶的一种车辆
	专用作业车	在其设计和技术特性上用于特殊工作的货车。例如：消防车、救险车，垃圾车、应急车、街道清洗车、扫雪车、清洁车等
	专用货车	在其设计和技术特性上用于运输特殊物品的货车。例如：罐式车、乘用车运输车、集装箱运输车等

4. 挂车(Trailer)

就其设计和技术特性需由汽车牵引，才能正常使用的一种无动力的道路车辆，用于：载运人员和/或货物；特殊用途。挂车类型及定义见表 2 - 10。

表 2 - 10　挂车类型及定义

类型		定义
牵引杆挂车		至少有两根轴的挂车，具有：一轴可转向；通过角向移动的牵引杆与牵引车联结；牵引杆可垂直移动，联结到底盘上，因此不能承受任何垂直力。具有隐藏支地架的半挂车也作为牵引杆挂车
	客车挂车	在其设计和技术特性上用于载运人员及其随身行李的牵引杆挂车
	牵引杆货车挂车	在其设计和技术特性上用于载运货物的牵引杆挂车
	通用牵引杆挂车	一种在敞开(平板式)或封闭(厢式)载货空间内载运货物的牵引挂车
	专用牵引杆挂车	一种牵引杆挂车，按其设计和技术特性用作：需经特殊布置后才能载运人员和/或货物；只执行某种规定的运输任务(例如：乘用车运输挂车、消防挂车、低地板挂车、空气压缩机挂车等)

续表

类型		定义
半挂车		车轴置于车辆重心(当车辆均匀受载时)后面，并且装有可将水平或垂直力传递到牵引车的联结装置的挂车
	客车半挂车	在其设计和技术特性上用于载运乘客及其随身行李的半挂车
	通用货车半挂车	一种在敞开(平板式)或封闭(厢式)载货空间内载运货物的半挂车
	专用半挂车	一种半挂车，按其设计和技术特性用作：需经特殊布置后才能载运人员和/或货物；只执行某种规定的运输任务。(例如：原木半挂车、消防半挂车、低地板半挂车、空气压缩机半挂车等，不限于本表所列)
	旅居半挂车	能够提供活动睡具的半挂车
中置轴挂车		牵引装置不能垂直移动(相对于挂车)，车轴位于紧靠挂车的重心(当均匀载荷时)的挂车，这种车辆只有较小的垂直静载荷作用于牵引车，不超过相当于挂车最大质量的10%或1000N的载荷(两者取较小者)。其中一轴或多轴可由牵引车来驱动。旅居挂车(Caravan)：能够提供活动睡具的中置轴挂车

5. 汽车列车(Combination Vehicles)

一辆汽车与一辆或多辆挂车的组合。汽车列车类型及定义见表2-11。

表2-11 汽车列车类型及定义

类型	定义
乘用车列车	乘用车和中置轴挂车的组合
客车列车	一辆客车与一辆或多辆挂车的组合。各节乘客车厢不相通，有时可设服务走廊
货车列车	一辆货车与一辆或多辆挂车的组合
牵引杆挂车列车	一辆全挂牵引车与一辆或多辆挂车的组合
铰接列车	一辆半挂牵引车与具有角向移动联结的半挂车组成的车辆
双挂列车	一辆铰接式列车与一辆牵引杆挂车的组合
双半挂列车	一辆铰接式列车与一辆半挂车的组合。两辆车的联结通过第二个半挂车的联结装置来实现
平板列车	一辆货车和一辆牵引杆货车挂车的组合；在可角向移动的货物承载平板的整个长度上载荷都是不可分地置于牵引车和挂车上。为了支承这个载荷可以使用辅助装置。这个载荷和/或它的支撑装置构成了这两个车辆的联结装置，因此不允许挂车再有转向联结

2.1.4 按用途分类

随着汽车用途的日趋广泛，汽车的结构装置不断改进，种类也越来越多。中国汽车分类标准将汽车分类为8类，见表2-12。

表 2-12　汽车按用途分类

分类依据	类　别	具体分类
依公路运行时厂定最大总质量(Ga)划分	载货汽车	① 微型货车($Ga \leqslant 1.8t$) ② 轻型货车($1.8t < Ga \leqslant 6t$) ③ 中型货车($6t < Ga \leqslant 14t$) ④ 重型货车($Ga > 14t$)
依越野运行时厂定最大总质量(Ga)划分	越野汽车	① 轻型越野汽车($Ga \leqslant 5t$) ② 中型越野汽车($5t < Ga \leqslant 13t$) ③ 重型越野汽车($13t < Ga \leqslant 24t$) ④ 超重型越野汽车($Ga > 24t$)
依公路运行时厂定最大总质量(Ga)划分	自卸汽车	① 轻型自卸汽车($Ga \leqslant 6t$) ② 中型自卸汽车($6t < Ga \leqslant 14t$) ③ 重型自卸汽车($Ga > 14t$) ④ 矿用自卸汽车
依牵引车上是否承受纵向载荷划分	牵引车	① 半挂牵引汽车 ② 全挂牵引汽车
依结构和用途划分	专用汽车	① 厢式汽车 ② 罐式汽车 ③ 起重举升汽车 ④ 仓栅式汽车 ⑤ 特种结构汽车 ⑥ 专用自卸汽车
依车长(L)划分	客车	① 微型客车($L \leqslant 3.5m$) ② 轻型客车($3.5m < L \leqslant 7m$) ③ 中型客车($7m < L \leqslant 10m$) ④ 大型客车($L > 10m$)：又可分为城市、长途、旅游及团体客车 ⑤ 特大型客车：指铰接和双层客车
依发动机排量(V)划分	轿车	① 微型轿车($V \leqslant 1L$) ② 普通轿车($1L < V \leqslant 1.6L$) ③ 中级轿车($1.6L < V \leqslant 2.5L$) ④ 中高级轿车($2.5L < V \leqslant 4L$) ⑤ 高级轿车($V > 4L$)
依公路运行时厂定最大总质量(Ga)划分	半挂车	① 轻型半挂车($Ga \leqslant 7.1t$) ② 中型半挂车($7.1t < Ga \leqslant 19.5t$) ③ 重型半挂车($19.5t < Ga \leqslant 34t$) ④ 超重型半挂车($Ga > 34t$)

2.1.5 按结构分类

按照汽车的结构特征和布置形式，汽车可以分为如下类型，见表2-13。

表2-13 汽车按结构特征和布置形式分类

<table>
<tr><th>分类依据</th><th colspan="2">类 别</th><th>具体分类</th></tr>
<tr><td rowspan="2">按汽车的行走方式分类</td><td colspan="2">轮式汽车</td><td>用车轮作为行走装置的汽车</td></tr>
<tr><td colspan="2">履带式汽车</td><td>用履带作为行走装置的汽车</td></tr>
<tr><td rowspan="6">按动力装置进行分类</td><td rowspan="4">内燃机汽车(用内燃机作为动力装置)</td><td>汽油机汽车</td><td>发动机使用汽油作为燃料的汽车</td></tr>
<tr><td>柴油机汽车</td><td>发动机使用柴油作为燃料的汽车</td></tr>
<tr><td>气体燃料汽车</td><td>发动机使用天然气、煤气等气体作为燃料的汽车</td></tr>
<tr><td>液化气体汽车</td><td>发动机使用液化气体(液化石油气)作为燃料的汽车</td></tr>
<tr><td rowspan="2">电动汽车(用电动机作为动力装置)</td><td>无轨电车</td><td>从架线上接受电力，以电动机开动的大客车</td></tr>
<tr><td>电动车</td><td>蓄电池作为电源的电动汽车</td></tr>
<tr><td rowspan="3">按发动机位置进行分类</td><td colspan="2">前置发动机汽车</td><td>将发动机安装在车辆前部的汽车</td></tr>
<tr><td colspan="2">中置发动机汽车</td><td>将发动机安装在前后桥之间的地板下方的汽车</td></tr>
<tr><td colspan="2">后置发动机汽车</td><td>将发动机安装在车辆后部的汽车</td></tr>
<tr><td rowspan="3">按驱动方式进行分类</td><td colspan="2">前轮驱动汽车</td><td>用前轮作为驱动轮的汽车</td></tr>
<tr><td colspan="2">后轮驱动汽车</td><td>用后轮作为驱动轮的汽车</td></tr>
<tr><td colspan="2">全轮驱动汽车</td><td>前、后轮都可以作为驱动轮的汽车</td></tr>
<tr><td rowspan="4">按发动机位置和驱动方式进行分类</td><td colspan="2">前置前驱(FF)汽车</td><td>前置发动机、前轮驱动的汽车</td></tr>
<tr><td colspan="2">前置后驱(FR)汽车</td><td>前置发动机、后轮驱动的汽车</td></tr>
<tr><td colspan="2">后置后驱(RR)汽车</td><td>后置发动机、后轮驱动的汽车</td></tr>
<tr><td colspan="2">中置后驱(RR)汽车</td><td>中置发动机、后轮驱动的汽车</td></tr>
<tr><td rowspan="2">按承载方式进行分类</td><td colspan="2">承载式车身汽车</td><td>车身作为承载基础件(无车架)的汽车</td></tr>
<tr><td colspan="2">非承载式车身汽车</td><td>车架作为承载基础件的汽车</td></tr>
</table>

2.2 汽车组成

汽车一般由发动机、底盘、车身和电气设备4个基本部分组成，如图2.2所示。

图 2.2　汽车组成

1. 发动机

发动机是汽车的动力装置，如图 2.3 所示。由 2 大机构 5 大系统组成：曲柄连杆机构；配气机构；燃料供给系统；冷却系统；润滑系统；点火系统；起动系统。

图 2.3　汽车发动机

1）冷却系统

冷却系统一般由水泵、散热器、风扇、节温器、水温表和放水开关组成。汽车发动机采用两种冷却方式，即空气冷却和水冷却。一般汽车发动机多采用水冷却。

2）润滑系统

发动机润滑系统由机油泵、集滤器、机油滤清器、油道、限压阀、机油表、感压塞及油尺等组成。

3）燃油供给系统

汽油机燃油供给系统由汽油箱、汽油表、汽油管、汽油滤清器、汽油泵、主油管、燃油压力调节器、喷油器等组成。

4）起动系统

起动系统由起动机、点火开关、蓄电池等组成。

5）点火系统

点火系统由火花塞、高压线、高压线圈、分电器等组成。

6）曲柄连杆机构

曲柄连杆机构由连杆、曲轴、轴瓦、飞轮、活塞、活塞环、活塞销、曲轴油封等组成。

7）配气机构

配气机构由气缸盖、气门室盖罩、凸轮轴、气门、进气歧管、排气歧管、空气滤清器、消音器、三元催化、增压器、中冷器等组成。

2. 汽车底盘

如图 2.4 所示，底盘作用是支承、安装汽车发动机及其各部件、总成，形成汽车的整体造型，并接受发动机的动力，使汽车产生运动，保证正常行驶。底盘由传动系统、行驶系统、转向系统和制动系统 4 个部分组成。

图 2.4　汽车底盘

1）传动系统

汽车发动机所发出的动力靠传动系统传递到驱动车轮。传动系统具有减速、变速、倒车、中断动力、轮间差速和轴间差速等功能，与发动机配合工作，能保证汽车在各种工况条件下的正常行驶，并具有良好的动力性和经济性。传动系统主要是由离合器、变速器、万向节、传动轴和驱动桥等组成。

(1) 离合器。其作用是使发动机的动力与传动装置平稳地接合或暂时地分离，以便于驾驶员进行汽车的起步、停车、换挡等操作。

(2) 变速器。由变速器壳、变速器盖、第一轴、第二轴、中间轴、倒挡轴、齿轮、轴承、操纵机构等机件构成，用于汽车变速、变输出转矩。

2）行驶系统

行驶系统由车架、车桥、悬架和车轮等部分组成。行驶系统有如下功用。

(1) 接受传动系统的动力，通过驱动轮与路面的作用产生牵引力，使汽车正常行驶。

(2) 承受汽车的总重量和地面的反力。

(3) 缓和不平路面对车身造成的冲击，衰减汽车行驶中的振动，保持行驶的平顺性。

(4) 与转向系统配合，保证汽车操纵稳定性。

3）转向系统

汽车上用来改变或恢复其行驶方向的专设机构称为汽车转向系统。转向系统的基本组成包括以下几个部分。

(1) 转向操纵机构。主要由转向盘、转向轴、转向管柱等组成。

(2) 转向器。将转向盘的转动变为转向摇臂的摆动或齿条轴的直线往复运动，并对转向操纵力进行放大的机构。转向器一般固定在汽车车架或车身上，转向操纵力通过转向器后一般还会改变传动方向。

(3) 转向传动机构。将转向器输出的力和运动传给车轮(转向节)，并使左右车轮按一定关系进行偏转的机构。

4) 制动系统

汽车上用以使外界(主要是路面)在汽车某些部分(主要是车轮)施加一定的力，从而对其进行一定程度的强制制动的一系列专门装置统称为制动系统。其作用是：使行驶中的汽车按照驾驶员的要求进行强制减速甚至停车；使已停驶的汽车在各种道路条件下(包括在坡道上)稳定驻车；使下坡行驶的汽车速度保持稳定。

(1) 制动系统分类。

① 按制动系统的作用。制动系统可分为行车制动系统、驻车制动系统、应急制动系统及辅助制动系统等。用以使行驶中的汽车降低速度甚至停车的制动系统称为行车制动系统；用以使已停驶的汽车驻留原地不动的制动系统则称为驻车制动系统；在行车制动系统失效的情况下，保证汽车仍能实现减速或停车的制动系统称为应急制动系统；在行车过程中，辅助行车制动系统降低车速或保持车速稳定，但不能将车辆紧急制停的制动系统称为辅助制动系统。上述各制动系统中，行车制动系统和驻车制动系统是每一辆汽车都必须具备的。

② 按制动操纵能源。制动系统可分为人力制动系统、动力制动系统和伺服制动系统等。以驾驶员的肌体作为唯一制动能源的制动系统称为人力制动系统；完全靠由发动机的动力转化而成的气压或液压形式的势能进行制动的系统称为动力制动系统；兼用人力和发动机动力进行制动的制动系统称为伺服制动系统或助力制动系统。

③ 按制动能量的传输方式。制动系统可分为机械式、液压式、气压式、电磁式等。同时采用两种以上传能方式的制动系称为组合式制动系统。

(2) 制动系统组成。

① 制动操纵机构。产生制动动作、控制制动效果并将制动能量传输到制动器的各个部件以及制动轮缸和制动管路。

② 制动器。产生阻碍车辆的运动或运动趋势的力(制动力)的部件。汽车上常用的制动器都是利用固定元件与旋转元件工作表面的摩擦而产生制动力矩，称为摩擦制动器。它有鼓式制动器和盘式制动器两种结构形式。

3. 汽车车身

车身安装在底盘的车架上，用以驾驶员、旅客乘坐或装载货物。轿车、客车的车身一般是整体结构，货车车身一般由驾驶室和货厢两个部分组成。

汽车车身结构主要包括：车身壳体(白车身)、车门、车窗、车前钣制件、车身内外装饰件和车身附件、座椅以及通风、暖气、冷气、空气调节装置等。在货车和专用汽车上还包括车厢和其他装备。轿车车身如图 2.5 所示。

图 2.5　轿车车身

1）车身壳体(白车身)

车身壳体是一切车身部件的安装基础，通常是指纵、横梁和支柱等主要承力元件以及与它们相连接的钣制件共同组成的刚性空间结构。客车车身多数具有明显的骨架，而轿车车身和货车驾驶室则没有明显的骨架。车身壳体通常还包括在其上敷设的隔音、隔热、防振、防腐、密封等材料及涂层。

2）车门

通过铰链安装在车身壳体上，其结构较复杂，是保证车身的使用性能的重要部件。这些钣制制件形成了容纳发动机、车轮等部件的空间。

3）车身外部装饰件

车身外部装饰件主要是指装饰条、车轮装饰罩、标志、浮雕式文字等。散热器面罩、保险杠、灯具以及后视镜等附件亦有明显的装饰性。

4）车身内部装饰件

车身内部装饰件包括仪表板、顶篷、侧壁、座椅等表面覆饰物，以及窗帘和地毯。在轿车上广泛采用天然纤维或合成纤维的纺织品、人造革或多层复合材料、连皮泡沫塑料等表面覆饰材料；在客车上则大量采用纤维板、纸板、工程塑料板、铝板、花纹橡胶板以及复合装饰板等覆饰材料。

5）车身附件

本身附件包括门锁、门铰链、玻璃升降器、各种密封件、风窗刮水器、风窗洗涤器、遮阳板、后视镜、拉手、点烟器、烟灰盒等。在现代汽车上常装有无线电收放音机和杆式天线，在有的汽车车身上还装有无线电话机、电视机或加热食品的微波炉和小型电冰箱等附属设备。

6）车身内部件

通风、暖气、冷气以及空气调节装置是维持车内正常环境、保证驾驶员和乘客安全舒适的重要装置。座椅也是车身内部重要装置之一。座椅由骨架、座垫、靠背和调节机构等组成。座垫和靠背应具有一定的弹性。调节机构可使座位前后或上下移动以及调节座垫和靠背的倾斜角度。在某些货车驾驶室和客车车厢中还设置适应夜间长途行车需要的卧铺。

7）车身安全件

为保证行车安全，在现代汽车上广泛采用对乘员施加约束的安全带、头枕、安全气囊以及汽车碰撞时防止乘员受伤的各种缓冲和包垫装置。按照运载货物的不同种类，货车车厢可以是普通栏板式结构、平台式结构、倾卸式结构、闭式车厢、气、液罐以及运输散粒货物(谷物、粉状物等)所采用的气力吹卸专用容罐或者是适于公路、铁路、水路、航空联运和国际联运的各种标准规格的集装箱。

4. 汽车电气设备

电气设备由电源和用电设备两部分组成。电源包括蓄电池(图 2.6)和发电机(图 2.7)；用电设备包括发动机的起动系统、汽油机的点火系统、照明装置、信号装置、仪表及各种电器设备，其中各种电器设备包括电脑、卫星导航系统和各种人工智能装置等，这些设备显著地提高了汽车的性能。

图 2.6　汽车蓄电池

图 2.7　汽车发电机

2.3　车辆识别代号和汽车铭牌

现在世界各国汽车公司生产的汽车大部分都使用 VIN(Vehicle Identification Number)：车辆识别代号。它由一组字母和阿拉伯数字组成，共 17 位，俗称“17 位编码”。这与常说的“底盘号”基本上是一个含义，但 VIN 比“底盘号”包括更多的车辆信息。

2.3.1　车辆识别代号

车辆识别代号经过排列组合，可以使车型生产在 30 年之内不会发生重号现象，与居民身份证不会产生重号一样，它具有对车辆的唯一识别性，因此，又将其称为“汽车身份证”。车辆识别代号中含有车辆的制造厂家、生产年代、车型、车身型式、发动机以及其他装备的信息。

1. VIN 代码术语

(1) 车身型式。指根据车辆的一般结构或外形诸如车门和车窗数量，运载货物的特征以及车顶型式(如厢式车身、溜背式车身、舱背式车身)的特点区别车辆。

(2) 发动机型式。指动力装置的特征，如所用燃料、气缸数量、排量和静制动功率等。装在轿车或多用途载客车或车辆额定总重为 4 536kg(100 00 磅)或低于 4 536kg(10 000 磅)的载货车上的发动机，应标明专业制造厂及型号。

(3) 种类。是制造商对同一型号内的，在诸如车身、底盘或驾驶室类型等结构上有一定共同点的车辆所给予的命名。

(4) 品牌。是制造厂对一类车辆或发动机所给予的名称。

(5) 型号。指制造厂对具有同类型、品牌、种类、系列及车身型式的车辆所给予的名称。

(6) 车型年份。表明某个单独的车型的年份，只要实际周期不超过两个立法年份，可以不考虑车辆的实际生产年份。

(7) 制造工厂。制造厂是指负责经过装配工序制造出完整车辆或非完整车辆的厂商或公司。制造厂对 VIN 代号的唯一性负责。

① 非完整车辆制造厂：指把一些部件装配起来制成非完整车辆的制造厂，这些部件没有一件能单独构成一辆非完整车辆。

② 最后阶段制造厂：指在非完整车辆上进行制造作业使其变成完整车辆的制造厂。

③ 中间制造厂：指在非完整车辆上进行制造作业的制造厂，它既不是非完整车辆制造厂，又不是最后阶段制造厂。

(8) 系列。指制造厂用来表示如标价、尺寸或重量标志等小分类的名称。主要用于商业目的。

(9) 类型。指由普通特征、包括设计与目的来区别车辆的级别。轿车、多用途载客车、载货汽车、客车、挂车、不完整车辆和摩托车是独立的型式。

(10) 分隔符。分隔符是一种可用以分隔 VIN 代号的各个部分或用以规定 VIN 代号的界限(开始和终止)的符号、字码或实际界限。分隔符不能与阿拉伯数字或罗马字母混淆。

特别提示

VIN 中不会包含 I、O、Q 这 3 个英文字母。

2. VIN 代码含义

17 位的 VIN 码可以根据其各自代表的含义划分成 3 个部分，它们分别是世界制造厂识别代号(WMI)、车辆说明部分(VDS)和车辆指示部分(VIS)。

1) 世界制造厂识别代号(WMI)

第 1～3 位，表明车辆是由谁生产的。按地理区域分配给各国，各国再分配给本国的制造厂。中国由天津汽研中心标准所代理，国家经贸委备案。

(1) 第一个字码。地理区域代码，如非洲、亚洲、欧洲、大洋洲、北美洲和南美洲。

(2) 第二个字码。国家代码。美国汽车工程师协会(SAE)分配国家代码。

(3) 第三个字码。制造厂代码，由各国分配。若制造厂的年产量少于 500 辆，其 WMI 代码的第三个字码为 9。大厂用于分配车系。

第一、二位字码的组合能保证国家识别标志的唯一性，3 个字码组合在一起可以保证制造厂识别标志的唯一性。

现在美国汽车工程师协会(SAE)已指定双字码块的国家(地区)有 80 多个，见表 2-14，其中分配给中国的双字码块是 LA～LZ，L0～L9，RF～RL，一共 39 个。

表 2-14 预先分配给各国(地区)的WMI代号双字码块

大洲	第一位字码	第二位字码 A B C D E F G H J K L M N P R S T U V W X Y Z 1 2 3 4 5 6 7 8 9 0					
非洲	A	南非	象牙海岸				
	B	安哥拉	肯尼亚	坦桑尼亚			
	C	达荷美	马尔加什	突尼斯			
	D	埃及	摩洛哥	赞比亚			
	E	埃塞俄比亚	莫桑比克				
	F	加纳	尼日利亚				
	G	马达加斯加					
	H						
亚洲	J	日本					
	K		以色列	韩国			
	L	中国					
	M	印度	印度尼西亚	泰国			
	N	伊朗	巴基斯坦	土耳其			
	P	菲律宾	新加坡	马来西亚			
	R	阿联酋	中国(台湾)	越南			
欧洲	S	英国	德国	波兰			
	T	瑞士	捷克	匈牙利	葡萄牙		
	U		丹麦	爱尔兰	罗马尼亚	斯洛伐克	
	V	奥地利	法国	西班牙	南斯拉夫	克罗地亚	爱沙尼亚
	W	德国					
	X	保加利亚	希腊	荷兰		卢森堡	俄罗斯
	Y	比利时	芬兰	马耳他	瑞典	挪威	乌克兰
	Z	意大利	斯洛文尼亚				
北美洲	1	美国					
	2	加拿大					
	3	墨西哥	哥斯达黎加				
	4	美国					
	5	美国					
澳洲	6	澳大利亚					
	7	新西兰					
南美洲	8	阿根廷	智利	厄瓜多尔	秘鲁	委内瑞拉	
	9	巴西	哥伦比亚	巴拉圭	乌拉圭	特立尼达	巴西
	0						

2）车辆说明部分(VDS)

第4～9位，表明车辆的类型和配置。若其中的一位或几位字符不用，必须用选定的字母或数字占位。

VDS的第4～8位应对车型特征进行描述，其代码及顺序由车辆制造厂决定。

VDS可以从以下方面对车型特征进行描述：车辆类型；车辆结构特征，如车身类型、驾驶室类型、货厢类型、驱动类型、轴数及布置方式等；车辆装置特征，如约束系统类型、发动机特征、变速器类型、悬架类型、制动形式等；车辆技术特性参数，如车辆最大总质量、车辆长度、轴距、座位数等。不同类型的车辆，在VDS中描述的车型特征应包括如下规定的内容。

(1) 轿车：种类、系列、车身类型、发动机类型及约束系统类型。

(2) MPV：种类、系列、车身类型、发动机类型及车辆额定总重。

(3) 载货车：型号或种类、系列、底盘、驾驶室类型、发动机类型、制动系统及车辆额定总重。

(4) 客车：型号或种类、系列、车身类型、发动机类型及制动系统。

VDS的最后一位为检验位。检验位可为0～9中任一数字或字母X，用以核对VIN记录的准确性。车辆制造厂在确定了VIN的其他16位代码后，检验位应按照表2-15～表2-18的规定计算。

① VIN中的数字和字母对应值见表2-15和表2-16。

表2-15　VIN中的数字对应值

VIN中的数字	0	1	2	3	4	5	6	7	8	9
对应值	0	1	2	3	4	5	6	7	8	9

表2-16　VIN中的字母对应值

VIN中的字母	A	B	C	D	E	F	G	H	J	K	L	M	N	P	R	S	T	U	V	W	X	Y	Z
对应值	1	2	3	4	5	6	7	8	1	2	3	4	5	7	9	2	3	4	5	6	7	8	9

② 按表2-17给VIN中的每一位指定一个加权系数。

表2-17　VIN中的指定加权系数对应值

VIN中的位置	1	2	3	4	5	6	7	8	9	10	11	12	13	14	15	16	17
加权系数	8	7	6	5	4	3	2	10	*	9	8	7	6	5	4	3	2

③ 将检验位以外的16位的每一位的加权系数乘以此位数字或字母的对应值，再将各乘积相加，求得的和被11除，除得的余数即为检验位。如果余数是10，则检验位应为字母X。

检验位的确定过程示例见表2-18。

表 2-18 检验位的确定过程示例

VIN 中的位置	1	2	3	4	5	6	7	8	9	10	11	12	13	14	15	16	17
VIN 代号	L	S	V	H	J	1	3	3		2	2	2	2	1	7	6	1
对应值	3	2	5	8	1	1	3	3		2	2	2	2	1	7	6	1
加权系数	8	7	6	5	4	3	2	10	*	9	8	7	6	5	4	3	2
系数总和	24+14+30+40+4+3+6+30+18+16+14+12+5+28+18+2=264																
余数	264/11=24 余 0																

经过上述计算，可知此 VIN 代码中的检验位字码为 0，则该车完整的 VIN 代码为：LSVHJ133022221761。

3）车辆指示部分(VIS)

第 10～17 位，制造厂为了区别每辆车而指定的一组字符，最后四位字符应是数字。

(1) 年份代码。VIN 代码的第 10 位应代表年份，年份代码按表 2-19 规定使用(30 年循环一次)。不能为数字 0、字母 O、Q、I、U、Z。

表 2-19 年份代码

年份	代码	年份	代码	年份	代码	年份	代码
2001	1	2011	B	2021	M	2031	1
2002	2	2012	C	2022	N	2032	2
2003	3	2013	D	2023	P	2033	3
2004	4	2014	E	2024	R	2034	4
2005	5	2015	F	2025	S	2035	5
2006	6	2016	G	2026	T	2036	6
2007	7	2017	H	2027	V	2037	7
2008	8	2018	J	2028	W	2038	8
2009	9	2019	K	2029	X	2039	9
2010	A	2020	L	2030	Y	2040	A

(2) 装配厂代号。VIN 代码的第 11 位为装配厂代号。

(3) 生产顺序号。如果车辆制造厂生产的完整车辆和非完整车辆年产量不小于 500 辆，则 VIN 代码的第 12～17 位为生产顺序号，如果车辆制造厂生产的完整车辆和非完整车辆年产量小于 500 辆，则 VIN 代码的第 12～14 位应与第一部分 WMI 的 3 位字码共同表示一个车辆制造厂，VIN 代码的第 15～17 位表示生产顺序号。一般情况下，汽车召回都是针对某一顺序号范围内的车辆，即某一批次的车辆。

3. VIN 代码含义车型标牌(包含 VIN)的位置

各大汽车厂不完全一样，一般在：①左风挡仪表盘上；②门柱上；③防火墙上；④发动机、车架等大部件上；⑤左侧轮罩内；⑥转向柱上；⑦散热器支架上；⑧发动机前部的加工垫上；⑨质保和保养手册、车主手册上。

我国轿车的 VIN 码大多可以在仪表板左侧、风窗玻璃下面找到。

4. VIN 代码示例

以桑塔纳轿车 LSVHJ13302222 1761 为例说明 VIN 代码含义，见表 2-20。

表 2-20 桑塔纳轿车 LSVHJ13302222 1761 的 VIN 代码含义

代码位数	代码含义
第 1—3 位世界制造厂识别代码	LSV—上海大众汽车有限公司
第 4 位车身型式代码	A—4 门折背式车身 B—4 门直背式车身 C—4 门加长型折背式车身 E—4 门加长型折背式车身 F—4 门短背式车身 H—4 门加长型折背式车身 K—2 门短背式车身
第 5 位发动机变速器代码	车型系列：上海桑塔纳轿车、上海桑塔纳旅行轿车、上海桑塔纳 2000 轿车 A—JV(026A)/AHM(014.K) B—JV(026A)＋LPG/AHM(014.K) C—JV(026A)/2P(013.9) D—JV(026A)＋LPG/2P(013.9) E—JV(026A)＋CNG/2P(013.9) F—AFE(026N)/2P(013.9) G—AYF(050B)/QJ(013.3) H—AJR(06BC)［AYJ(06BC)］/2P(013.9) J—AYJ(06BC)/FNV(01N.A) K—AFE(026N)＋LPG/2P(013.9) L—AYF(050B)＋LPG/QJ(013.3) M—AYJ(06BC)＋LPG/2P(013.9)
第 6 位乘员保护系统代码	0—安全带 1—安全气囊(驾驶员) 2—安全气囊(驾驶员和副驾驶员、前座侧面) 3—安全气囊(驾驶员和副驾驶员、前后座侧面) 4—安全气囊(驾驶员和副驾驶员) 5—安全气囊(驾驶员和副驾驶员、前后座侧面、头部) 6—安全气囊(驾驶员和副驾驶员、前座侧面、头部)
第 7～8 位车辆等级代码	33—上海桑塔纳轿车、上海桑塔纳旅行轿车、上海桑塔纳 2000 轿车 9F—上海帕萨特轿车 9J—上海波罗轿车 5X—上海高尔轿车

续表

代码位数	代码含义
第 9 位校验位	0—9 中任何一数字或字母“X”
第 10 位年份代码	V—1997　W—1998　X—1999　Y—2000　1—2001　2—2002 3—2003　4—2004　5—2005　6—2006　7—2007　8—2008 9—2009　A—2010
第 11 位装配厂代码	2—上海大众汽车有限公司
第 12—17 位车辆制造顺序号	解读整个 VIN 码，其含义就是 2002 年上海大众生产的桑塔纳 2000 型轿车，该车配备 AYJ 发动机，FNV(01N. A)自动变速器，出厂编号 221761

2.3.2　汽车铭牌

汽车应当具有足够的标志，用以表明汽车的生产厂家、车型、发动机功率、载质量、发动机及整车的出厂编号等。它们的作用是便于销售者、使用者、维修人员、交通管理部门识别车辆的“身份”。按我国国家规定，新车登记和年度检验时，都要检查这些标志。汽车的标志包括：汽车的商标或厂标，产品标牌，发动机型号及出厂编号，整车型号及出厂编号以及车辆识别代号等。

1. 汽车车标

汽车车标是证明车辆品牌身份的重要标志之一，是认识车辆、识别车辆的首要途径和常用手段，也是对车辆性能和年代历史辨别的主要参考依据之一。国际标准对整车标志的定义是：机动车在车身前部外表面的易见部位上应至少装置一个能永久保持的商标或厂标。

另外，在二手车交易中常常会碰到一些车辆在使用过程中私自改装车辆标志的情况，对这些车辆的身份还是应该注意加以辨别。有些品牌汽车会在不同时期由于生产商的原因出现不同的标志图案，这也是识别车辆年份和批次的重要依据之一。

部分车标如图 2.8 所示。

图 2.8　汽车车标

图 2.8　汽车车标(续)

2. 汽车铭牌

汽车制造厂商除了在其产品上装置整车标志外，一般还装置至少一个能永久保存的车型标牌(铭牌)，称为产品铭牌。车型铭牌一般固定在显而易见、不受更换部件影响的部位，其内容应该编写规范、字码清晰、防腐耐磨并且易于阅读。车型铭牌是二手车交易中认识、了解车辆的重要手段之一，所以不仅要熟练地找到车型铭牌，还要正确理解车型铭牌的含义以及透露出的信息，如图 2.9 所示。

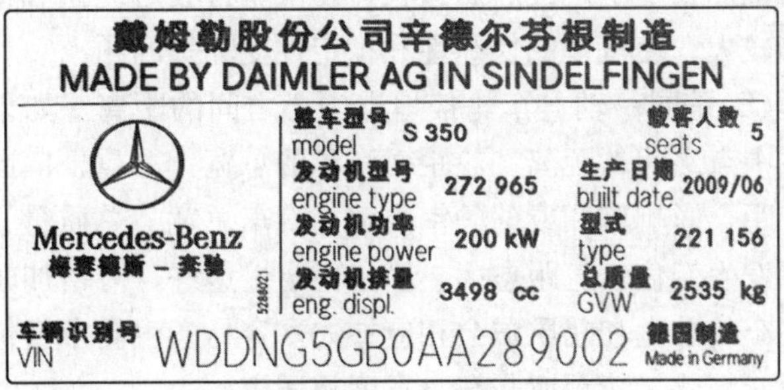

图 2.9　梅赛德斯－奔驰汽车铭牌

以图 2.9 为例，铭牌中分别显示了“品牌”、“车辆识别号”、“整车型号”、“发动机型号”、“发动机功率”、“发动机排量”、“载客人数”、“生产日期”、“总质量”、“制造国”等信息。这些都是在二手车鉴定评估过程中会用到的重要信息。汽车制造厂商不同，车型铭牌的位置也不尽相同，但大多数都固定在发动机舱的某个位置，只要细心，总会找到铭牌的位置。

2.4　汽车主要技术参数性能指标

汽车的技术参数主要包括尺寸参数和质量参数。汽车的性能指标主要包括汽车的动力性、燃油经济性、制动性、操纵稳定性、行驶平顺性、排放污染及噪声等基本指标。

2.4.1 汽车的主要技术参数

汽车主要技术参数包括尺寸参数、质量参数。

1. 尺寸参数

尺寸参数包括车辆的长、宽、高、轴距、轮距、前悬、后悬、最小离地间隙、接近角、离去角、转弯半径、通道圆与外摆值。《道路车辆外廓尺寸、轴荷及质量限值》和《机动车运行安全技术条件》均对我国道路车辆的极限尺寸作了规定：货车、乘用车及二轴客车的长度不大于12m，宽度不大于2.5m，高度不大于4m。

(1) 外廓尺寸。汽车的外廓尺寸是指汽车的长、宽、高。汽车的外廓尺寸根据汽车的用途、道路条件、吨位(或载客数)、外形设计、公路限制和结构布置等众多因素确定。在汽车总体设计中，一般力求减少汽车的外廓尺寸，以减轻汽车的自重，提高汽车的动力性、经济性和机动性。

为了使汽车的外廓尺寸适合本国的公路桥梁、涵洞和铁路运输标准，保证行驶的安全性，每个国家对公路运输车辆的外廓尺寸均有法规限制。我国对公路车辆的极限尺寸规定是：汽车总高≤4m；总宽(不含后视镜)≤2.5m；总长：货车(含越野车)≤12m；一般客车≤12m；铰接大客车≤18m；半挂牵引车(含挂车)≤16m；汽车拖挂后总长<20m。

(2) 轴距。轴距(L)是汽车轴与轴之间距离的参数，通过汽车前后车轮中心来测量。汽车轴距的长短直接影响汽车的长度、重量和使用性能，还对轴荷分配、传动轴夹角有影响。轴距短汽车长度相对就短，自重相对就轻，最小转弯直径和纵向通过角就小。但轴距过短，也会带来由于车厢长度不足或后悬过长，使汽车行驶时纵摆和横摆较大，以及在制动或上坡时重量转移较大，使汽车的操纵性和稳定性变坏等问题。

(3) 轮距。轮距(B)是同一轴上车轮接地点中心之间的距离。如果是双胎汽车，则是指两双胎接地点连线中点之间的距离。轮距对汽车的总宽、总重、横向稳定性和机动性影响较大。改变汽车轮距会影响车厢或驾驶室内宽、汽车总宽、总质量、侧倾刚度、最小转弯直径等一系列指标发生变化。轮距愈大，横向稳定性愈好，对增加轿车车厢内宽也愈有利。但轮距过宽，汽车的总宽和总质量会相应加大，容易产生向车身侧面甩泥的缺点，还会影响汽车的安全性。因此，轮距应与车身宽度相适应。

(4) 前悬和后悬。前悬(LF)是指汽车最前端至前轴中心之间的水平距离。前悬尺寸对汽车通过性、碰撞安全性、驾驶员视野、前钢板弹簧长度、上下车方便性、汽车造型等均有影响。前悬的长度应足以固定和安装驾驶室前支点、发动机、水箱、转向器、弹簧前托架和保险杠等零件和部件。前悬过长会使汽车的接近角过小。后悬(LR)是指汽车最后端至后桥中心之间的水平距离，后悬尺寸对汽车通过性，汽车追尾时的安全性，货厢长度或行李箱长度，汽车造型等均有影响。后悬的长度主要决定于货厢长度、轴距和轴荷分配情况，同时要保证适当的离去角。

(5) 接近角与离去角。在车子的侧面看前轮与地面的接触点到前保险杠的最低点连线与地面的夹角叫接近角；后轮与地面的接触点到排气管下沿连线与地面的夹角叫离去角；前轮、后轮与地面的接触点到底盘中部最低点连线的夹角叫纵向通过角。这3个参数反映了车子的通过性能，在不平的路面与地面擦碰的几率。接近角、离去角越大越好，纵向通过角越小越好。越野车肯定好于轿车，轿车好于跑车。

(6) 转弯半径。汽车转弯半径(R)是指汽车转弯时，由转向中心到外侧转向轮与地面支撑平面中心点的距离。转弯半径越小，汽车的机动性能越好，汽车转弯时所需要的场地面积也越小。一般来讲，汽车转向轮左、右的极限转角不相等，所以汽车向左或向右的最小转弯半径不相等。

(7) 车辆通道圆。汽车或汽车列车以直线行驶状态停于平整地面上。汽车或汽车列车起步，由直线行驶过渡到直径D1(按照车辆最外侧部位计算，但是不计具有作业功能的专用装置的突出部分)为25m的圆周内行驶，至少在圆周内行驶1/2圈(半个圆周)，在此过程中车速控制在5～10km/h。在此圆周内运动的车辆，最外侧部位在地面上的投影所形成的圆周轨迹即为车辆通道圆的外圆。在此圆周内运动的车辆，最内侧部位在地面上的投影所形成的圆周轨迹即为车辆通道圆的内圆。

(8) 车辆外摆值。汽车或汽车列车以直线行驶状态停于平整地面上。沿车辆最外侧部位向地面做投影，并做与车辆纵向中心线平行的投影线。汽车或汽车列车起步，由直线行驶过渡到直径D1(按照车辆最外侧部位计算，但是不计具有作业功能的专用装置的突出部分)为25m的圆周内行驶，至少在圆周内行驶1/2圈(半个圆周)，在此过程中车速控制在5～10km/h。上述过程中车辆外侧任何部位在地面上的投影形成外摆轨迹，该轨迹与车辆静止时车辆最外侧部位形成的投影线的最大距离即为车辆外摆值T。

2. 质量参数

质量参数包括汽车轴荷、汽车总质量、汽车载质量等。

(1) 轴荷。轴荷是指汽车满载时各车轴对地面的垂直载荷。

国家标准《道路车辆外廓尺寸、轴荷及质量限值》和《机动车运行安全技术条件》均规定：二轴货车的最大允许轴荷不得超过10t；客车及三轴以上(含三轴)货车的最大允许轴荷不得超过10t。

(2) 汽车总质量。汽车总质量是指装备齐全时的汽车自身质量与按规定装满客(包括驾驶员)、货时的载质量之和，也称满载质量。即

总质量＝自身质量(整备质量)＋载质量

(3) 载质量。汽车载质量是指在硬质良好路面上行驶时所允许的额定载质量。

当汽车在碎石路面上行驶时，载质量应有所减少(为好路的75%～80%)。

越野汽车的载质量是指越野行驶或土路上行驶的载质量。

轿车的装载量以座位数表示。

城市公共汽车的装载量等于座位数并包括站立乘客数(一般按每人不小于0.125m^2面积计)，其他城市客车按每人不小于0.15m^2面积计。长途客车和旅游客车的装载质量等于座位数。

2.4.2 汽车的主要性能指标

汽车的主要性能包括动力性、燃油经济性、制动性、操纵稳定性、行驶平顺性、排放污染及噪声。

1. 动力性

汽车的动力性可用最高车速、加速能力、爬度能力 3 个指标来评定。

(1) 汽车的最高车速是指汽车满载时，在平直良好的路面上(水泥路面和沥青路面)所能达到的最高行驶速度。

(2) 汽车的加速能力是指汽车在行驶中迅速增加行驶速度的能力。汽车的加速能力常用汽车的原地起步加速性和超车加速性来评价。

(3) 汽车的爬坡能力是指汽车满载时，在良好的路面上以最低前进挡所能爬行的最大坡度。

2. 燃油经济性

汽车在一定的使用条件下，以最小的燃油消耗量完成单位运输工作的能力。

L/100km 我国与欧洲采用。同排量汽车，其数值越大，燃油经济性越差。

mile/us－gal 美国采用。同排量汽车，其数值越大，表明燃油经济性越好。

L/100t * km 货车采用。不同的载质量的汽车，其数值越小，表明燃油经济性越好。

3. 制动性

汽车的制动性主要从制动效能、制动抗热衰退性能和制动时汽车的方向稳定性 3 个方面来评价。

(1) 制动效能。是指汽车迅速降低行驶速度直至停车的能力。制动效能是制动性能最基本的评价指标，它是由一定初速度下的制动距离、制动减速度和制动时间来评定。

(2) 制动抗热衰退性。是指汽车高速制动、短时间多次重复制动或下长坡连续制动时制动效能的热稳定性。

(3) 制动时汽车的方向稳定性。是指汽车在制动时按指定轨迹行驶的能力，即不发生跑偏、侧滑或失去转向的能力。

通常规定一定宽度的试验通道，制动稳定性良好的汽车，在试验时不允许产生不可控制的效能使它偏离这条通道。

4. 操纵稳定性

汽车的操纵稳定性包含着互相联系的两部分内容，一个是操纵性，一个是稳定性。

操纵性是指汽车能够及时而准确地执行驾驶员的转向指令的能力。

稳定性是指汽车受到外界扰动(路面扰动或突然阵风扰动)后，能自行尽快地恢复正常行驶状态和方向，而不发生失控，以及抵抗倾覆、侧滑的能力。

5. 行驶平顺性

汽车行驶时，对路面不平度的隔振特性，称为汽车的行驶平顺性。

路面不平度达到一定程度时，将使乘客感到不舒适和疲劳，或使运载的货物损坏。路面不平度激起的振动引起的附加动载荷将加速有关零件的磨损，缩短汽车的使用寿命。车轮载荷的波动会影响车轮与地面之间的附着性能，关系到汽车的操纵稳定性。

汽车的振动随行驶速度的提高而加剧。在汽车的使用过程中，常因车身的强烈振动而限制行驶速度的发挥。

6. 排放污染物

汽车排放污染主要有3个排放源：一是由发动机排气管排出的燃料燃烧后的废气；二是曲轴箱排放物；三是燃料蒸发排放物。

知识链接

国家环境保护部为贯彻《中华人民共和国环境保护法》和《中华人民共和国大气污染防治法》，防治汽车排气对环境的污染，严格控制机动车污染排放，实施《轻型汽车污染物排放限值及测量方法中国Ⅲ、Ⅳ阶段》第四阶段排放限值。

自2011年7月1日起，所有生产、进口、销售的轻型汽油车、两用燃料车、单一气体燃料车必须符合国四标准的要求；生产、进口上述产品的企业，应按标准要求向环境保护部提出污染物排放达标车型的核准申报，环境保护部对通过审核的车型颁发环保型式核准证书。地方各级环保部门在机动车环保定期检验、环保合格标志核发等工作中，要严格执行排放标准规定。对不符合排放标准要求的车辆，各级环保部门不予核发环保检验合格标志，并配合公安交管部门停止其在本辖区内注册登记。

对生产、进口、销售超标车辆的企业，环境保护部将会同有关部门依据《中华人民共和国大气污染防治法》第五十三条的规定进行处罚。

7. 噪声

按照噪声产生的过程，汽车噪声源大致可分为：与发动机转速有关的声源和与车速有关的声源。

汽车噪声干扰环境并影响人们的身心健康，国家对此有严格标准。《机动车运行安全技术条件》提出：客车的车内噪声级应不大于79dB(A)、汽车驾驶员耳旁噪声级应不大于90dB(A)。

习　　题

1. 简述我国新的车型统计分类。
2. 什么是VIN码？如何解读VIN码？
3. 解读一辆汽车的VIN码。
4. 轿车的布置形式主要有哪几种？举例说明。
5. 阅读一辆家用轿车的技术参数资料，并具体说明其中汽车性能参数的含义。

第3章

二手车技术状况评估

知识目标	了解二手车故障的原因、分类、症状、故障的变化规律、故障的诊断以及汽车故障对二手车评估价格的影响； 掌握二手车发动机、底盘、电器设备及整车的状况评估内容
技能目标	掌握二手车的故障损伤定损评估的基本步骤； 能够对二手车发动机、底盘、电器设备及整车进行静态检查、动态检查和仪器检查

本章导语

二手车鉴定评估业务中的车辆技术状况检查与评定，主要是二手车鉴定评估人员根据自身的专业知识和工作经验，找出车辆上存在的毛病、缺陷和潜在的故障，为确定车辆成新率收集评估依据。根据车辆是否运行，可将二手车发动机、底盘、电器设备及整车的检查工作分为静态检查、动态检查和仪器检查，这也是二手车鉴定主体业务中常用的评估方式。某二手车检测评估中心的动态检测和静态检测如图 3.1 所示。

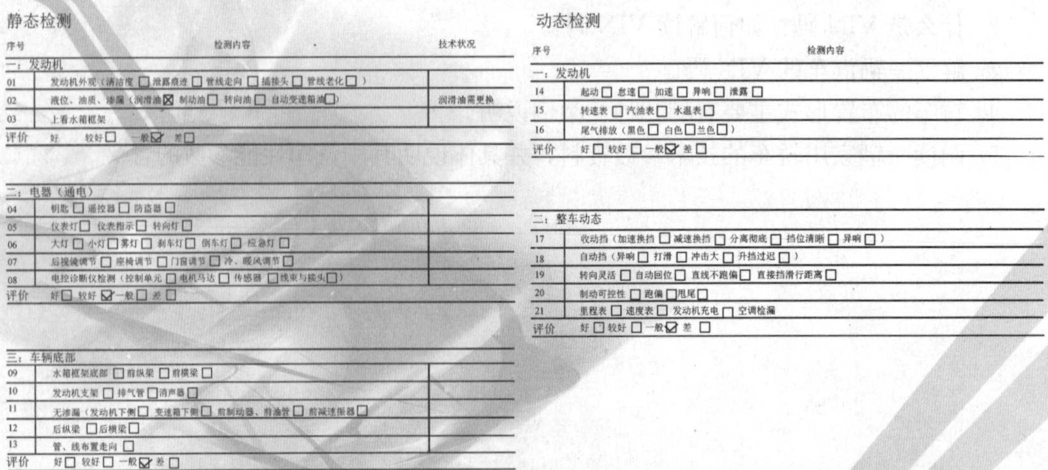

静态检测

序号	检测内容	技术状况
一：发动机		
01	发动机外观（清洁度 ☐ 泄露痕迹 ☐ 管线走向 ☐ 插接头 ☐ 管线老化☐ ）	
02	液位、油质、渗漏（润滑油☒ 制动油☐ 转向油 ☐ 自动变速箱油☐）	润滑油需更换
03	上看水箱框架	
评价	好 较好☐ 一般☑ 差☐	
二：电器（通电）		
04	钥匙 ☐ 遥控器 ☐ 防盗器 ☐	
05	仪表灯☐ 仪表指示☐ 转向灯 ☐	
06	大灯 ☐ 小灯☐ 雾灯 ☐ 刹车灯☐ 倒车灯☐ 应急灯 ☐	
07	后视镜调节 ☐ 座椅调节 ☐ 门窗调节 ☐ 冷、暖风调节 ☐	
08	电控诊断仪检测（控制单元 ☐ 电机马达 ☐ 传感器 ☐线束与接头☐）	
评价	好☐ 较好 ☑一般☐ 差 ☐	
三：车辆底部		
09	水箱框架底部 ☐ 前纵梁 ☐ 前横梁 ☐	
10	发动机支架 ☐ 排气管 ☐消声器 ☐	
11	无渗漏（发动机下侧☐ 变速箱下侧☐ 前制动器、前油管 ☐ 前减速振器☐	
12	后纵梁 ☐后横梁☐	
13	管、线布置走向 ☐	
评价	好☐ 较好☐ 一般☑ 差 ☐	

动态检测

序号	检测内容
一：发动机	
14	起动 ☐ 怠速☐ 加速 ☐ 异响 ☐ 泄露 ☐
15	转速表 ☐ 汽油表☐ 水温表☐
16	尾气排放（黑色☐ 白色☐兰色☐）
评价	好 ☐ 较好 ☐ 一般☑ 差 ☐
二：整车动态	
17	收动挡（加速换挡 ☐ 减速换挡 ☐ 分离彻底 ☐ 挡位清晰 ☐ 异响 ☐ ）
18	自动挡（异响 ☐ 打滑 ☐ 冲击大 ☐ 升挡过迟 ☐ ）
19	转向灵活 ☐ 自动回位☐ 直线不跑偏☐ 直接挡滑行距离 ☐
20	制动可控性 ☐ 跑偏 ☐甩尾☐
21	里程表 ☐ 速度表 ☐ 发动机充电 ☐ 空调检漏
评价	好 ☐ 较好 ☐ 一般☑ 差 ☐

图 3.1 某二手车检测评估中心的动态检测和静态检测

3.1 发动机技术状况评估

二手车技术状况的鉴定主要是针对发动机、底盘、汽车电器进行鉴定评估，其中每一部分的检查又包括静态检查、动态检查和仪器检查3个方面。

静态检查是指二手车在静态状态下，根据检查人员的技能和经验，辅以简单的量具，对二手车技术状况进行检查。

动态检查是指二手车在工作状态下，即发动机在运转但二手车可以是运动状态也可以是静止状态，根据检测人员的技能和经验，辅以简单的量器具，对二手车的技术状况进行检查。

仪器检查是指使用仪器、设备对二手车的技术性能和故障进行检测和诊断，既定性又定量地对二手车进行技术检查。

前两项在汽车评估中是必不可少的；第三项在实际工作中往往视评估目的和实际情况而定。

3.1.1 发动机的静态检查

在二手车的检测过程中，发动机的检测是非常重要的，它就好比汽车的心脏，所以它的好坏对车价的影响很大。发动机静态检查的主要内容包括对发动机外部清洁状况、发动机罩、检查机油油平面高度、机油颜色、机油盖口、发动机冷却液，水箱、检查变速箱油、空气滤清器、发动机主要附件是否完好。

1. 检查发动机外部清洁状况

发动机外部有少量油迹和灰尘是正常的，如果灰尘过多，表明车主对车辆维护不认真和车辆使用环境恶劣；如果一尘不染，说明发动机刚刚经过清洁处理。

2. 检查发动机罩

仔细查看发动机罩与翼子板的密合度或缝隙是否一致(不要有大小不一的情形)，发动机与风窗玻璃之间的间隙是否一致或留有原车的胶漆，这些都是检查的重点。发动机罩内的检查更是重点中的重点。打开发动机罩时，先检查一下其内侧，因为它不具有美观的价值所以一般不会在这个地方乱烤漆，如果有烤过漆的痕迹，则表示这片盖板碰撞过。然后可从发动机上方横梁及发动机本体下方的两条纵梁或俗称“内归”的两内侧副梁等处查看，这些地方如无意外，都应留有圆形点焊的痕迹；若点焊形状大小不一，有可能遭受过撞击。另外，防水胶条是否平顺，也是判断此车有无受伤的依据。

3. 检查机油油平面高度

一般机油尺上都有高、低油位的显示孔，如果机油平面在这两个油位之间，则表示正常。因此，消费者可再将擦干净的机油尺从油箱中拉出来，检查机油尺上的油位。如果油位过低，应了解上次更换机油的时间和间隔里程，如果时间和间隔里程正常，说明发动机烧机油；如果机油平面过高，说明发动机严重窜气或漏水。

4. 检查机油颜色

可以拿出一张白纸，拔出机油尺在纸上擦拭，观察机油颜色和杂质的情况。一般在换过机油后，车辆使用一段时间后机油颜色会变黑，这是正常的；而如果机油显现其他颜色都是不正常的现象。如果发现机油的颜色变灰、变白或有乳化现象，说明机油中混入水，可能是发动机冷却系统和燃烧系统有连通泄露情况。

5. 检查机油盖口

拧下加油盖，将它翻过来观察底部，这样可以在加油盖底部看到旧油甚至脏油的痕迹。如果加油盖底面有一层具有黏稠度的深色乳状物，还有与油污混合的小水滴，这就是不正常的情况了，可能是缸垫、缸盖或缸体有损坏，导致防冻液渗入机油中造成的。如果有这种情况发生，被污染的机油有可能对发动机内部造成损害，发动机可能需要大修。

6. 检查发动机冷却液，检查水箱

打开发动机盖，首先检查水箱部分，但检查的前提是冷车状态，否则很容易被溅出的水烫伤。打开水箱盖后，注意观察冷却水面上是否有其他异物漂浮，例如锈蚀的粉屑、不明的油污等。如果发现有油污浮起，表示可能有机油渗入到冷却水内；如果发现浮起的异物是锈蚀的粉屑，表示水箱内的锈蚀情况已经很严重。一旦发现有上述情况，都表示该车的发动机状况不是很好，需特别注意。现代汽车发动机常年使用防冻液作为发动机冷却液，如果冷却液已变成水，首先应了解其原因，并分析二手车可能有的毛病，如事故、发动机温度高、发动机漏水、发动机内烧水等；如果冷却液内有油污，一般可认为气缸垫处漏气；如果冷却液混浊，要向车主询问原因，并特别注意发动机温度。

7. 检查变速器油

变速器油的检查大多是通过油尺来进行的，油尺标有最高油位和最低油位刻度，如果油量在这两个刻度之间就是正常的。如果油位过低，则表示应该加油了，但也可能表示这辆车已有漏油的情况产生。检查变速器油最重要的是查看油是否变色。一般来说，变速器油呈现红色，如果发现变成棕色，则表示该车的变速器可能发生了故障。如果闻到焦味，表示变速器磨损情况严重，一旦买回此类车，可能需花一笔不小的大修费用。

8. 检查空气滤清器

打开空气滤清器的盒盖，看看里面的清洁程度如何。如果灰尘很多，滤芯很脏，则表示这辆车的使用程度较高，而且该车的前一位车主对车的保养也较差，没有定期更换滤芯。由此可设想，一辆车的保养差，车况也不会太好。

9. 检查发动机主要附件是否完好

检查发动机、起动机、分电器、化油器、空调压缩机、转向助力泵等外观是否正常，是否有漏油、漏水、漏气、漏电现象，是否有松动现象。

3.1.2 发动机的动态检查

二手车动态检查是指汽车在工作状态下的检查。通过对汽车各种工况，如发动机起动、怠速、起步、加速、匀速、滑行、强制减速、紧急制动、从低速挡到高速挡、从高速挡到低速挡的行驶，检查汽车的操纵性能、制动性能、滑行性能、加速性能、噪声和废气排放情况，以鉴定二手车的技术状况。

在动态情况下，根据检查人员的经验和技能，辅之以简单的量器具，对二手车的技术状况进行动态检查鉴定。检查过程中，需起动发动机，并对二手车进行路试，故二手车的动态检查包括无负荷时的工况检查和路试检查。

对发动机的动态检查主要是对发动机的起动状况和在发动机无负荷时的检查。

1. 发动机起动状况的检查

在正常情况下，用起动机起动发动机时，应在三次内起动成功。起动时，每次时间不超过 5～10s，再次起动时间要间隔 15s 以上。若发动机不能正常起动，说明发动机的起动性能不好。

如果由于发动机曲轴不能转动而导致发动机无法起动，其主要原因可能是蓄电池电量不足或起动机工作不良，也可能是发动机运转阻力过大。检查发动机起动阻力时，应拆下全部火花塞或喷油器，人工运转曲轴，检查转动阻力。

如果起动时曲轴能正常转动，但发动机起动仍很困难，对于汽油发动机，其原因主要可能是点火系统点火不正时、火花塞火弱或无火；燃油系统工作不良，使混合气过稀或过浓；气缸压缩压力过低等。对于柴油发动机，除气缸压缩压力过低外，燃油中有水或空气，输油泵、喷油泵、喷油器工作不良，燃油系统管路堵塞等，都可能导致发动机起动困难。

2. 发动机无负荷时的检查

(1) 检查发动机怠速运转情况。怠速工况下，发动机应在规定的转速范围内稳定地运转。如果怠速转速过高或运转不稳定，说明发动机怠速不良。对于汽油发动机，怠速不良的原因主要有点火正时、气门间隙、配气正时或怠速调整不当；真空漏气；曲轴箱通风单向阀不密封或卡阻，怠速时不能关闭；废气再循环装置或燃油蒸发排放装置(如果安装)的误动作；点火系统或供油系统工作不良；气缸压缩压力过低或各缸压缩压力不一致等。

对于柴油发动机，怠速不良的原因主要有供油正时、气门间隙、配气正时或怠速调整不当；燃油中有水、气或黏度不符合要求；各缸柱塞、出油阀偶件及喷油器工况不一致，或是调速器锈蚀、松旷、弹簧疲劳、供油拉杆对应的拨叉或齿扇松动等，导致各缸喷油量或喷油压力不一致；气缸压缩压力过低或各缸压缩压力不一致等。

发动机怠速运转时，检查各仪表工作状况，检查电源系统充电情况。

(2) 检查急加速性。待水温、油温正常后，通过改变节气门开度，检查发动机在各种转速下运转是否平稳，改变转速时过渡应圆滑。迅速踏下加速踏板，发动机由怠速状态猛加速，观察发动机转速是否能迅速由低速到高速灵活反应，发动机应无“回火”、“放炮”现象。当加速踏板踩到底时，迅速释放加速踏板，发动机转速是否能迅速由高速到低速灵活反应，发动机不能怠速熄火。发动机加速运转过程中，检查发动机有无“敲缸”和气门运动噪声。在规定转速下，发动机机油压力应符合有关规定。

(3) 检查发动机窜油、窜气。打开润滑油加注口，缓缓踩下加速踏板，如果窜气严重，肉眼可以观察到油雾气。若窜气不严重，可用一张白纸，放在离润滑油加注口 50mm 左右处，然后加速，若窜油、窜气，白纸上会有油迹，严重时油迹面积大。

(4) 检查排气颜色。正常的汽油发动机排出的气体应该是无色的，在严寒的冬季可见白色的水汽；柴油发动机带负荷工作时排出的气体一般是淡灰色的，当负荷较大时，为深灰色。无论是汽油机还是柴油机，如果排气颜色发蓝色，说明机油窜入燃烧室。若机油油面不高，最常见的是气缸与活塞密封出现问题，即活塞、活塞环因磨损与气缸的间隙过大。无论是汽油发动机还是柴油发动机，如果排气管冒黑烟，说明混合气过浓，汽油发动机点火时刻过迟等。

(5) 检查发动机熄火情况。对于汽油机，关闭点火开关后，发动机正常熄火；对于柴油机，停机装置应灵活有效。

3.1.3 发动机的仪器检查

二手车技术状况的仪器检查在二手车鉴定评估中主要用于对被评估二手车用动态检查性能把握不准和不熟悉，并且对评估准确性要求较高的情况，常用于较高档的冷僻车型和司法鉴定评估。

二手车的技术状况好坏是由汽车的各种性能参数决定的。这些性能参数反映了汽车在特定性能方面的情况。它们涉及汽车的行驶安全性、能源消耗情况、对环境的影响情况等，采用特定的检测仪器和特定的试验方法，获得这些参数的具体值，然后对比相应的国家法规和标准，评定二手车性能。

良好的技术状况是保障二手车行驶安全的根本，同时也是正确评估二手车价格的基本依据。如何获得二手车的技术状况，评判二手车的技术状况是否达到要求，是每一个二手车鉴定评估师必须掌握的知识。

二手车技术状况的仪器检查在汽车检测站按汽车规定的技术要求进行。

1. 发动机的动力性检测

汽车动力性的好坏直接影响汽车运输效率的高低。它是汽车使用的最重要的基本性能。汽车在使用一定时期后，技术状况会发生变化，汽车的动力性也会发生变化。汽车技术状况不良，首先表现为动力性不足，燃料消耗增大。汽车动力性的检测方法有道路试验和室内台架试验两大类。室内台架试验不受客观条件影响，测试条件易于控制，所以在汽车检测站得到广泛应用。

1) 汽车动力性评价指标

汽车检测部门一般常用汽车的最高车速、加速能力、最大爬坡度、发动机最大输出功率、底盘输出最大驱动功率作为动力性评价指标，底盘输出最大驱动功率将在底盘的动力性检测中介绍。

(1) 最高车速 v。是指汽车以制造厂规定的最大总质量状态在风速≤3m/s 的条件下，在干燥、清洁、平坦的混凝土或沥青路面上，能够达到的最高稳定行驶速度。

(2) 加速能力 t。是指汽车在行驶中迅速增加行驶速度的能力，通常用汽车加速时间来评价。加速时间是指汽车以制造厂规定的最大总质量状态在风速≤3m/s 的条件下，在干燥、清洁、平坦的混凝土或沥青路面上，由某一低速加速到某一高速所需的时间。加速时间有原地起步加速时间和超车加速时间。

① 原地起步加速时间。是指用规定的低挡起步，选择适当的换挡时机逐步换到最高挡后以最大的加速度，加速到某一规定的车速或达到一定距离所需的时间，一般常用 0～100km/h 的时间或为 0～400m 距离所需的时间。起步加速时间越短，动力性越好。

② 超车加速时间，指用最高挡或次高挡，由某一预定车速开始，全力加速到某一高速所需的时间。超车加速时间越短，其高挡加速性能越好。GB/T 3798.1～.2—2005《汽

车大修竣工出厂技术条件》中规定，大修后带限速装置的汽车以直接挡空载行驶，从初速20km/h加速到40km/h的加速时间，应符合规定，具体要求见表3-1。

表3-1 直接挡加速时间

发动机标定功率与汽车整备质量之比/(kW/t)	7.36～11.03	11.00～14.71	14.71～18.39	18.39～36.78	36.78
加速时间/s	<30	<25	<20	<15	<10

(3) 最大爬坡度 i_{max}。是指汽车满载，在良好的混凝土或沥青路面的坡道上，汽车以最低前进挡能够爬上的最大坡度。

(4) 发动机最大输出功率 P_{emax}。是指发动机在全负荷状态下，仅维持运转所必需的附件时所输出的功率，又称总功率。新出厂发动机的最大输出功率一般是指发动机的额定功率。它是发动机在全负荷状态和规定的额定转速下所规定的总功率。在国外有些厂家所谓的额定功率是指发动机在额定转速下输出的净功率。常在额定功率后注有"净"字，以示区别。净功率是指在全负荷状态下，发动机带全套附件时所输出的功率。

汽车发动机最大输出功率是汽车动力性的基本参数。汽车在使用一定时期后，技术状况发生变化，发动机的最大输出功率变小，所以用其变小的差值评价发动机技术状况下降的程度。如我国JT/T 198—2004《营运车辆技术等级划分和评定要求》中按在用汽车的发动机最大输出功率与额定功率相比较小于75%，将该车技术状况定为三级。在汽车综合性能检测站用无外载测功法或底盘测功机所测定的发动机功率，必须换算为总功率后才能与额定功率比较。

2) 汽车动力性台架检测

汽车动力性室内台架试验的方式，主要是用无外载测功仪检测发动机功率，底盘测功机检测汽车的最大输出功率、最高车速和加速能力。室内台架试验不受气候、驾驶技术等客观条件的影响，只受测试仪本身测试精度的影响，测试条件易于控制，所以汽车检测站广泛采用汽车动力性室内台架试验方式。

为了取得精确的测量结果，底盘测功机的生产厂家，应在说明书中给出底盘测功机在测试过程中本身随转速变化机械摩擦所消耗的功率，对风冷式测功机还需给出冷却风扇随转速变化所消耗的功率。此外，由于底盘测功机的结构不同，对汽车在滚筒上模拟道路行驶时的滚动阻力也不同，在说明书中还应给出不同尺寸的车轮在不同转速下的滚动阻力系数值。

发动机功率的检测方法有无负荷测功法和有负荷测功法两种。其中，有负荷测功法需要将发动机从汽车上卸下，不利于就车检测，但其测量的功率精度较高；无负荷测功法又称为动态测功法，它是利用发动机无外载检测仪检测发动机功率，使用方便，检测快捷。具体方法如下。

(1) 起动发动机并预热至正常状态，与此同时接通无外载测功仪电源，连接传感器。

(2) 按仪器使用说明书进行操作。

(3) 从测功仪上读取或换算成发动机的功率值。

(4) 检测发动机最大输出功率的数据处理。

发动机最大输出功率为

发动机最大输出功率 P_{emax}＝附件消耗功率 P_1＋传动系统消耗功率 P_2＋底盘最大输出功率 DP_{max}

所以，在测得底盘最大输出功率之后，应增加传动系统消耗功率 P_2 及附件消耗功率 P_1，才可确定发动机最大输出功率 P_{emax}，若该汽车发动机额定功率为净功率，不包括发动机附件消耗功率 P_1，则处理后发动机最大输出功率 P_{emax} 的数值为

$$P_{emax}=P_2+DP_{max}$$

用发动机无外载测功仪测得的发动机功率为净功率 P_e。若该汽车发动机的额定功率为总功率，而不是净功率，则所测得的功率P应加上发动机附件消耗功率 P_1 后才可与额定功率相比较。

3）发动机气缸密封性检测

发动机密封性是由气缸活塞组、气门与气门座以及气缸盖、气缸体、气缸垫及相关零件保证的。发动机在长期使用过程中，会使气缸活塞组零件磨损，气门与气门座磨损、烧蚀以及缸体、缸盖密封面翘曲，将使气缸的漏气量增加，密封性下降，从而导致发动机功率下降，油耗增加。因此，为了保证发动机的正常工作状态，须对发动机的密封性进行检测。通常通过检测气缸压缩压力来评价气缸密封性。

气缸压缩终了的压力与发动机的热效率和平均指示压力有密切关系。影响气缸压缩终了压力的因素有气缸活塞组的密封性、气门与气门座的密封性以及气缸垫的密封性等。因此，通过气缸压缩终了压力的测量，可以间接地判断上述部位的技术状况。检测活塞到达压缩行程上止点时，气缸压缩压力的大小，用气缸压力表检测。

发动机气缸压缩压力的技术标准按 GB/T 15746.2—1995《汽车修理质量检查评定标准发动机大修》标准要求：气缸压力值应符合原设计规定；各缸压力差汽油机不超过8%，柴油机为10%。

检测结果可分为超过标准、符合标准和低于标准3种情况。

若检测结果超过原厂标准，则是燃烧室容积减少了，其原因主要是燃烧室内积炭过多，气缸衬垫过薄或缸体与缸盖接合平面经过多次修理磨削过度造成。

检测结果若某缸低于原厂标准，原因较为复杂，要判断具体原因，可按以下步骤进行。

向该缸火花塞孔内注入 20～30 mL 润滑油，然后用气缸压力表重测气缸压力并记录：①若重测气缸压力比第一次高，接近于标准压力，则表明是气缸、活塞环、活塞磨损过大或活塞环对口、卡死、断裂及缸壁拉伤等原因造成气缸不密封；②若重新测量的气缸压力与第一次基本相同，即仍比标准压力低，表明是进、排气门或气缸衬垫不密封；③两次检测结果均表明某相邻两缸压力都相当低，说明是两缸相邻处的气缸衬垫烧损窜气。

2. 汽车燃油经济性检测

对汽车燃油经济性的评价，一般是通过汽车燃油消耗量试验来确定的。它是用以评价在用汽车技术状况与维修质量的综合性参数，也是诊断和分析汽车故障的重要参考。检测汽车燃油消耗量常通过燃油消耗检测仪测定燃油消耗量的容积或质量来表示。在汽车检测站通过汽车道路试验，更多是在底盘测功试验台上模拟路试来检测其燃油消耗量。

1）汽车燃油经济性路试检测

汽车燃油消耗量与发动机类型、制造工艺、调整状况、道路条件、气候情况、海拔高度、驾驶技术等多种因素有关。根据GB/T 12545.1－2008《汽车燃料消耗量试验方法.第一部分：乘用车燃料消耗量试验方法》及GB/T 12545.2—2001《商用车燃料消耗量试验方法》规定，汽车在路试条件下燃料消耗量的试验方法如下。

(1) 试验规范。汽车路试的基本规范可按照GB/T 12534－1990《汽车道路试验方法通则》。

(2) 试验车辆载荷。除有特殊规定外，轿车为规定载荷的一半，试验时取整数；城市客车为总质量的65%；其他车辆为满载，乘员质量及其装载要求按GB/T 12534－1990《汽车道路试验方法通则》规定。

(3) 试验仪器。试验仪器要求如下。①精度为0.5%的车速测定仪和汽车燃油消耗仪；②最小读数为0.1 s的计时器。

(4) 试验一般规定。试验的一般规定如下。①试验车辆必须清洁，关闭车窗和驾驶室通风口，只允许开动为驱动车辆所必需的设备；②由恒温器控制的空气流必须处于正常调整状态。

(5) 试验项目。①直接挡全节气门加速燃料消耗量试验；②等速燃料消耗量试验；③多工况燃料消耗量试验；④限定条件下的平均使用燃料消耗量试验。

在进行路试时，一般多以等速行驶燃料消耗量试验来检测汽车燃油消耗量，即汽车在常用挡位，一般选直接挡从车速20km/h，当最低稳定车速高于20km/h时，从30km/h开始，以间隔10km/h的整数倍的各预选车速，通过500m的测量路段，测定燃油消耗量(mL)和通过时间(s)，每种车速试验往返各进行两次，直到该挡最高车速的90%以上(至少不少于5种预选车速)。两次试验时间间隔，包括达到预定车速所需的助跑时间应尽量缩短，以保持稳定的热状态。等速行驶燃油消耗量试验和多工况燃油消耗量试验，试验结果须经重复性检验。

各平均实测车速v及其相应的等速油耗量的平均值Q_0为

$$Q_0=\Delta/500=0.2\Delta(\mathrm{L/100km})$$

$$v=3.6\times500/t$$

式中　Δ、t——预选车速下的平均值。

算出Q_0后应校正为标准状态下的Q_c。

标准状态是指在大气温度20℃、大气压力100 kPa下汽油密度0.742 g/mL；柴油密度为0.830 g/mL。

校正公式为

$$Q_c=Q_0/(C_1C_2C_3)(\mathrm{L/100km})$$

$$C_1=1+0.0025(20-T)$$

$$C_2=1+0.0021(P-100)$$

$$C_3=1+0.8(0.742-\rho)(\text{汽油车})$$

$$C_3=1+0.8(0.830+\rho)\text{（柴油车）}$$

式中 C_1——环境温度校正系数；

C_2——大气压力校正系数；

C_3——燃油密度校正系数；

T——试验时的环境温度，℃；

P——试验时的大气压力，kPa；

ρ——试验时的燃油密度，g/mL。

各种车速下油耗测试值对其平均值的相对误差不应超过±2.5％。

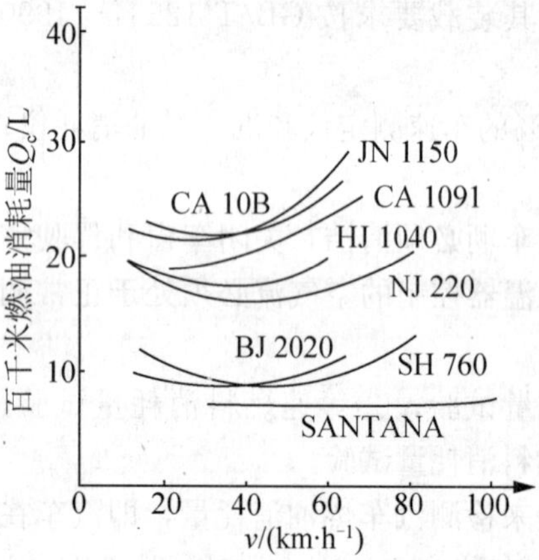

图 3.2 Q_c-v 曲线

以车速为横轴，燃油消耗量为纵轴，绘制等速燃料消耗量散点图，根据散点图绘制等速燃料消耗量的特性曲线，即 Q_c-v 曲线，如图 3.2 所示。绘制时应使曲线与各散点的燃油消耗量差值的平方和为最小。

2）汽车燃油经济性台架检测

检测汽车燃油经济性，按照国标规定应采用道路试验，但是道路试验的方法评价汽车燃油经济性会受到条件限制，因此以整车在底盘测功试验台上按照国标模拟道路试验检测其燃油经济性。

（1）检测油路的连接。检测油路连接时应排除油路中的空气。

（2）台架检验方法。采用路试方法受到很多限制，按照国标 GB/T 12545.1—2008《汽车燃料消耗量试验方法 第 1 部分：乘用车燃料消耗量试验方法》及 GB/T 12545.2—2008《商用车燃料消耗量试验方法》规定的要求评价汽车燃油经济性，便于汽车综合性能检测站开展技术评定工作，可通过台架试验方法来模拟道路试验，即在底盘测功机上模拟道路等速行驶油耗测试方法。模拟的基本原理如下。

① 台架试验中常见的两种检测油耗的方法。其一为质量法，即采用质量式油耗传感器在底盘测功试验台上进行油耗检测；其二为容积法，即采用行星活塞油耗传感器在底盘测功试验台上进行油耗检测。当汽车驶上底盘测功试验台后拆卸燃油管路，接上油耗传感器，排除油路中的空气，然后在底盘测功试验台上进行加载，使加载量符合该车在路试状态下的各种阻力，然后进行油耗检测。

② 台架试验中模拟加载量的确定。按照中华人民共和国交通部行业标准 JT/T 199－1995《汽车技术等级评定的检测方法》规定，应测量汽车等速百千米燃油消耗量。根据国标 GB/T 12545.1－2008《汽车燃料消耗量试验方法 第 1 部分：乘用车燃料消耗量试验方法》及 GB/T 12545.2—2001《商用车燃料消耗量试验方法》、GB/T 12534－1990《汽车道路试验方法通则》规定，在限定条件下的平均使用燃油量试验：试验车速建议轿车在(60±2)km/h，铰接客车在(35±2)km/h，其他采用(50±2)km/h；载荷按照不同车型加载至限定条件；测试距离应保证不少于 500m。因为加载量是模拟汽车在道路上行驶时所受到的滚动阻力、空气阻力等行驶阻力，而各个车型的实际情况不同(包括迎风面积、汽车总质量、汽车与地面接触的轮胎个数等)，所以不同的车型在底盘测功试验台上应有不同的加载量。模拟加载量的确定方法如下。

首先，汽车(走合过的新车或接近新车的在用车)在额定总质量状态下，以直接挡从20km/h开始做燃油消耗量试验。往返采样各三次，得出该车20km/h的平均等速油耗，然后每间隔10km/h直到该车最高车速的90%，做与上述同样的试验。这样依次得出20km/h到最高车速90%的等速平均百千米油耗。

其次，汽车在整备质量状态下，在底盘测功试验台上也从20km/h开始对底盘测功试验台加载，模拟汽车满载时在20km/h状态下所受的外界阻力，直至加上某一载荷后得出20km/h等速百千米油耗值与车速为20km/h路试所得的平均百千米油耗相同，则上述对底盘测功试验台的加载量即为车速20km/h时的模拟加载量。

③ 油耗测量数据的采集。在汽车技术等级评定油耗检测的台架方法中，其油耗数据的重复性按下式计算

$$(Q_{\mathrm{lmax}}-Q_{\mathrm{lmin}})/Q_{\mathrm{AV}}\leqslant 20\%$$

式中　Q_{lmax}——台架方法中最大百千米油耗；

Q_{lmin}——台架方法中最小百千米油耗；

Q_{AV}——平均油耗。

每种车速工况必须测3个数据，取均值且满足上式，则Q_{AV}定为该车检测到的实际百千米油耗。如果发现数据重复性达不到上述要求，必须排除仪器及发动机或底盘的有关故障后重新进行测量，然后以标准的Q_{AV}与厂方给出的百千米油耗Q_0比较：一级车$Q_{\mathrm{AV}}\leqslant Q_0$；二级车$Q_0<Q_{\mathrm{AV}}\leqslant 110\%Q_0$；三级车$Q_{\mathrm{AV}}>110\%Q_0$。

3）汽车燃料经济性试验的注意事项

（1）检测油路的连接与排除油路中空气泡。合理布置检测油路与排净油路中气泡对保证检测准确性是至关重要的。

① 油路的连接。油耗传感器在汽油车中的连接方法是把油耗传感器串联在汽油泵到化油器的油路当中，使油耗传感器的入口接汽油泵的出口，使油耗传感器的出口接化油器的入口。而在将油耗传感器装在柴油车中时是把油耗传感器串联在油箱到高压油泵的油路当中。值得注意的是应该为其接好回油管路，并且必须把回油管路接在油耗传感器的出口管路上，避免燃油被油耗传感器重复计量使油耗检测数据失真。

② 油路中空气泡的排除。做油耗检测时必须排除油路中的空气泡，通常可采取如下方法：对于汽油车，把车上从油箱到汽油泵的管路“短路”，装上新的、密封性好的、无堵塞的油管，用性能较稳定的电动汽油泵和汽油滤清器代替原车相应部件，减短油泵到传感器的油管长度，使油泵到油耗传感器的阻力大大减小，从而避免了空气泡对检测结果的不良影响；在柴油车油路中装好油耗传感器后，须用手动泵油，以泵油压力排除油路中的空气泡。它与汽油车差别之一在于汽油车可以在发动后排除空气泡，而柴油车必须在发动之前排尽油路中的空气泡；差别之二在于汽油车在拆去油耗传感器恢复其原油路时，无需排除空气泡，而柴油车在拆去传感器恢复原油路后仍需排除油路中刚产生的空气泡。

（2）电控喷油的汽油机油耗测定时应注意的问题。使用油耗传感器时电控喷油发动机须处理从压力调节器回流多余燃油的问题，必须让多余的油回流到油耗传感器的输出端。如果遇到油耗传感器及喷油泵间产生负压，引起气穴现象时有必要加一个辅助泵。该辅助泵使燃油泵的进油端的油路保持正压，使得气穴现象不易发生，可以进行稳定的油耗测

量。当回流管路内有阻力，压力调节器的工作压力比规定压力高时采用回注处理，使回油向大气开放，可解决上述问题。

3. 汽车排气污染物检测

1）汽车排气污染物的成分及其危害

随着汽车保有量的增加，汽车排气污染物造成的环境污染情况将日趋严重。所以对汽车排气污染物的监控与防治，已处于刻不容缓的地步。要搞好汽车排气污染物的监控与防治，首先必须做好检测工作。用废气分析仪和烟度计测定排气污染物的浓度，目的是控制排气污染物的扩散，使其限定在被允许的范围内，以达到保护生态环境和自然界生态平衡的目的。

汽车排放的污染物主要有一氧化碳(CO)、碳氢化合物(HC)、氮氧化物(NO_x)、微粒物(PM)(由碳烟、铅氧化物等重金属氧化物和烟灰等组成)和硫化物等。这些污染物由汽车的排气管、曲轴箱和燃油系统排出，分别称为排气污染物(又称尾气)、曲轴箱污染物和燃油蒸发污染物。此外，还有含氯氟烃(CFCS)和二氧化碳(CO_2)等各种有害成分，直接或间接危害人类的健康。

(1) 一氧化碳(CO)。一氧化碳是汽油烃类成分燃烧的中间产物。如空气量充足时，理论上燃料燃烧后不会存在CO，但当空气量不足即混合气空燃比小于14.8∶1时，必然会有部分燃料不能完全燃烧而生成CO，特别是汽车发动机在怠速时，化油器所供给的混合气偏浓，此时发动机工作循环中的气体压力与温度不高，混合气的燃烧速度减慢，就会引起不完全燃烧，增加CO的浓度。发动机在加速负荷范围工作时，或点火过分推迟时也会使尾气中CO的浓度增高。CO是一种无色、无刺激的气体。它能和血液中的血红蛋白结合成为一氧化碳血红蛋白，阻止氧的输送。当其浓度在人体血液中超过60%时，即可因窒息而导致死亡。

(2) 碳氢化合物(HC)。碳氢化合物总称为烃类，是发动机未燃尽的燃料分解产生的气体。汽车排放污染物中的未燃烃类的20%～25%来自曲轴箱窜气；20%来自化油器与燃油箱的蒸发；其余55%由排气管排出。当排出的HC总量达到$(500\sim600)\times10^{-6}$时会影响人体健康。它与二氧化氮的混合物在强烈日照下，可在大气中产生臭氧等过氧化物，对人的眼、鼻和咽喉黏膜有较强的刺激作用，可引起结膜炎、鼻炎、支气管炎等症状，并伴随有难闻的臭味，严重时可致癌。

(3) 氮氧化物(NO_x)。氮氧化物主要指一氧化氮(NO)和二氧化氮(NO_2)。它由排气管排出。试验证明供给略稀的混合气(混合气空燃比≥15.5)会增大NO_x的排放量。汽油机排出的氮氧化物中，NO占99%，而柴油机排出的氮氧化物中NO_2比例稍大。高浓度的NO能引起神经中枢的障碍，并且容易氧化成剧毒的NO_2。NO_2有特殊的刺激性臭味，严重时会引起肺气肿。

(4) 浮游微粒(PM)。汽油机中主要微粒有铅化物、硫酸盐和低分子物质；柴油机中主要微粒为石墨形的含碳物质(碳烟)和高分子量有机物(润滑油的氧化和裂解产物)。柴油机的微粒量比汽油机多30～60倍，成分比较复杂。特别是碳烟，主要由直径0.1～10.0mm的多孔性碳粒构成。它除了会被人体吸入肺部沉淀下来外，还往往粘附有SO_2及致癌物质，严重危害人体健康。

(5) 光化学烟雾。光化学烟雾是指汽车内燃机排气中的 NO_x 和 HC 排入大气后在紫外线作用下进行光化学反应，由光化学过氧化物而形成的黄色烟雾。其主要成分是 O_3，是一种极强的氧化剂，当其浓度达到 50×10^{-6} 时，人会在一小时内死亡。

(6) 硫氧化物。汽车内燃机尾气中硫氧化物的主要成分为二氧化硫(SO_2)。当汽车使用催化净化装置时，就算很少量的 SO_2，也会逐渐在催化剂表面堆积，造成所谓催化剂中毒，不但危害催化剂的使用寿命，还危害人体健康，而且 SO_2 还是造成酸雨的主要物质。

(7) 二氧化碳(CO_2)。世界工业化进程引起的能源大量消耗，导致大气 CO_2 的剧增，其中约30%来自汽车排气。CO_2 为无色无毒气体，对人体无直接危害，但大气中 CO_2 的大幅度增加，因其对红外热辐射的吸收而形成的温室效应，会使全球气温上升、南北极冰层融化，海平面上升，大陆腹地沙漠趋势加剧，使人类和动植物赖以生存的生态环境遭到破坏。因此近年来对 CO_2 的控制也已上升为汽车排放研究的重要课题。

2) 汽车排气污染物的检测标准

为了控制汽车排气污染物对生态环境的危害，世界各国政府相继制定了汽车排气污染物的限值标准。我国也制定了国家标准，如 GB 18285－2005《点燃式发动机汽车排气污染物排放限值及测试方法》、GB 18352.3—2005《轻型汽车污染物排放及测量方法(中国Ⅲ、Ⅳ阶段)》和 GB 17691－2005《车用压燃式、气体燃料点燃式发动机与汽车排气污染物排放限值及测试方法(中国第Ⅲ、Ⅳ、Ⅴ阶段)》。

由于我国汽车排放污染物检测标准是以欧洲汽车排放标准为蓝本而制订的，并逐渐向其靠拢，因此以下列出了汽油车、柴油车的欧洲标准。

(1) 欧洲联盟轻型汽车的排放限值。轻型汽油车的排放限值见表3-2；轻型柴油车的排放限值见表3-3。

表3-2　轻型汽油车的排放限值

标准	生效日期	排放限值/(g·kW⁻¹)		标准	生效日期	排放限值/(g·kW⁻¹)		
		CO	HC+NO_x			CO	HC	NO_x
欧洲Ⅰ	1992	2.72	0.97	欧洲Ⅲ	2000	2.3	0.2	0.15
欧洲Ⅱ	1995.10	2.20	0.50	欧洲Ⅳ	2005	1.0	0.1	0.08

表3-3　轻型柴油车的排放限值

标准	生效日期	排放限值/(g·kW⁻¹)		微粒	标准	生效日期	排放限值/(g·kW⁻¹)			
		CO	HC+NO_x				CO	HC	NO_x	微粒
欧洲Ⅰ	1992	2.72	0.97	0.14	欧洲Ⅲ	2000	0.64	0.56	0.50	0.050
欧洲Ⅱ①	1995.10	2.20	0.50	0.08	欧洲Ⅳ	2005	0.50	0.30	0.25	0.025
欧洲Ⅱ②		1.00	0.90	0.10						

注：① 间接喷射式；
② 直接喷射式。

(2) 欧洲联盟重型车用柴油机排放限值见表3-4。

表 3-4　重型车用柴油机排放限值

标　准		欧洲Ⅰ	欧洲Ⅱ	欧洲Ⅲ	欧洲Ⅲ
测试循环		ECE R49	ECE R49	ESC	ETC
生效日期		1992	1996	2000	2000
排放限值/(g·kW^{-1})	CO	4.50	4.00	2.10	5.45
	HC	1.10	1.10	0.66	—
	MMHC	—	—	—	0.78
	CH_4	—	—	—	1.60
	NO_x	8.0	7.0	5.0	5.00
	微粒	0.61	0.15	0.10	0.16
	—	0.36①	0.25②	0.13②	0.21②
动态烟度/m^{-1}		—	—	0.8	—

注：① 适用额定功率小于等于 85 kW 的柴油机；

② 适用于单缸排量小于 0.7 L，额定转速大于 3 000r/min 的柴油机。

3）汽车排气污染物的检测

测定汽油车排气污染物有非分散型红外线分析仪、氢火焰离子型分析仪和化学发光分析仪等仪器；测定柴油车有滤纸式烟度计和消光式烟度计等。检测站一般多采用非分散型红外线分析仪和滤纸式烟度计来测量汽车排气污染物的排放状况。

汽油车的排气测定方法分多工况法、等速工况法和怠速法。检测站主要以单怠速法测量汽油车的排气污染物。

（1）汽油车排放污染物测定前的准备工作。在进行汽车排放污染物检测时必须做好测定前的准备工作，包括测量仪器的准备和被测车辆的准备。

① 仪器的准备。仪器使用前先接通电源预热 30min 以上，然后进行相关部位的检查，接着从仪器上取出采样导管进行校正，吸进清洁空气，用零点调整旋钮调整零位，再把测定器附属的标准气体从标准气体注入口注入，用标准气体校正旋钮，使指示值符合校正基准值。在注入标准气体时，应关闭仪器上的泵开关。

一氧化碳测定器是以标准气体储气瓶里的 CO 浓度作为校正基准值的，而碳氢化合物测定器由于在标准气体里采用丙烷(C_3H_8)气体，所以须通过换算公式求出正己烷(C_6H_{14})的值，作为校正基准。其换算公式为

$$校正基准值=标准气体(丙烷)浓度\times换算系数(正己烷换算值)$$

接通简易校正开关，对于有校正位置刻度线的仪器，可用标准调整旋钮把仪表指针调到标准刻度线位置；对于没有标准刻度线的仪器，要在标准气校正后立即进行简易校正，使仪器指针与标准气校正后的指示值重合。检查采样探头和导管内是否有残留 HC。如果管内壁吸附残留 HC 过多，仪表指针偏离零点太多，要用压缩空气或布条等清洁采样探头和导管。

② 被测车辆的准备。按规定转速使被测车发动机作怠速运转，发动机达到规定热车温度。

(2) 汽油车排气污染物的测定

将废气分析仪的量程开关放在最大挡，然后被检车以 0.7 额定转速运转 60s 后，降至规定怠速转速，插入采样导管，深度等于 400mm。边看指示针边变换量程转换开关，选择合适的排气气体浓度的挡位，维持 1.5s 后，读取 30s 内的最高值和最低值，其平均值为测量结果。

4) 柴油车烟度计的使用方法

柴油车烟度计是采用光学测量原理设计的，用来测量柴油发动机排放气体的烟度，并能自动连续测量柴油车自动加速烟气。两种不同型号的柴油烟度计如图 3.3 所示。

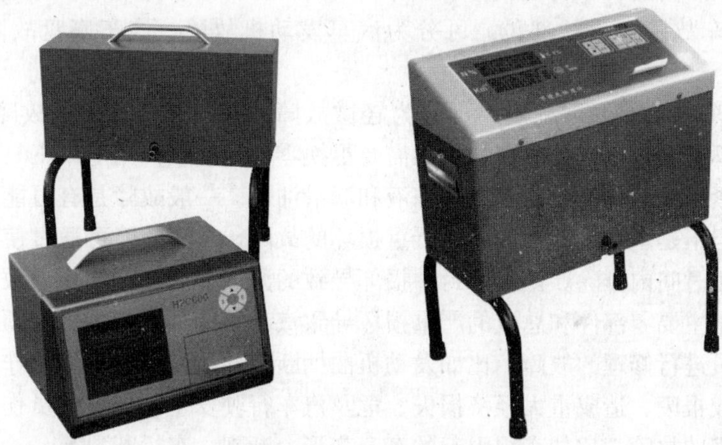

图 3.3　两种不同型号的柴油车烟度计

(1) 测定前的准备工作。

① 仪器的准备。首先进行仪器检查，然后接通烟度计电源预热 5 min 以上，并检查来自空气压缩机的空气压力，使之符合规定要求。将校正用的标准纸即烟度卡对着检测部分，用指示调零旋钮将指示计校正到符合标准纸的污染度表示值。

② 被检测车辆的准备。以制造厂规定的怠速预热发动机，并使之达到规定测量温度，同时在加速踏板上安装好踏板开关。

(2) 柴油机排气烟度测试。

① 起动发动机，并加速 2～3 次吹净排气管和消声器中的烟尘。

② 发动机怠速运转 5～6s，并进行空气清扫 2～3s。

③ 脚踩住踏板开关，并迅速将踏板踩踏到底持续 4s。

④ 开加速踏板 11s，同时读数并走纸，再用压缩空气清扫 3～4s，调整吸入泵，并连续按③的方法操作 4 次，读取后 3 次读数的平均值。

3.1.4　汽车发动机故障

汽车在使用过程中难免会出现故障，随着汽车使用时间和行驶里程的增加以及汽车事故的发生，汽车的技术状况逐渐下降，故障率将提高。汽车故障影响汽车的正常使用，其维修需要一定的成本。所以在二手车评估中，汽车故障对汽车评估价格有很大的影响。了解和掌握汽车故障的内容、诊断方法、变化规律以及对价格的影响，是进行二手车评估必须具备的知识和技能。

1. 汽车故障内容

(1) 汽车故障的原因。汽车出现故障，主要原因是汽车各总成中的零部件因为磨损、老化或由于事故损伤而部分或完全丧失其原有的功能。

(2) 汽车故障的分类。汽车故障的分类有多种。

① 按照汽车故障的性质可分为功能故障和性能故障两大类。功能故障是指故障发生后，汽车不能继续发挥其本身的功能。比如制动失灵、发动机非正常熄火、转向失灵、起动机不工作等。性能故障是指汽车部分或全部丧失了工作的性能，性能参数达不到规定的指标。比如制动距离过长、发动机功率下降、转向沉重、起动机起动无力等。

② 按照汽车故障发生的部位，可分为汽车发动机故障、汽车底盘故障和汽车电器故障。

③ 按照汽车故障的严重程度，可分为轻微故障、一般故障、严重故障和重大故障。轻微故障一般不会导致汽车无法行驶，不需要更换零件和总成，用随车工具就能在短时间内排除。比如紧固松动的螺栓、补充防冻液和润滑油等。一般故障是有可能使汽车性能下降甚至停驶，但不是主要零部件和总成严重损坏的故障。一般故障可通过使用随车工具更换易损配件在短时间内排除。比如密封件损坏导致的漏液、滤清器损坏导致的堵塞等。严重故障是指汽车主要零部件和总成的严重损坏导致汽车不能继续行驶，必须送汽车修理厂由专业维修人员进行修理的故障。比如发动机曲柄断裂导致发动机不能工作。重大故障是指引起主要总成报废、造成重大经济损失、危及汽车行驶安全、导致人员伤亡或对周围环境造成严重危害的故障。比如车祸引起的车身变形、断裂，车桥断裂等。

(3) 汽车故障的症状。汽车故障，不论是发动机部分还是底盘部分，其故障症状均随其成因的不同而不同。不同的故障表现出不同的内在和外表症状。这些变化多样的故障症状大致可分为以下几类。

① 工况突变。工况突变是指汽车的工作状况突然出现不正常现象，是比较常见的故障症状。比如发动机突然熄火，然后起动困难甚至无法起动；发动机在行驶过程中动力性能突然下降，造成汽车行驶无力；汽车行驶中突然跑偏等。这种故障的症状明显，容易发现。

② 声响异常。声响异常是指汽车某些机构或总成在汽车行驶过程中产生超过常规的不正常响声。许多故障都会引起汽车发动机或底盘部分的不正常响声。这种带有异常响声的故障症状明显，比较容易发现。需要特别提醒的是，这些带有声响异常的故障，即使开始是小故障，也必须引起重视，否则将会发展为大的机件事故。如果汽车响声沉重并伴有明显的车体振动，很可能是严重故障，须立即停车检查。

③ 过热。过热是指汽车的机构或总成的工作温度超过技术文件规定温度的现象，通常发生在发动机、变速器、驱动桥和制动器等总成上。在正常情况下，无论汽车工作多长时间，这些总成均应保持在其正常的工作温度范围内。如果这些总成过热，将使得汽车无法正常行驶。比如发动机过热会引起发动机早燃、爆燃、行驶无力，严重的甚至造成发动机活塞、轴承的烧蚀；驱动桥过热会引起齿轮和轴承等零部件的烧损。

④ 渗漏。渗漏是指汽车上有密封要求的部位发生泄露的现象。渗漏包括汽车燃油、润滑油(机油或齿轮油)、制动液(或压缩空气)、防冻液、动力转向系统油液以及空调系统的冷媒等的泄露。

⑤ 污染超限。污染超限是指汽车运行过程中产生的有害气体排放物和噪声超过技术文件规定的现象。如果有害气体的排放量超限，说明汽车发动机的技术状况下降到了一定限度，需要及时维修甚至报废。

⑥ 燃料、润滑油消耗异常。燃料、润滑油消耗异常是指汽车燃料、润滑油消耗超过技术文件规定的现象，这通常是发动机工作不良或底盘技术状况不佳的表现。

⑦ 有特殊异常气味。有特殊异常气味是指汽车在运行过程中，如果有制动拖滞、离合器打滑等故障，摩擦片或制动盘则会散发出焦臭味；如果发动机过热、烧润滑油或制动液，也会散发出一种特殊异味；如果电路或电器烧毁也会发出异味。

⑧ 外观异常。外观异常是将汽车停放在平整的场地上，检查汽车的外观，如果有横向或纵向的歪斜现象，则可能是车架、车身、悬架或轮胎出现异常。

2. 汽车故障的诊断

在二手车评估中，汽车故障的诊断是指在汽车不解体(或仅卸下个别小部件)的情况下，确定汽车的技术状况，查明汽车故障。汽车故障的现象是多种多样的，造成汽车故障的原因也是错综复杂的。所以说，汽车故障诊断涉及的面非常广，要求熟悉汽车的构造及其工作原理，掌握各种相关的理论知识，有一定的操作技能和实践经验。

目前对汽车故障的诊断主要有两种方法，一种是经验诊断法，另一种是仪器设备诊断法。

(1) 经验诊断法。这是通过原地或道路试验，靠观察或采用简单工具来确定汽车技术状况和查明故障的一种方法。经验诊断法的特点是不需要专用设备，在任何场合都能进行。但其诊断速度慢，诊断的准确性相对较低，且在很大程度上取决于诊断人员的技术水平。所以经验诊断法一般适用于查明和判断比较明显的故障，对于潜藏的以及许多电器设备和电控系统的故障则不容易查明。

因为经验诊断法实施方便简单，它至今仍然是一种常用的诊断方法。经验诊断法的基本原则是先简后繁、先外后内、分段检查、逐渐缩小诊断的范围。经验诊断法可概括为问、看、听、嗅、摸、试6个手段。

① 问，就是询问查核。在故障诊断之前，必须先问明汽车情况，如汽车已经行驶的里程、汽车的使用情况、汽车近期保修的情况、汽车故障发生前的预兆等。

② 看，就是观察。比如观察汽车排气管排气的颜色、汽车机件有无裂痕或变形、有无油液的滴漏及滴漏的部位痕迹等。

③ 听，就是凭借听觉判断汽车的声响，确定哪些是非正常的声响、发出非正常声响的部位以及造成声响的原因。

④ 嗅，就是通过判断汽车在运转过程中散发的特殊异味来判断故障发生的部位。这对于诊断电路故障、摩擦片故障是简便有效的方法。

⑤ 摸，就是用手触摸可能发生故障的部位，感知其温度和振动等情况，从而判断配合副间隙是否适当、轴承是否过紧、发动机振动是否正常等。

⑥ 试，就是通过试验进行验证。诊断人员可通过试车体验故障的现象和部位。比如，可用单缸断火法确定发动机哪个缸缺火或发生异响；用更换零件法或新旧零件对比法来查实故障的部位。

以上几种手段，并非是每一个故障诊断的必需程序。不同的故障应根据具体情况灵活运用不同的手段方法。

(2) 仪器设备诊断法及故障自诊断系统。随着汽车工业的发展和各项新技术在汽车上的运用，汽车构造、汽车配置越来越复杂，汽车故障也越来越难以用传统的经验诊断法查找和判别。仪器设备诊断法就是在汽车总成不解体的条件下，以模拟道路条件的室内设备代替路试，用测试仪器与检测设备，确定汽车或总成的各项参数，从而比较准确地诊断出汽车的技术状况和故障。

现代汽车的各个电控系统中装备的故障自诊断系统给汽车的故障诊断带来了很大的方便。所谓故障自诊断系统，是电控系统中的一套程序，当汽车电控系统出现故障时，电控单元 ECU 将会点亮仪表板上相应的电控系统故障警告灯，提醒驾驶员注意，同时将故障信息以故障码的形式储存到电控单元 ECU 中。这样，故障内容可以很方便地利用“汽车故障电脑诊断分析仪”从电控单元 ECU 读出，有助于检测人员快捷而准确地判别故障。

3. 汽车故障的变化规律

汽车故障的变化规律是指汽车的故障率随行驶里程的变化规律。汽车故障与汽车的技术状况密切相关。所以研究汽车故障的变化规律须先掌握汽车技术状况变化的规律。

按变化过程，汽车技术状况变化的规律可分为两类。第一类是渐发性变化过程，即汽车技术状况的变化与汽车行驶里程或使用时间之间有严格的对应关系；第二类是偶发性变化过程，即汽车技术状况的变化受很多随机因素的影响，它们之间没有严格的对应关系。在汽车技术状况渐发性的变化过程中，汽车技术状况的变化按照汽车工作时间或行驶里程而逐渐平缓地发生变化。在汽车技术状况的偶发性变化过程中，影响汽车技术状况的包括汽车本身的性能质量、汽车运用条件、驾驶员的技术水平及各种汽车事故等。

汽车故障率是指使用到某行驶里程的汽车，在单位行驶里程内发生故障的概率，也称失效率或故障程度。它是衡量汽车可靠性的一个重要参数，体现了汽车在使用中工作能力的丧失程度。

与零件的磨损规律相对应，汽车故障分为早期故障、中期故障和耗损期故障。汽车故障率随着汽车使用时间的延长呈现两头高、中间低的哑铃状规律。

早期故障发生于汽车的走合期。汽车在开始使用时由于制造、装配、配件等方面原因引起的故障多在此阶段发生。同时，因初期磨损量较大，所以故障率较高。随着行驶里程的增加和走合期的完成，汽车故障逐渐下降。对于新汽车和重新投入使用的大修车，减少早期故障的有效办法是加强走合期的维护和管理。汽车的使用寿命、工作可靠性、经济性在很大程度上取决于汽车早期的磨合。

中期故障发生于汽车经过磨合后进入正常使用的时期，即汽车的有效寿命期。在此阶段，汽车的故障率较低而且比较稳定。此阶段的故障随机性地发生，没有哪一种特定的故障起主导作用。故障的发生大多是由于使用不当、操作疏忽、润滑不良、维护欠佳及材料内部隐患、工艺和结构缺陷等偶然因素所致。这一阶段也称“随机故障期或偶然故障期”。在此阶段，定期维护可保持汽车技术状况良好，明显地降低故障率，并延长汽车的有效寿命期。

耗损期故障是在汽车使用的后期发生的故障。在此时期，汽车零件由于长期使用，磨损量急剧增加，大部分零部件老化耗损，特别是大多数受交变载荷作用的和易磨损的零件已经老化衰竭，因而故障率急剧上升。此时若不及时维修，将导致汽车或总成报废。因此，必须把握好耗损点，制定合适的维修周期。在此阶段，因为故障率高，汽车的维修成本也比早期和中期时高。

4. 汽车故障对二手车评估价格的影响

影响汽车评估价格的主要因素包括汽车使用年限、汽车累积行驶里程、汽车技术状况或汽车受损情况、汽车经济性状况或油耗状况以及汽车排放情况等。汽车故障是汽车技术状况或汽车受损情况的直接反映，同时也直接影响汽车经济性状况或油耗水平以及汽车排放，所以汽车故障直接影响二手车评估价格。

汽车故障对二手车评估价格影响的大小取决于故障发生的部位以及故障的严重程度。严格来说，排除汽车故障所需要的总的维修费用就是二手车评估价格中要减去的部分。而在实际评估中，考虑到某一个汽车故障可能给汽车其他使用性能带来的不良影响，贬值部分往往大于所需要的维修费用。

3.1.5　汽车发动机常见故障现象

1. 汽车发动机异响故障

在正常情况下，发动机在运转过程中发出有一定规律和频率范围的声响。如果发动机在运转过程中出现其他声响，比如间歇性的金属敲击声、连续的金属敲击声、连续的金属干摩擦声等，表明发动机运转不正常，所发出的声响即为异常声响，即通常所说的异响。

发动机异响是多种多样、错综复杂的，但是有一定规律，需要检测人员熟练掌握发动机结构及工作原理，才能发现问题。

发动机异响通常与发动机的转速、负荷、工作温度及工作循环有关，分析发动机异响也主要是从以下几个方面入手。

(1) 异响与发动机转速的关系，见表3-5。

表3-5　发动机异响与转速的关系

故障现象	主要原因
异响在发动机急加速时出现，高速运转时异响仍然存在	①连杆轴承松旷、轴瓦烧熔；②曲轴轴承松旷、轴承烧熔；③活塞销折断
维持某转速时，声响紊乱，急减速时，相继发出短暂声响	①凸轮轴正时齿轮破损，其固定螺母松动；②曲轴折断；③活塞销衬套松旷；④凸轮轴轴向间隙过大或其衬套松旷
异响仅在怠速或低速时出现	①活塞与气缸壁间隙过大；②活塞销装配过紧或连杆轴承装配过紧；③挺杆与其导孔间隙过大；④凸轮磨损；⑤起动爪松动使带轮发出异响

（2）异响与发动机负荷的关系，见表3-6。许多发动机异响与发动机负荷有关，可采用单缸断火法逐缸解除负荷的方法来进行诊断，以查明异响与负荷的关系。

表3-6　发动机异响与负荷的关系

故障现象	主要原因
某缸断火，异响消失或减轻	①活塞敲缸；②连杆轴承松旷；③活塞环漏气；④活塞销折断
某缸断火，异响加重，或原来无异响，断火后出现异响	①活塞销铜套松旷；②活塞裙部锥度过大；③活塞销窜出；④连杆轴承盖固定螺栓松动，或轴瓦合金烧蚀；⑤飞轮固定螺栓松动
相邻两缸断火，异响消失或减轻	曲轴轴承松旷

（3）异响与发动机工作温度的关系，见表3-7。

表3-7　发动机异响与工作温度的关系

故障现象	主要原因
低温发出异响，温度升高后异响消失或减轻	①活塞与气缸壁间隙过大；②活塞润滑不良
温度升高后有异响，温度降低后异响消失或减轻	①过热引起早燃；②活塞反椭圆形；③活塞椭圆度过小；④活塞与气缸壁间隙过小；⑤活塞变形；⑥活塞环间隙过小

（4）异响与发动机工作循环的关系，见表3-8。发动机异响，尤其是曲柄连杆机构和配气机构的异响往往与发动机的工作循环有明显的关系。

表3-8　发动机异响与工作循环的关系

故障现象	主要原因
曲轴每转一圈发异响一次，即一个工作循环发异响两次	①活塞敲缸；②活塞销敲击声；③活塞顶碰气缸凸肩；④连杆轴承松旷；⑤活塞环漏气
曲轴每转两圈发异响一次，即一个工作循环发异响一次	①气门间隙过大；②挺杆与其导孔间隙过大；③凸轮线形磨损；④气门杆与其导管间隙过大；⑤气门弹簧折断；⑥凸轮轴正时齿轮径向破损；⑦气门座圈松脱；⑧气门卡滞不能关闭

（5）异响与其他故障现象的关联，见表3-9。发动机异响除了与发动机转速、负荷、温度、工作循环有关外，往往还与其他呈现出来的故障现象有着内在的联系。因此，这些同时出现的故障现象可以作为故障诊断的重要依据。

表3-9　发动机异响与其他故障现象的关联

故障现象	主要原因
润滑油压力下降，机体振抖	曲轴轴承径向间隙过大或轴承合金烧毁脱落
润滑油压力下降	连杆轴承松旷、间隙过大

续表

故障现象	主要原因
个别缸不工作，功率下降，机体振抖	进、排气门卡滞，不能关闭(如果是排气门卡滞，排气管有“喘气”声)
润滑油加注口脉动冒烟，排气管冒浓重蓝烟，润滑油消耗过多，润滑油品质恶化，燃油消耗多且功率下降	活塞与气缸壁间隙过大，活塞环对口(即活塞环上各道环的开口均在同一方位)或抱死
个别缸不工作，发动机振抖，怠速不稳，不易加速	排气门弹簧折断
燃油消耗过多，爆燃，排气管放炮，功率下降	点火正时不准

综上所述，将每种异响与发动机转速、负荷、温度、工作循环以及伴同出现的现象系统归纳，就构成每种异响的完整特征，可帮助准确诊断汽车发动机故障。

2. 汽油发动机燃油供给系统故障

汽油发动机燃油供给系统的作用是根据发动机的各种工况的要求，及时向气缸提供一定数量和浓度的可燃混合气，使发动机在压缩行程临近终了时点火燃烧膨胀做功。汽油发动机燃油供给系统按其结构特点，可以分为化油器式燃油供给系统和电子控制燃油喷射系统两种。目前，化油器式燃油供给系统已经淘汰，在用的化油器式汽车已经不多且不断减少，所以在这里重点讨论汽油发动机电控燃油喷射系统的故障。

汽油发动机电控燃油喷射系统常见的故障见表3-10。

表3-10　汽油发动机电控燃油喷射系统常见故障

故障现象		主要原因
发动机不能起动或起动困难	发动机起动困难或不能着车	点火正时失准、燃油泵或燃油压力调节器失效、气缸密封性差等
发动机工作不稳定	发动机工作状况时好时坏	点火系统线路、发动机上传感器线路接触不良；空气流量计或进气压力传感器失效；继电器故障
发动机怠速不平稳	发动机怠速不平稳，且容易熄火	真空管渗漏、点火正时失准、个别火花塞质量不稳定、燃油压力不稳定、喷油器和相关传感器故障
发动机怠速过高	发动机怠速偏高，燃油消耗量偏大	电控燃油喷射系统电路接触不良、喷油器渗漏、燃油压力调节器失效导致压力过高、节气门体有故障等

续表

故障现象		主要原因
发动机加速性能不良	发动机起动后加速时，转速忽高忽低，踩下加速踏板后，转速上升缓慢，有时还会熄火或从排气管发出“嘭嘭”的声音	进气管真空渗漏、喷油器工作不稳定、燃油滤清器失效等
发动机各工况游车	加速踏板处于任何一个位置时，发动机失速和颤振	与怠速时类似，主要是真空管渗漏、点火正时失准、个别火花塞质量不稳定、燃油压力不稳定、喷油器和相关传感器故障等
发动机消声器放炮	行车加速时，发动机消声器有放炮声音	点火正时失准、节气门位置传感器失效、电控燃油喷射系统电路的电压和电阻不符合技术标准、氧传感器工作不稳定等
发动机加速无力	汽车行驶过程中加速无力，燃油消耗量过大	离合器打滑、点火正时失准、燃油压力调节器失效、空气滤清器脏污、电控燃油喷射系统电路的电压和电阻不符合技术标准等
发动机排放不佳	发动机工作时，排出的尾气冒黑烟、蓝烟，尾气中一氧化碳、碳氢化合物、氮氧化物超标	烧润滑油、净化装置失效、空燃比过大。通常发动机排放不佳与燃油消耗量过大同时存在
发动机爆燃	汽车加速时有连续的金属敲击声	点火提前角过大、发动机过热、燃油品质差
发动机不熄火	关掉点火开关后，发动机并不立即熄火，而是在短时间内继续非正常运转	发动机气缸内窜润滑油、燃烧室内积炭过多、喷油器滴漏、怠速步进电动机故障、火花塞冷热型号选错等

3. 汽油发动机点火系统故障

点火系统是汽油发动机最重要的组成部分之一，点火系统性能的好坏及其技术状况是否完好对发动机的动力性，经济性和污染物排放都有很大的影响。

汽油发动机点火系统主要有两种类型：普通电子点火系统和计算机控制点火系统。普通电子点火系统根据点火信号发生器的不同有磁感应式、霍尔效应式、光敏式等，应用较多的是磁感应式和霍尔效应式；电控点火系统是目前最先进、应用最广泛的点火系统。通常电控点火系统与电控燃油喷射系统一样是汽车发动机电控系统的子系统，许多传感器是共用的，所以一些故障往往难以区分是点火系统还是电喷系统的故障。电控点火系统分为有分电器和无分电器两类。

发动机点火系统的常见故障见表 3 - 11。

表3-11 发动机点火系统常见故障

故障现象		故障原因
发动机不能起动	发动机起动时，起动机转动，而发动机没有点火发动的迹象	火花塞断火、点火正时失准、点火系统低压电路故障(短路、断路或搭铁)、点火系统高压电路故障(短路、断路或搭铁)、点火线圈存在故障、点火系统内插头和导线松脱、分电器存在故障、点火信号发生器存在故障等
发动机断火或熄火	汽车行驶中发动机断火或熄火	点火系统低压电路故障(短路、断路或搭铁)、点火系统高压电路故障(短路、断路或搭铁)、点火线圈存在故障、点火系统内插头和导线松脱、分电器存在故障、点火信号发生器存在故障等
发动机运转无力	汽车行驶中发动机加速或爬坡无力	分电器固定螺钉松动、分火头或分电器盖漏电、高压线老化漏电、某缸高压分线脱落、一只或多只火花塞绝缘体漏电、点火信号发生器存在故障等
发动机爆燃	汽车加速时有连续的金属敲击声	分电器松动、火花塞烧蚀、点火信号发生器损坏等

4. 汽油发动机油路及电路综合故障

汽油发动机油路和电路的综合故障，由于油路和电路故障的同时出现以及故障现象既类似又混杂，所以诊断的难度要高许多。这就要求专业技术人员在掌握发动机油路和电路单项故障的基础上，对故障进行综合分析和诊断。故障诊断一般按照先外部后内部、先视检后拆检的原则进行，从故障的各种现象入手进行分析，抓住故障的实质和特性，找出故障部位。采取了正确有效的方法，就不难判断和辨别各种综合故障。

现在的汽车发动机大部分都带有电控系统。带有电控系统的发动机通常带有故障自诊断功能。这样的发动机可以很方便地通过读取故障码或数据流的方式准确地确定发动机故障的内容和发生的部位。

5. 柴油发动机燃油供给系统故障

柴油机的着火方式与汽油机不同，属于压燃式。它们着火方式不同，结构上也存在很大的差异，所以故障的成因也不一样。

柴油机使用的燃料是柴油。相对于汽油来说，柴油的黏度大、蒸发性差，很难通过气化方式形成混合气。柴油机采用高压的方法，在压缩行程终了时，将高压柴油喷入气缸，形成混合气，然后由气缸内的高温压缩空气使柴油自燃做功。所以，柴油机的燃油供给系统与汽油机的燃油供给系统存在很大的差别。

柴油机的燃油供给系统主要由油箱、柴油滤清器、输油泵、低压油管、高压油管、回油油管等组成。由于柴油机的燃油供给系统在高压下工作，系统要有足够的密封性来保证高压。因此，系统的许多组件是由精密的高压偶件组成的，这些偶件需要很高的配合精度和耐磨性。

柴油机燃油供给系统中的偶件磨损后除了会导致系统油压下降外，还会引起供油量、供油时间、喷射质量、喷油规律和调速性能等性能指标不正常，进而造成柴油机起动困难、动力不足、工作粗暴、游车等故障。

(1) 起动困难。

柴油机起动困难是一种常见故障，大多是由燃油供给系统工作不良引起的。其主要现象有：起动时排气管不排烟、起动时排气管排出大量白烟、起动时排气管排出灰烟、起动时排气管排出大量黑烟。柴油机起动困难常见故障见表 3-12。

表 3-12　柴油机起动困难常见故障

故障现象	故障原因
起动困难，起动时排气管不排烟	① 油箱开关未打开，或油箱盖通气阀失灵 ② 油箱无油或存油不足 ③ 油箱内油管堵塞或从上部脱落、折断 ④ 油箱至输油泵之间的油管破裂、瘪曲或堵塞 ⑤ 柴油滤清器滤芯或输油泵滤网堵塞 ⑥ 输油泵活塞损坏或咬死、止回阀粘滞、密封不严、弹簧折断等，使得输油泵不泵油 ⑦ 油路中有气泡 ⑧ 喷油泵柱塞与套筒间隙过大或两者粘滞；挺杆与柱塞脚间隙过大；出油阀粘滞、密封不严或弹簧折断；溢油阀密封不良或弹簧折断；油量调节叉或扇形齿轮固定螺钉松动或脱落，使柱塞滞留在不供油位置上；供油齿条卡滞，使柱塞不能转动或转动量过小；联轴器主动盘或从动盘连接键损坏；加速踏板拉杆处于不供油位置 ⑨ 喷油器针阀喷油孔堵塞或过热咬住；针阀因积炭或烧结而不能开启；压力弹簧过硬 ⑩ 高压油管破裂或接头松动
起动困难，起动时排气管排出大量白烟	① 柴油中渗入水，水在气缸内蒸发为蒸汽，从排气管排出 ② 气缸垫损坏或气缸盖螺栓松动，使得冷却液进入气缸 ③ 气缸体或气缸盖冷却液套破损，冷却液进入气缸 ④ 供油时间过晚，气缸内温度下降，未燃烧的部分柴油变成白色油雾从排气管中排出 ⑤ 发动机温度过低，柴油不易蒸发燃烧，未燃烧的部分柴油变成白色油雾从排气管中排出
起动困难，起动时排气管排出大量黑烟	① 喷油泵柱塞磨损过量或挺杆、凸轮磨损过量 ② 喷油泵驱动联轴器上的固定螺栓松动，或喷油正时调整过早 ③ 具有柱塞挺杆调整螺钉的喷油泵，调整螺钉松动 ④ 喷油器针阀粘滞导致不能关闭，或针阀与阀座间隙过大导致柴油泄漏 ⑤ 喷油器压力弹簧调整螺钉松动，使得喷油压力过低 ⑥ 调速器调整不当 ⑦ 空气滤清器进气通道堵塞 ⑧ 气缸压缩压力过低，导致柴油雾化不良 ⑨ 发动机个别缸不工作或工作不良 ⑩ 排气制动阀没有完全打开 ⑪ 柴油质量低劣

（2）动力不足。

故障现象：发动机不能提高到应有的转速，达不到额定功率；柴油机运转均匀，但转速很难提高，排烟少；柴油机运转不均匀，排大量白烟；柴油机运转不均匀，排黑烟；柴油机转速忽高忽低，但很难提高。

故障原因：①加速踏板拉杆行程不能保证喷油泵达到最大供油量；②喷油泵扇形齿轮固定螺钉松动；③喷油泵柱塞磨损过量、粘滞或弹簧折断；④喷油泵挺杆粘滞，滚轮或凸轮磨损过量；⑤喷油泵出油阀磨损，密封不良，个别柱塞粘滞或它们的弹簧折断；⑥喷油泵挺杆调整螺钉调整不当或松动；⑦喷油时间过迟；⑧气缸垫破损，气缸内混入冷却液；⑨气缸压缩压力过低，柴油内含水分；⑩喷油器压力调整弹簧折断或弹力过低，或者喷油器密封垫积炭；⑪喷油器针阀粘滞导致不能关闭，或针阀与座间隙过大导致喷油器滴漏，喷油量减少；⑫输油泵供油不足，或油管、柴油滤清器、排气管消声器阻塞；⑬柴油黏度过大，或油路中有空气。

（3）工作粗暴。

故障现象：发动机起动后有振抖现象，且转速越高，振抖越剧烈；发动机发出清脆而有节奏的金属敲击声，急加速时声响增大，排气管冒黑烟；或者是敲击声没有节奏，但排黑烟。

故障原因：①发动机支架螺栓松动或支架断裂；②发动机支承位置不当，发动机支架软垫老化、破损脱落；③喷油时间过早或过迟会使活塞敲击缸壁而发出较重的敲击声；④油液雾化不良或喷油器滴漏，特别是出油阀磨损或卡住而使减压作用失效时，会发出无规律的敲击声，同时使排气管放炮和冒黑烟；⑤各缸供油量不一致，工作不均匀。供油多的缸会产生敲击声并且冒黑烟。

（4）游车。

故障现象：发动机工作乏力，运转速度忽快忽慢。

故障原因：①调速器外壳的孔及喷油泵盖板孔松旷；②调速器飞块销孔、座架磨损使间隙变大，调节灵敏度下降；③调速器飞块过重或收张距离不一致；④调速器内润滑油被污染或量太少；⑤调速器调速弹簧变形或断裂；⑥喷油泵供油量调节齿杆卡滞；⑦喷油泵供油量调节齿杆与扇形齿轮齿隙过大，或柱塞调节臂与油量调节拨叉配合间隙过大；⑧喷油泵凸轮轴轴向间隙过大；⑨喷油泵柱塞套安装不符合要求，调节齿杆(或拨叉)不能移动自如；⑩喷油泵柱塞调节臂或扇形齿轮变形或松动，妨碍调节齿杆移动；⑪供油时调节齿杆(或拨叉)的拉杆销子松旷；⑫个别气缸喷油器针阀烧结。

3.2　底盘技术状况评估

3.2.1　车辆底盘静态检查

对于二手车底盘的静态检查，主要是对车架、轮胎、悬架和摩擦零件进行检查。

1. 车架检查

消费者挑选二手车时最担心的事情之一是车辆是否出过大事故。检查车架是消除消费者这个担心的办法之一，因为大部分事故在车架上都会留下痕迹。车架受损后，在行驶中可能出现一些不良反应，例如，转向侧倾不均匀也不稳定，轮胎有偏磨痕迹，制动时跑偏等。车辆同时出现这些故障征兆时，表明曾出现过事故而导致车架产生弯曲变形。分别检查左、右两侧的前、后轮是否成一条直线，不是直线，说明整体车架弯曲了；测量每个车轮后侧与轮罩的间隙，应大致相同，否则说明车架或整体车身有弯曲变形迹象；打开发动机盖，看贯穿整个发动机舱的两根纵梁，通常在蓄电池下方的不容易看到，而左侧的容易观察。检查它们有无焊接或开裂的痕迹。如果是追尾或侧面撞击的事故，车架会受挤压而弯曲或开裂，维修时都需要焊接。如果有条件将车辆驶上检测地沟或用举升器将车辆举起来，可更方便地对车架进行仔细检查，查看车架是否有异常的损坏、焊接痕迹、锈迹等。如果发现车架各接缝处锈蚀严重，意味着车辆已经使用多年快到报废年限了；检查转向节臂、转向横直拉杆及球铰有无裂纹和损伤，球铰是否松旷，连接是否牢固可靠。检查车辆传动轴中间轴承、万向联轴器是否有裂纹和松旷现象。

2. 轮胎检查

先查看轮胎花纹是否一致，再看磨损情况。每个轮胎胎冠花纹(又称轮胎坑纹)深度不可小于1.6mm，低于此值应更换。乘用车轮胎一般可保证行驶10万km。如果轮胎胎冠中部磨损严重，表明胎压长期处于过高状态；如果轮胎胎冠两侧磨损严重，说明车主经常在胎压过低的状态下行驶；如果左、右转向轮的磨损不均，则可能是前束或外倾不正确，也可能是转向机间隙过大，或转向机构连接出现松旷，此时也应检查一下悬架的情况；如果胎面胎冠呈波浪形磨损，每个起伏点间距至少有一块或数块花纹，并呈不规则状，这表明可能轮毂轴承松旷、轮辐拱曲变形、轮胎平衡不良、频繁使用紧急制动等而引起；如胎冠花纹扁平，边缘已全无棱角，说明在前轮悬架机构需要调整时，原车主全不顾忌，仍在频繁用车，不爱惜车，这不仅使轮胎本身状况不佳，更透露出整车的车况可能也有问题。

3. 悬架检查

挑选二手车时不能忽视对悬架系统的检查，良好的悬架系统能保证车辆行驶的舒适性，以及车辆直线行驶或转弯时的稳定性。检查悬架系统时，最简单的方法是用力按压车身的4个角位，并注意按压车身时是否有不寻常的声响发出。用力按下后松开，观察车身的回弹次数，如果超过2次，则表明液压减振器有故障。这时可将车举起，看看悬架系统有没有漏油或松弛现象；将车停放在平整路面上，看4个车轮位置有无明显下沉造成车辆倾斜；车辆每次上下振动时，若悬架系统都会发出“咯、咯”的响声，而且每到不平整路面时响声加剧，可能是减振器损坏或是减振器胶套破损；SUV等车型其弹性零件多采用钢板弹簧，应观察弹簧片是否折断，如果有弹簧片折断，也应仔细检查其他弹簧片；车辆在急转弯时，如果车身侧倾过大，表明减振器或稳定杆损坏了。

4. 摩擦零件检查

手握方向盘上下轻摆，若松动，表明转向柱上部轴承磨损；制动器刹车盘片和离合器片是易耗部件，使用一段时间后就会损耗，如不及时更换极易酿成车祸。车辆上一般都有相应的警告提示灯，会及时发出警告信号，提醒用户更换；自动挡轿车常见故障之一是离合器片磨损过度，在不同挡位之间重复换挡，观察换挡是否顺畅敏捷，如果发现车辆反应迟钝，换挡时车速变化大或车身有不稳定的感觉，就可能是离合器片因磨损过度应更换了。离合器是较昂贵的部件，因此应仔细检查以免购车后不久就发生过多的支出；如果在坡路上拉紧驻车制动器后出现溜车，摩擦片磨损严重即是其中的一个原因；检查离合器踏板和制动踏板的踏板胶片是否磨损过度，通常一块踏板胶片寿命在3万km左右。

若有地沟或上举升器，可将车辆开进地沟或上举升器的工位进行检查，主要有以下检查内容。

(1) 检查发动机固定是否可靠，检查发动机与传动系统的连接情况；燃油箱及燃油管路应固定可靠，不得有渗、漏油现象；燃油管路与其他部件不应有磨蹭现象；软管不得老化开裂、有磨损等异常现象。

(2) 检查传动轴中间支撑轴承及支架、万向节等有无裂纹和松旷现象。

(3) 检查转向节臂、转向横直拉杆有无裂纹和损伤，有无拼焊现象。检查转向横直拉杆球销是否松旷、连接是否可靠；各运动部件在运动中有无干涉、摩擦现象。

(4) 检查车架是否有裂纹和影响车辆正常行驶的变形，螺栓和铆钉不得缺少和松动，车架不得进行焊接加工。

(5) 检查前、后桥是否有变形、裂纹。

(6) 检查钢板弹簧有无裂纹、断片和缺片现象，中心螺栓和U型螺栓是否紧固，减振器是否漏油，车架与悬架之间的各拉杆和导杆应无松旷和移位现象。

(7) 检查排气管、消声器是否齐全及固定，有无破损和漏气现象。

(8) 检查制动总泵、分泵、制动管路，不得有漏气、漏油现象；软管不得有老化开裂、磨损异常等现象。

(9) 检查电器线路，所有电器导线均应捆扎成束、布置整齐、固定卡紧、接头牢固并有绝缘套，在导线穿越孔洞时需装设绝缘套管。

(10) 检查减振及悬架，可用手在汽车前后左右角分别用力下压，如放松后汽车车身能回弹，并能自由跳动2～3次，说明该系统正常。如出现异响或不能自动跳动，则说明该减振器或悬架系统的弹簧等部件工作不良，舒适性自然就会变差。

3.2.2 车辆底盘动态检查

1. 检查转向系统

(1) 方向盘自由行程检查。将车辆停放在平坦路面上，左右转动方向盘，从中间位置向左或向右时，方向盘游动间隙不应该超过15°。如果是带助力的车辆，最好在起动发动机后做检查。如果方向盘的间隙过大，就需要对转向系统各部分间隙进行调整，这是需要到修理厂进行的工作。

(2) 转向系统传动间隙检查。可以用两手握住方向盘，采用上、下、左、右方向摇动，此时应该没有很松旷之感，如果很松，就需要调整转向轴承、横拉杆、直拉杆等，看有无松旷或螺帽脱落现象。

2. 路试检查

汽车路试一般在20km左右。通过一定里程的路试检查汽车的工况。路试检查的内容如下。

1) 检查离合器

正常的离合器应该是接合平稳，分离彻底，工作时不得有异响、抖动和不正常打滑现象。踏板自由行程应符合二手车技术条件的有关规定。自由行程过小，一般说明离合器摩擦片磨损严重。踏板力应与该型号车辆的踏板力相适应。各种车辆的踏板力应不大于300N。

离合器常出现的故障为打滑和分离不彻底，有的还有异响。这些故障会导致如起步困难、行驶无力、爬坡困难、变速器齿轮发出刺耳的撞击声、起步时车身发抖等现象。

(1) 离合器分离不彻底检查。在发动机怠速状态时，踩下离合器踏板几乎触底时，才能切断离合器；或是踩下离合器踏板，感到挂挡困难或变速器齿轮出现刺耳的撞击声；或挂挡后不抬离合器踏板，车子开始行进，表明该车的离合器分离不彻底。其原因是：离合器踏板自由行程过大、离合器压盘限位螺钉调整不当，或是更换了过厚的离合器摩擦片、离合器分离杠杆不在同一平面上等。

(2) 离合器打滑检查。如果离合器打滑，会出现起步困难、加速无力、重载上坡时有明显打滑甚至发出难闻气味等现象。比如在挂上1挡后，慢抬离合器车子没反应，发动机也不熄火，就是离合器打滑的表现。其原因是：离合器踏板自由行程太小、分离轴承经常压在膜片弹簧上，使压盘总是处于半分离状态；离合器压盘弹簧过软或有折断；离合器与飞轮连接的螺丝松动等。

(3) 离合器异响检查。如果在使用离合器过程中出现异响也是不正常的。响声形成的主要原因是离合器内部的零件有损坏，这时肯定需要进修理厂了。其故障原因是：分离轴承磨损严重、轴承回位弹簧过软或折断、膜片弹簧支架有故障等。

(4) 离合器自由行程检查。当踩下离合器踏板到3/4时，离合器就应该稳固地接合。检查其行程是否合适，可以用直尺在踏板处测量，先测出踏板最高位置高度，再测出踩下踏板到感到有阻力时的高度，两个数值的差就是该车离合器行程数值，如果不符合要求就需要及时调整。

2) 检查制动性能

(1) 制动性能检测的技术要求。GB 7258—2004《机动车运行安全技术条件》中规定，汽车制动性能和应急制动性能的路试检测在平坦、硬实、清洁、干燥且轮胎与地面间附着系数不小于0.7的水泥或沥青路面上进行，检验时发动机与传动泵分离。

汽车在规定初速度下的制动距离和制动稳定性要求应符合的规定见表3-13。紧急制动性能要求应符合的规定见表3-14。

表3-13 制动距离和制动稳定性要求

汽车类型	制动初速度/(km/h)	满载检验制动距离要求/m	空载检验制动距离要求/m	试验通道宽度/m
三轮汽车	20	≤5.0		2.5
乘用车	50	≤20.0	≤19.0	2.5
总质量不大于3500kg的低速汽车	30	≤9.0	≤8.0	2.5
其他质量不大于3500kg的低速汽车	50	≤22.0	≤21.0	2.5
其他汽车、汽车列车	30	≤10.0	≤9.0	3.0
两轮摩托车	30	≤7.0		—

续表

汽车类型	制动初速度/(km/h)	满载检验制动距离要求/m	空载检验制动距离要求/m	试验通道宽度/m
边三轮摩托车	30	≤8.0		2.5
正三轮摩托车	30	≤7.5		2.3
轻便摩托车	20	≤4.0		—
轮式拖拉机运输机组	20	≤6.5	≤6.0	3.0
手扶变型运输机	20	≤6.5		2.3

表 3-14　紧急制动要求

汽车类型	制动初速度/((km/h)	制动距离/m	充分发出的平均减速度/(m/s^2)	允许操纵力不应大于/N	
				手操纵	脚操纵
三轮汽车	50	≤38.0	≥2.9	400	500
乘用车	30	≤18.0	≥2.5	600	700
其他汽车(三轮汽车除外)	30	≤20.0	≥2.2	600	700

(2) 制动性能检查内容。

① 检查行车制动。如果制动跑偏，很可能是同一车桥上的两个车轮制动力不等；或者是制动力不能同时作用在两个车轮上导致的。其原因可能由于轮胎气压不一致；或是制动鼓(盘)与摩擦片间隙不均匀；或是摩擦片有油污；或是制动蹄片弹簧损坏等，应根据形成原因在修理厂加以维修。

汽车起步后，先点一下制动检查是否有制动；将车加速至 20km/h 作一次紧急制动，检查制动是否可靠，有无跑偏、甩尾现象；再将车加速至 50km/h，先用点制动的方法检查汽车是否立即减速、跑偏，再用紧急制动的方法检查制动距离和跑偏量。

② 检查制动效能。如果在行车时进行制动，减速度很小，制动距离又很长，说明该车的制动效能不佳。其原因可能是摩擦片与制动鼓(盘)的间隙很大；制动踏板自由行程过大；制动油管内有空气；制动总泵或分泵有故障；或是制动油管漏油等，需要到修理厂维修。

试车时，发现踏下制动踏板的位置很低，连续踩几脚后，踏板才逐渐升高，但仍感觉比较软，这很可能是因为制动管路内有空气；当第一脚踩下踏板制动失灵，再继续踩踏板时制动良好，就说明是踏板自由行程过大，或是摩擦片与制动鼓(盘)的间隙过大。总之，凡是制动效能不佳的车辆，都必须进修理厂了，也必然影响车辆的身价。

③ 检查制动失效。就是在行车中出现制动失效，不能使车辆减速或停止。不用说，该车一定需要大修。其原因可能是制动液渗漏、制动总泵和分泵有严重故障。

④ 检查驻车制动(手刹)。如果在坡路上拉紧驻车制动后出现溜车，说明驻车制动有故障。其原因可能是驻车制动拉杆调整过长；或是摩擦片与制动鼓(盘)间隙过大或有油污；摩擦片磨损严重或打滑；制动鼓(盘)与摩擦片接触不良等。这些故障也是需要在修理

厂解决的。

驻车制动力、施加于驻车制动操纵装置上的力和操纵装置的储备行程均应符合GB 7258—2004《机动车运行安全技术条件》标准中的相关要求。

⑤ 检查制动系统辅助装置。对于气压制动系统的二手车，当制动系统的气压低于400kPa时气压报警装置应发出报警信号。对于装备有弹簧储能制动器的二手车，当制动系统的气压低于400kPa时弹簧储能制动器自锁装置应正常有效。

3）检查变速器

从起步挡加速到高速挡，再由高速挡减至低速挡，检查变速器是否够轻便灵活，是否有异响，互锁和自锁装置是否有效，是否有乱挡现象，加减车速是否有跳挡现象，同时，换挡时变速不得与其他部件干涉。自动变速器的车辆在平坦的路面起步一般不要踩加速踏板，如果需要踩加速踏板才能起步，说明自动变速器保养不好，或已到保修里程；检查自动变速器是否有换挡迟滞现象，自动变速的车辆换挡时应该无明显的感觉，如果感觉车辆在加减速时有明显的发“冲”现象，说明自动变速器保养不好，或已到大修里程。

传动轴及中间轴承应正常工作，无松旷、异响。差速器、主减速器应工作正常、无异响。

4）转向操纵检查

在宽敞路段，二手车行驶过程中检查车辆的操作稳定性。在一宽敞的路段，以15km/h的速度行驶，作左、右圈转向盘，看转向是否灵活、轻便，有无回正力矩；撒手方向盘，看是否跑偏；高速行驶时，是否有跑偏、摆振现象。一般转向系统的路试检查有如下几个方面。

(1) 转动方向盘沉重检查。在路试二手车时须做几次转弯测试，检查在转动方向盘时是否感到很沉重。如果有，则可能是横拉杆、前车轴、车架有弯曲变形；前轮的定位不准确；轮胎气压不足；转向节轴承缺油。对于有助力的二手车，在行进中如果感到转向沉重就可能是有故障了。其原因有可能是油路中有空气；或是油泵压力不足；或是驱动皮带打滑；或是动力缸、安全阀等漏油。

(2) 摆振检查。路试二手车时，发现前轮摆动、方向盘抖动，这种现象称为摆振，可能的原因是转向系的轴承过松；横拉杆球头磨损松旷；轮毂轴承松旷；车架变形；或者是前束过大了。

(3) 跑偏检查。如果在路试中，挂空挡松开方向盘，出现跑偏问题，有可能是以下原因导致的：悬架系统故障，其中一侧的减振器漏油，或是螺旋弹簧故障；前轮定位不好，或是两边的轴距不准确；还可能是车架受过碰撞事故而变形；或是车轮胎压不等。

(4) 转向噪声检查。转向时如果动力转向系统出现噪声，很可能是以下故障造成的：油路中有空气；储油罐油面过低需要补充；油路堵塞；或是油泵噪声。

5）汽车动力性的检查

通过道路试验分析汽车动力性能，其结果接近于实际情况。汽车动力性在道路试验中的检测项目一般有高挡加速时间、起步加速时间、最高车速、陡坡爬坡车速、长坡爬坡车速，有时为了评价汽车的拖挂能力，也进行汽车牵引力检测。另外，有时为了分析汽车动力的平衡问题，采用高速滑行试验测定滚动阻力系数和空气阻力系数。道路试验会受到道路条件、风向、风速、驾驶技术等因素的影响，且这些因素可控性差，同时还需要按规定条件选用和建造专门的道路等。

小客车动力性能最常见的指标是从静止状态加速至100km/h所需时间t(s)和最高车速，其中前者是最具意义的动力性能指标和国际流行的小客车动力性能指标。

汽车起步后，作加速行驶，猛踩加速踏板，检查汽车的加速性能，各种汽车设计时的加速性能不尽相同。就轿车而言，一般发动机排量越大，加速性能就越好。有经验的二手车鉴定估价人员，能够了解各种常见车型的加速性能，通过路试能够检查出被检汽车的加速性能与该型号汽车正常的加速性能的差距。

检查汽车的爬坡性能。检查汽车在相应的坡道上，使用相应的挡位时的动力性能是否与经验值相近，感觉是否正常。

检查汽车是否能够达到原设计车速，如果达不到，估计一下差距大小。

6）检查传动系统间隙

路试中，将汽车加速至40～60km/h迅速抬起加速踏板，检查有无明显的金属撞击声。如果有，说明传动间隙大。

7）检查机械传动效率

在平坦的路面上作滑行试验，将机动车运行到50km/h时，踏下离合器，将变速器摘入空挡滑行，根据经验，通过滑行距离估计汽车各传动效率是否高。

8）检查传动系统与行驶系统的动平衡

汽车在任何车速下都不应抖动。如果汽车在某一车速范围内抖动，说明汽车的传动系统或行驶系统动平衡有问题，应检查轮胎、传动轴、悬架、间隙等。

9）动态试验后的检查

(1) 检查各部件温度。检查润滑油、冷却液温度，冷却液温度不应超过90℃，发动机润滑油温度不应高于95℃，齿轮油温度不应高于85℃；检查运动机件过热情况，查看轮毂、制动鼓、变速器壳、传动轴、中间轴承、驱动桥壳等的温度，不应有过热现象。

(2) 检查渗漏现象。在发动机运转及停车时，散热器、水泵、缸体、缸盖、暖风装置及所有连接部位不得有明显渗、漏水现象。汽车连续行驶距离不小于10km，停车5min后观察，不得有明显渗、漏油现象。汽车不得有漏气、漏油现象。气压制动汽车，在气压升至600kPa且不使用制动的情况下，停止空气压缩机3min后，气压的降低值不应大于10kPa。在气压为600kPa的情况下，将制动踏板踩到底，待气压稳定后观察3min，气压的降低值不应大于20kPa。液压制动二手车，在保持踏板力700N时达到1min踏板不允许有缓慢向前移动的现象。

3.2.3　底盘技术状况的仪器检查

1. 汽车动力性台架检测

1）底盘输出最大驱动功率DP_{max}

底盘输出最大驱动功率DP_{max}是指汽车在使用直接挡行驶时，驱动轮输出的最大驱动功率(相应的车速在发动机额定转速附近)。

底盘输出最大驱动功率一般简称底盘输出最大功率，是实际克服行驶阻力的最大能力，是汽车动力性评价的一项重要指标。汽车在使用过程中，发动机本身、发动机附件及传动系统的技术状况都会下降，其底盘输出的最大功率将因此减小。

2）汽车底盘输出功率的检测方法

通过底盘测功机检测车辆的最大底盘驱动功率，用以评定车辆的技术状况等级。

（1）检测方法。

① 在动力性检测之前，必须按汽车底盘测功机说明书的规定进行试验前的准备。台架举升器应处于升状态，无举升器者滚筒必须锁定；车轮轮胎表面不得夹有小石子或坚硬之物。

② 汽车底盘测功机控制系统、道路模拟系统、引导系统、安全保障系统等必须工作正常。

③ 在动力性检测过程中，控制方式处于恒速控制，当车速达设定车速（误差 12km/h）并稳定 5s 后，计算机读取车速与驱动力数值，并计算汽车底盘输出功率。

④ 输出检测结果。

（2）检测的数据处理。目前底盘测功机显示的数值，有的是功率吸收装置吸收功率的数值，有的是驱动轮输出的最大底盘输出功率的数值。对于显示功率吸收装置所吸收功率数值的，在检测结果的数据处理时，必须增加汽车在滚筒上滚动阻力消耗的功率、台架机械阻力消耗的功率及风冷式功率吸收装置的风扇所消耗的功率。计算公式为

汽车底盘最大输出功率 DP_{max}＝功率吸收装置所消耗的功率＋滚动阻力所消耗的功率
＋台架机械阻力所消耗的功率
＋风冷式功率吸收装置冷却风扇所消耗的功率

3）传动效率检侧

将底盘测功仪上测得的驱动轮输出功率与发动机飞轮输出功率进行对比，可计算出传动效率为

$$\eta_t = p_k / p_e$$

式中

P_k——驱动轮输出功率，kW；

P_e——发动机飞轮输出功率，kW。

用汽车底盘传动系统机械传动效率的正常值作为检验标准，传动效率正常值见表 3－15。

表 3－15　传动效率正常值

汽车类型		传动效率 η_t
轿车		0.90～0.92
载货汽车和公共汽车	单级主传动器	0.9
	双级主传动器	0.84
4×4 越野汽车		0.85
6×4 载重汽车		0.80

汽车在使用中，传动效率随着传动系统技术状况的变化而变化。新车的传动效率并不是最高，只有传动系统完全结合后，各部件调整最佳时，才使其传动效率达到最大。随着车辆的继续使用，磨损逐渐变大，润滑条件变差，配合情况逐渐恶化，摩擦损失也逐渐增

加，因而传动效率也就逐渐降低。一般发动机功率大于额定功率的75%才符合要求。

2. 汽车制动性能检测

汽车制动性能检测有台试检验和道路试验检验。根据GB 7258—2004《机动车运行安全技术条件》规定，当汽车经台架检验后对其制动性能有质疑时，可用道路试验检验，并以满载路试的检验结果为准。

台试检验的检测主要项目有制动力、制动力平衡要求、车轮阻滞力和制动协调时间；制动性能路试检验的主要检测项目有制动距离、充分发出的平均减速度、制动稳定性、制动协调时间和驻车制动坡度。

1）台式检验制动性能

（1）台式检验制动性能的技术要求。GB 7258—2004《机动车运行安全技术条件》对台式检验制动力的要求见表3-8。

（2）行车制动性能检验要求。

① 汽车、汽车列车、无轨电车和农用运输车在制动试验台上测出的制动力的要求对空载检验制动力有质疑时，可按表3-16规定的满载检验制动力要求进行检验。

表3-16　台式检验制动力要求

汽车类型	制动力总和与整车质量的百分比/%		轴制动力与轴荷[①]的百分比/%	
	空载	满载	前轴	后轴
三轮汽车	≥45		—	≥60[②]
乘用车、总质量不大于3500kg的货车	≥60	≥50	≥60[②]	≥20[②]
其他汽车、汽车列车	≥60	≥50	≥60[②]	—
摩托车	≥60	≥50	≥60	≥55
轻便摩托车	—	—	≥60	≥50

注：① 表示用平板制动检验乘用车时应按动态轴荷计算；
② 表示空载和满载状态下测试均应满足此要求。

② 检验时制动踏板力或制动气压的要求。

满载检验时，气压制动系统：气压表的指示气压≤额定工作气压；液压制动系统：踏板力，座位数小于或等于9的载客汽车≤500N，其他车辆≤700N。

空载检验时，气压制动系统：气压表的指示气压≤600kPa；液压制动系统：踏板力，座位数小于或等于9的载客汽车≤400N，其他车辆≤450N。

③ 制动力平衡要求。在制动力增长全过程中，同时测得的左右轮制动力差的最大值与全过程中测得的该轴左右轮中制动力大者之比对前轴不得大于20%；对后轴在后轴制动力大于等于后轴轴荷的60%时不得大于24%；当后轴制动力小于后轴轴荷的60%时，在制动力增长的全过程中同时测得的左右轮制动力差的最大值不得大于后轴轴荷的8%。

④ 协调时间要求。汽车和无轨电车的单车制动协调时间应不大于0.6s，汽车列车的协调时间应不大于0.8s。

⑤ 汽车和无轨电车车轮阻滞力要求。进行制动力检测时车辆各轮的阻滞力均不得大于该轴轴荷的5%。

(3) 驻车制动性能检验要求。当采用制动试验台检验车辆(两轮、边三轮摩托车和轻便摩托车除外)驻车制动的制动力时，车辆空载，乘坐一名驾驶员，使用驻车制动装置，驻车制动力的总和应不小于该车在测试状态下整车质量的20%；对总质量为整备质量1.2倍以下的车辆此值为15%。

在空载状态下，驻车制动装置应能保证车辆在坡度为20%，总质量为整备质量1.2倍以下的车辆为15%、轮胎与路面间的附着系数不小于0.7的坡道上正、反两个方向保持固定不动，其时间不少于5min。

当车辆经台架检验后对其制动性能有质疑时，可用规定的路试检验进行复检，并以满载路试的检验结果为准。

2) 台试制动性能检验方法

(1) 用反力式滚筒制动试验台检测。制动试验台滚筒表面应干燥，没有松散物质及油污。驾驶员将车辆驶上滚筒，位置摆正，变速器置于空挡，起动滚筒，使用制动测取各轮制动力、每轴左右轮在制动力增长全过程中的制动力差、制动协调时间、车轮阻滞力和驻车制动力等参数值，并记录车轮是否抱死。

在测量制动时，为了获得足够的附着力以避免车轮抱死，允许在车辆上增加足够的附加质量或施加相当于附加质量的作用力，附加质量或作用力不计入轴荷；也可采取防止车轮移动的措施，例如加三角垫块或采取牵引等方法。

(2) 用平板制动试验台检验。制动试验台平板表面应干燥，没有松散物质及油污。驾驶员以5～10km/h的速度将车辆对正平板台并驶上平板，置变速器于空挡，急踩制动，使车辆停住，测得各轮制动力、每轴左右轮在制动力增长全过程中的制动力差、制动协调时间、车轮阻滞力和驻车制动力等参数值。

3) 路试制动性能检验方法

路试路面应平坦，坡度不超过1%、干燥和清洁的水泥或沥青路面。轮胎与路面之间的附着系数不小于0.7，风速不大于5 m/s。在试验路面上应画出标准中规定的制动稳定性要求的相应宽度试车道的边线。被测车辆沿着试验车道的中线行驶至高于规定的初速度后，置变速器于空挡。当滑行到规定的初速度时急踩制动使车辆停住，用速度计、第五轮仪或用其他测试方法测量车辆的制动距离、车辆充分发出的平均减速度与制动协调时间。充分发出的平均减速度应在测得公式中相关参数后计算确定。

制动性能路试检测项目的技术要求应符合国家标准的规定。

4) 两种检验方法的比较

(1) 路试法检验制动性能特点。路试法检验制动性能的优点是直观、简便，能真实地反映汽车实际行驶过程中汽车动态的制动性能，如轴荷转移的影响；能综合反映汽车其他系统的结构性能对汽车制动性能的影响，如转向机构、悬架系统结构和形式对制动方向稳定性的影响，且不需要大型设备与厂房。但也存在下列不足之处。

① 只能反映整车制动性能的好坏，而对于各轮的制动状况及制动力的分配，虽能从拖、压印做出定性分析，但不易取得定量的数值。

② 不易诊断故障发生的具体部位。

③ 重复性较差。制动距离的长短和制动减速度的大小，往往因驾驶员操作方法、路面状况和道路交通状况而异，只有在专用试验道路上用专用试验仪器的情况下才能获得重复性较好的检验结果。

④ 除道路条件外，路试还将受到气候条件等的限制且有发生事故的危险。

⑤ 消耗燃料，磨损轮胎，紧急制动时的冲击载荷对汽车各部机件都有不良影响。

(2) 台试法检验制动性能特点。台试法检验制动性能的优点是迅速、准确、经济、安全，不受外界条件的限制，重复性较好，能定量测得各轮的制动全过程(制动力随时间增长的过程)，有利于分析前、后轴制动力的分配及每轴制动力的平衡状态、制动协调时间等参数，给故障诊断提供可靠依据。所以台试法已成为汽车诊断与检验的发展方向，在国内外获得了广泛应用。台试法除需要大型设备与相应厂房外，主要不足之处如下所示。

① 通常台试法被检车辆处于空载状态，同时制动时由于没有因惯性作用而引起的轴荷转移作用，前轴车轮容易抱死，不易测得前轴制动器可能提供的最大制动。

② 同一试验台对于轮胎直径不同的车辆，因其轮胎在试验台滚筒间的安置角及非测试车轮的制动性能不同而影响其最大制动力的测定。

③ 制动测试时滚筒的转动速度较低与实际制动状况相差甚远，这将影响所测制动力上升速度使制动协调时间延长，若与采样时间不能很好匹配时甚至可能影响所测制动力值。

④ 不能反映汽车其他系统，如转向机构、悬架的结构和性能对制动性能的影响。

3. 车轮侧滑检测

为保证汽车转向车轮无横向滑移地直线滚动，要求车轮外倾角与车轮前束有适当配合，否则，车轮就可能在直线行驶过程中产生侧滑现象。当侧滑现象严重时，将破坏车轮的附着条件，丧失定向行驶能力，并导致轮胎异常磨损。在车辆年度审检中，应用侧滑试验台对车辆侧滑量进行检测。

1) 汽车侧滑量要求

GB 7258—2004《机动车运行安全技术条件》中规定：①转向轮横向侧滑量的检验应在侧滑检验台上进行；②将汽车对正侧滑检验台，并使方向盘处于正中位置；③使汽车沿台板上的指示线以 3～5km/h 车速平稳前行，在行进过程中，不允许转动方向盘；④转向轮通过台板时，测取横向侧滑量。

2) 侧滑量检测原理

当转向轮具有外倾时，转向轮具有向外倾斜的趋势。在滚动过程中，前轴将两转向轮向内拉，使转向轮受到向内的侧向力。因此，在汽车行驶时，两转向轮向前滚动时向内侧滑。

当转向轮具有前束时，两转向轮前端向内收。在汽车行驶过程中，两转向轮具有向内滚动的趋势。前轴将两转向轮向外推开，使转向轮受到向外的侧向力。因此，在汽车行驶时，两转向轮向前滚动时向外侧滑。

若转向轮外倾与前束配合正常，则由转向轮外倾引起的侧向力和由前束引起的侧向力大小相等，方向相反互相抵消，车轮将处于纯滚动状态。如前束过大，则转向轮向外侧滑；如前束过小，则两转向轮向内侧滑。转向轮侧滑量检测原理如图 3.4 所示。两块滑板平放于地面，滑动板沿车辆行驶方向不能产生位移，而在横向则阻力很小，可自由移动。

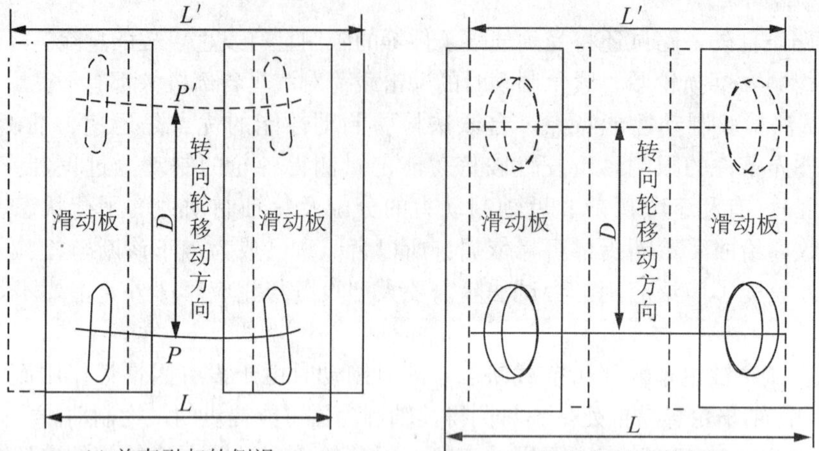

图 3.4 轮向侧滑的测量原理图

当车辆转向轮滚过滑板时，若车轮具有前束，将受到前轴向外侧向力作用。由于轮胎与滑板之间摩擦因数很大，而滑板相对地面可自由移动，因此前轮将带动两滑板同时向外滑动，如图 3.2(a)所示。若车轮具有外倾，同样的道理，两滑板同时向内滑动，如图 3.2(b)所示。若外倾与前束配合正常，则两转向轮通过滑板时，滑板不产生滑动。

由于两块滑板的侧滑量不一样，因此取单边侧滑量的平均值作为检测结果，即

$$S_t=\frac{L'-L}{2}$$

式中　S_t——单边平均侧滑量，m/km。

一般情况下，前轮外倾无法调整，因此当 $S_t>0$ 时，两轮向外侧滑，表明前束偏大；当 $S_t<0$ 时，两轮向内侧滑，表明前束偏小。

3）侧滑台的使用

不同型号的侧滑台其使用方法有所区别，应根据使用说明书制定操作规程，一般都应进行如下工作。

（1）检测前的准备。

① 在不通电的情况下，检查仪表指针是否指在零位上；接通电源，晃动滑动板，待滑动板停止后，查看指针是否仍在零位或数据显示仪表上的侧滑量数值是否为零。如发现失准，对于指针式仪表，可以用零点调整电位计或游丝零点调整钮将仪表校零；对于数显式仪表，可按校准键，调节调零电阻，使侧滑量显示值为零，或按复位键清零。

② 检查侧滑台及周围场地有无机油、石子、泥污等杂物并清除干净。

③ 检查各种导线有无因损伤而造成接触不良的部位，必要时应进行修理或更换。

④ 待检测车轮胎气压应符合各自出厂的规定值。

⑤ 检查并清除轮胎上的油污、水渍和嵌入的石子、杂物等。

(2) 检测步骤。

① 松开滑动板的锁止手柄，接通电源。

② 汽车以 3～5km/h 的低速垂直地使被测车轮通过滑动板。速度过高会因台板的惯性力和仪表的动态响应迟滞而影响测量精度；速度过低也会引起失真误差。

③ 当被测车轮从滑动板上完全通过时，查看指示仪表，读取最大值，记下滑动板的运动方向，即区别滑动板是向内还是向外滑动。

④ 检测结束后，锁止滑动板，切断电源。

当检测结果不符合侧滑量要求时，应分析其原因。当超出侧滑量要求较小时，一般可以通过调整排除；当超出侧滑量要求较大时，则要更换部分零件，甚至需要校正车身才能排除。明确超差原因，就可以估算排除超差现象所需费用。

特别提示

检测时的注意事项

① 不允许超过额定吨位的汽车驶入侧滑台，以防压坏或损伤易损机件。

② 不允许汽车在侧滑台上转向或制动，因为会影响测量精度和检验台的使用寿命。

③ 前驱动的汽车在测试时，不应该突然加油、收油或踏离合器，这样会改变前轮受力状态和定位角，造成测量误差。

4. 四轮定位检测

由于汽车行驶速度越来越高，汽车的操纵稳定性对汽车的安全越来越重要。汽车不仅具有前轮定位参数要求，有些高速客车和轿车还具有后轮外倾角和后轮前束等参数。这些定位参数的变化会使汽车操纵稳定性下降，同时增加轮胎的异常磨损和某些零部件过早的疲劳损伤。

例如，主销后倾角过大时，转向沉重，驾驶员容易疲劳；主销后倾角过小时，汽车直线行驶时容易产生前轮摆振，转向盘摇摆不定，方向自动回正能力下降；当左右车轮的主销后倾角不相等或前后桥不平行时，汽车会出现行驶跑偏现象，从而大大降低汽车的操纵性和增加驾驶员疲劳。

若四轮定位仪对定位参数的检测合格，则可增加汽车行驶时的安全性，增强操纵稳定性，减少轮胎磨损，减小悬架系统和行驶系统部分零部件的疲劳损伤，降低燃油消耗等。

因为各种汽车的四轮定位参数不尽相同，可调参数也不尽相同，所以在检测汽车四轮定位前必须先查阅被评估二手车生产厂的四轮定位参数标准，哪些参数是可调的，哪些参数是不可调的，一般可通过维修手册或四轮定位仪内存中查阅。

专业的二手车鉴定估价人员在拿到四轮定位检测不合格的报告后，通常会同被评估二手车的专业维修人员对不合格项目进行认真分析。四轮定位修理中，常用方法包括调整、更换部分零部件和车身校正。由于有多种原因造成不合格的项目，因此一般还需进行现场检验，根据现场检验结果，分析最大和最小可能产生的原因，拟定维修方案，确定被评估二手车恢复到四轮定位合格可能需要的费用范围。

四轮定位仪检测的项目包括前轮前束值/角(前轮前束角/前张角)、前轮外倾角、主销后倾角、主销内倾角、后轮前束值/角(后轮前束角/前张角)、后轮外倾角、轮距、轴距、左右轴距差、转向 20°时的前张角、推力角等。

目前常用的四轮定位仪有拉索式、光学式、电脑拉索式和电脑激光式 4 种。它们的测量原理是一致的，只是采用的测量方法或使用的传感器类型及数据记录与传输方式不同。这里介绍使用光学式四轮定位仪可测量的几个重要检测项目的测量原理。

(1) 光学式四轮定位仪测量定位参数前的准备工作。

① 安装测试投影仪。安装投影仪时必须注意投影仪上标有"L"的，必须安装在待检车辆行进方向的左边导轨上，标有"R"的则放在右边导轨上。左右两侧的投影仪的光学中心必须校准在同一轴线，以便测量汽车左右轮的同轴度，即调整时必须保证两侧投影仪屏幕上的十字刻度线在同一水平面上。

② 调整投影仪上投光镜的高度。测量待检车轮毂中心距离地面高度，将测量值减去 30mm 所得的值作为投光镜的高度值，有偏差的可通过手柄来调整。

③ 车辆的准备。检测前，被检车车轴的状况必须良好，车轮的所有轴承间隙、转向间隙和主销间隙均须检查并经过调整，且轮胎气压符合出厂要求。

(2) 检测步骤。

① 将车辆开到定位仪上，待检车后轮停在可以横向移动车辆的后轮滑板中心处，在滑板的下面有滚筒支承。轮毂中心位置与投影仪等高。

② 安装轮镜。首先根据轮辋直径调整 3 个卡爪之间的距离，然后将万能轮镜安装架紧固在轮辋边沿上，再将带有调整盘的轮镜安装在该架上，支起车轮并轻轻转动一周。若轮镜中心偏离车轴中心超过 10mm，应移动轮镜至车轮中心并紧固。

③ 轮镜安装基准调整。由于轮辋的变形和轮镜安装架的装夹误差，会使装夹在车轮上的镜面不垂直于车轮轴心线造成测量误差，因此，需要进行轮镜安装基准调整，即补偿调整。首先支起车轮，打开投影仪开关，轮镜将刻度线的像反射到投影仪屏幕上，慢慢转动车轮，观察屏幕上的十字刻度线。若十字刻度线摆动量超过屏幕上一个刻度值时，需要使用三角形布置的调整旋钮螺丝调整，直至十字刻度线不摆动为止并锁紧。对于电脑式四轮定位仪只需将车轮支起，每次转动 90°，并记录下由传感器此时测出的外倾角值，当转动一周后，共记录下 4 个外倾角值，进行平均值计算后即可完成车轮夹具安装补偿过程。补偿过程结束后，将转盘置于前车轮下面，落下车辆，后车轮置于滑板上，按压车身前部，给汽车悬架施加上下交替的力，使悬架系统处在正常的受力状态，并将前轮向左和向右转动几次，以消除转向间隙，最后让转向盘位于中间位置，前轮位于"正前方"位置，然后拉紧驻车制动。

④ 将车辆摆正定位。定位测量卷尺置于待检车辆的左前侧，用卷尺的磁性座与投影仪的底座相连，垂直于车轮中心线量出至轮辋最低位置间的距离，用同样的方法测出右侧的距离，直到两侧的距离相同为止。

用同样的方法测出后轮左侧和右侧的数值，左右调整后轮摆正滑板，直到两侧的距离相同为止。

上述过程就相当于定出了该测量系统的光学矩形，这样就消除了前后轮距不等所造成的影响。此时待检车辆刚好位于光学矩形中心位置，从而保证了该光学系统的测试精度。

(3) 定位参数的测量。在检测四轮定位参数时，需先查阅厂家关于定位参数的出厂标准。

各定位参数的测量值可直接从屏幕上和转盘上读出或从投影仪底座上的刻度尺上读出。

① 测量前轮左/右主销内倾角。前轮安装传感器及配件，锁紧前轮传感器，后轮传感器可不用，转盘不锁紧，不用转向盘锁定杆，使用驻车顶杆以防车轮滚动。

从角度测量选项单中选择主销内倾角程序，转动车轮使转向角显示 0°等待测量。使左轮向左转动 20°，转向角度显示在屏幕上，主销内倾角将相对“0°”值自动存储，听到声响后即完成。转动转向盘，车轮继续向左转动，直到右边车轮也转过 20°。转向角的值显示在屏幕上，存储器自动将右主销内倾角存储。然后将车轮右转 20°，转向角显示在屏幕上，右轮主销内倾角测量值也显示在屏幕上方。右主销内倾角测量完毕。继续转动转向盘，使左轮右转至 20°，左轮主销内倾角测量值也就显示在屏幕上。左主销内倾角测量完毕。

比较各测量值，白色值表示测量值与基准值无偏差；绿色值表示测量值在公差范围内；红色值表示测量值在公差范围外。

② 测量前轮左/右主销后倾角。采用与主销后倾角测量相同的操作过程，只是不需使用驻车制动杆就可读出数据。

③ 测量左(右)后轮前束角/外倾角。测量后轮前束角和外倾角时，要使用 4 个传感器，使用转向盘锁定杆防止车轮转向，使用驻车制动杆防止车轮滚动，在“角度测量选项单”中选后轮倾角测量程序，在屏幕上显示左、右侧后轮前束角及外倾角，还可以进一步由两后轮前束角算出推力角。用测量值与原厂值比较，如果测量值正确，可进行下一步操作；如果测量值不正确，一定要进行调整。

④ 测量左(右)前轮前束角/外倾角。测量前轮前束角和外倾角的方法与测量后轮前束角和外倾角的方法完全相同。

3.2.4　汽车底盘故障

汽车底盘包括传动系统、行驶系统、转向系统和制动系统 4 个部分。汽车底盘的故障直接关系到整车行驶的操纵稳定性和安全性，同时还影响汽车发动机的动力传递效率和燃油消耗率。下面分别对传动系统、行驶系统、转向系统和制动系统的故障进行诊断。

1. 传动系统故障诊断

传动系统包括离合器、变速器、万向传动装置、主减速器及差速器等部件。随着汽车的运行和使用，汽车传动系统的性能会逐渐下降，出现异响、过热、漏油及乱挡等故障，汽车的价值也随之下降。

(1) 离合器的常见故障。离合器在传动系统中的作用是切断和接合动力传递，以保证接合平稳、分离彻底、传递动力可靠，必要时又要能打滑，防止零部件因为过载而损坏。离合器由从动盘、压盘、压紧弹簧、分离杠杆、分离轴承和离合器盖等零部件组成。根据压紧方式的不同，离合器可分为膜片弹簧式离合器和螺旋弹簧式离合器。两者在结构上差别不大，只是压紧弹簧的形式不同而已。膜片弹簧式离合器的膜片既起压紧弹簧的作用，又起分离杠杆的作用。

离合器的常见故障有打滑、分离不彻底、接合不平顺(发抖)、异响等，见表 3 - 17。

表 3-17　离合器常见故障

故障现象		故障原因	故障诊断
离合器打滑	①汽车起步时，完全松开离合器踏板后，汽车不能顺利起步或起步无力；②汽车加速行驶时，车速不能随着发动机转速的提高而提高，行驶无力；③上坡或重载行驶时产生焦臭味甚至冒烟	①离合器踏板自由行程太小，使分离轴承压在分离杠杆上；②从动盘摩擦片、压盘或飞轮工作面磨损严重，离合器盖与飞轮的连接松动，使得压紧力减弱；③从动盘摩擦片有油污、烧蚀、表面硬化、铆钉外露或表面不平，使得摩擦力下降；④压力弹簧疲软或折断，膜片弹簧疲软或破裂，使得压紧力下降；⑤分离轴承套筒与导管间油污严重，使得分离轴承不能回位	①检查离合器踏板自由行程是否合适，不合适应该进行调整；②检查从动盘摩擦片、压盘或飞轮工作面磨损情况，若磨损严重应该更换；③检查压力弹簧、膜片弹簧是否疲软、折断或破裂；④检查从动盘、分离轴承套筒与导管间是否有油污，若有就应该及时清理
离合器分离不彻底	①汽车起步时，将离合器踩到底仍然感觉挂挡困难；②虽然勉强挂上挡，而离合器踏板未完全松开，汽车就往前移动或发动机立刻熄火；③变速器挂挡困难或挂不上挡，挂挡的同时变速器内发出齿轮撞击声	①离合器踏板自由行程太大；②新换的摩擦片太厚或从动盘正反面装错；③从动盘钢片翘曲、摩擦片破裂或铆钉松动；④液压传动离合器的液压系统漏油造成油量不足，或有空气侵入；⑤分离杠杆调整不当，其内端不在同一平面内或内端高度太低，或分离杠杆弯曲变形、支座松动、支座轴销脱出，使得分离杠杆内端高度难以调整，⑥从动盘毂键槽与变速器输入轴键齿锈蚀或有油污；⑦发动机前后支承螺栓松动等	①检查离合器踏板自由行程是否合适，若自由行程过大，应进行调整；②检查离合器从动盘或摩擦片安装是否正确，若从动盘变形或损坏应及时更换；③检查液压系统管路、管接头是否漏油；④检查分离杠杆是否变形，支座是否松动，分离杠杆调整是否合适；⑤检查变速器第一轴和离合器从动盘配合是否良好，若配合不当应及时调整；⑥检查从动盘毂键槽与变速器输入轴键齿是否锈蚀或有油污；⑦检查发动机前后支承螺栓是否松动
离合器接合不平顺	汽车起步时，虽然是正常缓慢地松开离合器踏板，但汽车车身发抖或突然向前窜，不能平顺起步	①发抖的主要原因是离合器踏板自由行程过小，分离杠杆内端面不在同一平面内；②从动盘摩擦片油污、破裂、凹凸不平或铆钉外露，导致接合时断时续；③主、从动盘磨损不均或翘曲不平，接合时出现局部接触，因为压不紧而出现发抖现象；④离合器压紧弹簧弹力不均，个别弹簧折断或高度不一致，膜片弹簧弹力严重不足；⑤变速器与飞轮壳或发动机固定螺栓松动；⑥扭转减振器弹力下降或消失(弹簧松弛或折断)，膜片弹簧固定铆钉松动；⑦从动盘、中间压盘因花键锈蚀、积污而移动发滞；⑧分离叉轴及衬套磨损严重或分离叉支点破损。⑨汽车突然向前窜的主要原因是分离套筒卡滞，踏板回位弹簧折断、脱落，踏板轴锈蚀等导致踏板回位不自如	让发动机怠速运转，挂上低速前进挡(一挡)，缓慢松开离合器踏板并加踏加速踏板起步，如果车身有明显抖动，则为离合器发抖。检查变速器与飞轮壳、离合器盖与飞轮固定螺栓是否松动，检查膜片弹簧的高度；拆开离合器盖测量膜片弹簧的高度是否一致；若上述各项均符合要求，则拆下离合器，分别检查压盘、从动盘是否变形、铆钉是否松动、膜片弹簧的弹力是否在允许的范围内

续表

故障现象		故障原因	故障诊断
离合器异响	在汽车行驶过程中，踩下离合器踏板时发出异响，松开踏板时异响消失；或在踩下和松开离合器踏板时都发出异响。离合器异响往往在发动机起动后，汽车起步前离合器分离和接合时产生	①分离轴承磨损严重或缺油，轴承回位弹簧疲劳、折断或脱落；②从动盘铆钉松动或减振弹簧折断；③踏板回位弹簧疲劳、折断或脱落	①稍稍踩下离合器踏板，膜片弹簧与分离轴承接触，听到有“沙沙”的声音，为分离轴承响；②如果加油后仍然在响，则是轴承磨损松旷或损坏，应更换；③在踩下、放松踏板时如果出现间断的碰击声，是分离轴承前后滑动的响声，即分离轴承支承弹簧失效，应更换支承弹簧；④如果发动机一起动就有异响，将踏板提起后异响消失，则为踏板弹簧失效，应更换踏板弹簧；⑤连续踩踏板，在离合器刚刚接触或分离时响，则是从动盘铆钉松动和摩擦片铆钉外露，应修复铆钉；⑥如果在汽车起步时，出现金属干摩擦声并伴有发抖现象，则是从动盘与花键轴套的铆钉松动或钢片破裂；⑦如果离合器接合时发出一次“咯噔”的撞击声，大多为从动盘花键轴套与变速器第一轴配合松动或飞轮、飞轮壳与变速器连接螺栓松动所致，也可能是减振弹簧折断、扭转减振能力下降，使得离合器出现抖动

(2) 手动变速器的常见故障。手动变速器在使用过程中，由于零件磨损和变形，造成零件配合间隙改变、操纵机构紧固螺栓松动等，从而引起一系列的故障。

手动变速器常见的故障有跳挡、乱挡、换挡困难、异响和漏油等，见表3-18。

表3-18　手动变速器常见故障

故障现象		故障原因	故障诊断
变速器跳挡	汽车在行驶过程中，变速杆自动跳回空挡位置	①操纵杆系统磨损松旷，或变速器内拨叉弯曲变形、止推垫片磨损，使得齿轮不能全部啮合；②相啮合的齿轮或齿圈磨损严重或自锁装置的凹槽、钢球磨损严重，自锁弹簧疲劳或折断；③轴或轴承磨损严重，使得相啮合的齿轮或齿圈不同心；④齿轮与轴的花键严重磨损，使得配合间隙过大	①摆动变速杆，如果变速杆能成圈转动或摆动幅度很大，则为定位销失效；②如果只能挂挡，不能退回空挡，且变速杆可以转动引起错挡，则为变速杆下端球面或导块、拨叉凹槽磨损过量；③如果变速杆摆动幅度很大，不能退回空挡位置，说明变速杆下端球形工作面已经脱出导块、凹槽或拨叉拨槽，必须对其进行悍补修复或更换；④离合器如果能同时挂入两个挡，说明互锁销、球磨损过大，失去互锁作用，必须更换；⑤如果除了空挡和直接挡外，其他挡位均不能正常工作，则应检查第二轴前端滚针轴承是否烧结而使得一、二轴连成一体

续表

故障现象		故障原因	故障诊断
变速器乱挡	汽车在起步挂挡或行驶中换挡时，挂不上所需要的挡位；挂挡后不能退回空挡；汽车静止时可能同时挂上两个挡	①互锁装置的凹槽、锁销或钢球磨损严重导致互锁装置失效；②变速杆下端长度不足、下端工作面磨损过大或拨叉弯曲变形导致凹槽磨损过大；③变速杆球头定位销磨损松旷、折断或球头、球孔磨损过大	①摆动变速杆，如果变速杆能成圈转动或摆动幅度很大，则为定位销失效；②如果只能挂挡，不能退回空挡，且变速杆可以转动引起错挡，则为变速杆下端球面或导块、拨叉凹槽磨损过量；③如果变速杆摆动幅度很大，不能退回空挡位置，说明变速杆下端球形工作面已经脱出导块、凹槽或拨叉拨槽，必须对其进行焊补修复或更换；④如果能同时挂入两个挡，说明互锁销、球磨损过大，失去互锁作用，必须更换；⑤如果除了空挡和直接挡外，其他挡位均不能正常工作，则应检查第二轴前端滚针轴承是否烧结而使得一、二轴连成一体
变速器换挡困难	变速器不易挂上挡，挂上挡后不易脱出	①离合器分离不彻底；②拨叉轴弯曲或拨叉轴与导孔严重锈蚀、拨叉固定螺栓松动；③同步器磨损或弹簧安装不正确	①检查离合器是否能分离彻底，操纵机构能否灵活移动；②拆开变速器盖，查看拨叉轴是否弯曲，若弯曲应校直或更换；③如果拨叉轴与导孔锈蚀，应除锈修复；如果拨叉固定螺栓松动，应拧紧；④如果同步器磨损或损坏，应更换
变速器异响	变速器异响主要有变速器齿轮的啮合声、轴承的运转声等。分别有以下几种情况：①变速器空挡异响，发动机怠速运转，变速器处于空挡时有异响，踩下离合器踏板后异响消失；②直接挡工作无异响，其他挡均有异响；③低速挡时有异响，高速挡时异响减弱或消失；④变速器在个别挡有异响；⑤变速器在各挡均有异响，车速越高响声越大	①变速器第一轴、第二轴或拨叉弯曲变形，轴承、同步器毂磨损、失圆；②齿轮加工精度或热处理工艺不当等造成齿轮偏磨或齿形发生变化，齿轮啮合间隙或花键配合间隙过大；③自锁装置的凹槽、钢球磨损严重或自锁弹簧疲劳、折断；④齿轮油不足、变质、规格不符合要求或油中有杂质	①检查变速器第一轴、第二轴或拨叉是否弯曲变形，钢球、同步器毂是否磨损、失圆；②检查齿轮及花键毂的磨损情况，若齿形发生变化或齿轮、花键毂磨损严重，造成配合间隙过大，应更换齿轮或花键毂；③检查自锁装置的凹槽、钢球及弹簧，若磨损严重或自锁弹簧疲劳、折断应更换；④检查齿轮油的液面高度、油液颜色，若液面高度偏低或油液变质应按要求补充或更换
变速器漏油	变速器盖、前后轴承盖或其他部位渗漏润滑油	①各轴油封、油堵、衬垫等密封不良；②回油螺纹积污或因磨损变浅；③润滑油过多；④壳体破裂	根据油迹查找漏油部位，判断漏油原因

(3) 万向传动装置的常见故障，见表3-19。

表3-19　万向传动装置的常见故障

故障现象	故障原因
汽车在起步时，车身发抖并且伴有撞击声；在行驶中变换车速时，响声更加明显	①万向节十字轴及滚针磨损松旷或滚针破碎；②传动轴与滑动叉配合花键磨损严重；③各联接部分的紧固螺栓松动或中间支撑松动
汽车在起步时没有异响，但是在行驶中产生严重异响。而且车速越快，异响越大，当汽车脱挡滑行时，异响仍然很明显	①中间支撑轴承位置不当或支架偏斜；②中间支撑橡胶垫环紧固螺栓过紧或过松，橡胶垫环损坏；③中间支撑轴承磨损过大或润滑不良；④万向节装配过紧
汽车在行驶中有异响，并且车速越快，异响越大，严重时伴有车身抖动	①传动轴弯曲变形；②传动轴装配时没有按标记装配，或因为平衡片脱落、轴管凹陷，破坏了动平衡；③万向节轴承磨损过大或已损坏；④传动轴花键齿面与键槽配合松旷，或传动轴各联接部分的紧固螺栓松动，或中间支撑的紧固螺栓松动；⑤中间支撑轴承损坏

(4) 驱动桥的常见故障。驱动桥的常见故障有异响、发热和漏油，见表3-20。

表3-20　驱动桥的常见故障

故障现象		故障原因	故障诊断
驱动桥异响	汽车起步、转弯或突然改变车速行驶时，驱动桥发出较大声响。而当汽车直行、滑行或低速行驶时，响声减弱或消失	①圆柱主、从动齿轮或锥齿轮，行星齿轮和半轴齿轮等啮合间隙过大或过小，齿面磨损严重、轮齿折断、变形或啮合印痕不符合要求；②半轴齿轮与半轴的花键配合松旷，差速器壳与十字轴配合松旷或行星齿轮孔与十字轴配合松旷；③后桥壳内润滑不良；圆锥滚子轴承预紧度调整不当；④主减速器主动齿轮紧固螺母或从动齿轮联接螺钉松动，或驱动桥壳体、主减速器壳体变形	①检查锥齿轮或圆柱主、从动齿轮，行星齿轮和半轴齿轮等的啮合情况，如果间隙过大或过小，齿面磨损严重、轮齿折断、变形或啮合印痕不符合要求，应及时调整或更换；②检查半轴齿轮与半轴的花键、差速器壳与十字轴、行星齿轮孔与十字轴配合情况，若松旷应及时调整或更换；③检查后桥壳内润滑情况，若漏油应及时更换垫圈，油量不足应及时补充；④检查并调整圆锥滚子轴承的预紧度；⑤检查并紧固主减速器主动齿轮紧固螺母和从动齿轮联接螺钉；⑥如果驱动桥壳体、主减速器壳体变形或损坏，应及时修理或更换
驱动桥过热	汽车在行驶一段路程后，用手触摸后桥感觉烫手	①齿轮油型号不对，应将旧油放干净，并冲洗桥壳内部，换上规定型号的齿轮油；②油量不足，应按规定加足齿轮油；③齿轮磨损严重，应更换齿轮；④轴承预紧度过大，应重新调整；⑤主、从动锥齿轮啮合间隙过小，应重新调整	
驱动桥漏油		驱动桥漏油主要原因有通气塞堵塞、油面过高、油型号不对、放油螺塞松动或垫片损坏。可根据具体的现象，查找原因并排除故障	

（5）自动变速器的常见故障。自动变速器的常见故障主要是汽车不能行驶、换挡冲击过大、不能升挡、无法超速、挂挡后发动机易熄火、锁止离合器无锁止作用以及自动变速器油易变质等，见表 3-21。

表 3-21　自动变速器的常见故障

故障现象		故障原因	故障诊断
汽车不能行驶	无论自动变速器的变速手柄位于前进挡还是倒挡，汽车都不能行驶	①油面过低、滤网堵塞、油泵损坏或主油路、冷却系统严重漏油；②油压电磁阀、换挡电磁阀、电控单元 ECU 或线路有故障；③超速直接离合器及超速单向离合器打滑，D 挡、R 挡离合器、制动器打滑；④变速手柄与手控阀摇臂间的连接杆或拉线松脱、变矩器故障等	主要通过读取故障码来掌握故障具体原因
换挡冲击过大	汽车起步时，由驻车挡(P 挡)或空挡(N 挡)挂入倒车挡(R 挡)或前进挡(D 挡、L 挡)时，振动较为严重；或在行驶中，在升挡的瞬间汽车有明显的向前窜的感觉	①发动机怠速过高，节气门拉线调整不当；②节气门位置传感器、车速传感器、主油路、蓄能器等油压电磁阀及电控单元 ECU 或线路有故障；③蓄能器调压阀、各相关的调压阀有故障；④单向节流阀漏装或装错，蓄能器活塞卡滞；⑤换挡执行元件打滑	
汽车不能升挡	汽车在行驶中自动变速器始终保持在一挡，不能升入二挡及高速挡	①节气门位置传感器、车速传感器或线路有故障；②调速阀故障或其油路严重泄露；③换挡阀卡滞、换挡电磁阀或线路有故障；④二挡或高速挡制动器、离合器有故障；⑤挡位开关、电控单元 ECU 或线路有故障	
无法超速	汽车车速已经升至超速挡范围，但仍不能升入超速挡，采用提前升挡(即松开加速踏板后再踩下)的方法也不能升入超速挡	①超速挡开关、超速挡电磁阀或线路有故障；②节气门位置传感器、车速传感器、油温传感器、发动机水温传感器有故障；③3、4 挡换挡阀卡滞、超速制动器、离合器或单向离合器卡死；④挡位开关、制动开关或线路、电控单元 ECU 或线路有故障	
锁止离合器无锁止作用	汽车的车速和挡位都已经满足了锁止的条件，但是锁止离合器仍然没有产生锁止作用，汽车油耗比较大	①车速传感器、油温传感器、节气门位置传感器、电控单元 ECU 或线路有故障；②锁止阀、锁止信号阀或速控阀(液控)及油路、锁止电磁阀或线路有故障；③锁止离合器损坏、锁止油路严重泄露	
自动变速器油易变质	更换后的新油使用不久即变质；温度太高，从加油口处向外冒烟	①换油不彻底、油的牌号不符合规定；②汽车使用不当，经常超负荷或不正常行驶；③散热器或管路堵塞、限压阀卡滞等；④离合器或制动器间隙过大、过小，运动件配合间隙过小；⑤主油路油压过低，导致离合器或制动器在接合过程中打滑；⑥冷却液进入油路、变矩器有故障	

2. 行驶系统故障诊断

汽车行驶系统是由车架、车桥、车轮和悬架等组成的。行驶系统承载整个汽车的重量，承受并传递作用于汽车车轮和路面间的力和力矩，缓和路面对汽车的冲击，减轻振动。行驶系统和转向系统配合工作，保证汽车的正常行驶。行驶系统故障主要包括减振器故障和车轮、轮胎故障。

(1) 减振器故障。减振器故障常见的有减振器失效和减振器漏油。

减振器失效表现为汽车在不平路面上行驶时，车身强烈振动并连续跳动，有时在一定车速范围内还会发生“摆头”现象。造成减振器失效的主要原因有连杆导向器密封圈损坏、连杆轴封垫损坏、毛毡油封损坏、活塞与缸筒磨损过大、上下连接胶套脱落或损坏等。

减振器漏油表现为在减振器油封衬垫处或减振器活塞连杆处有油液漏出。造成减振器漏油的主要原因有油封垫圈、密封垫圈破裂损坏；储油缸盖螺母松动；活塞连杆弯曲或表面拉伤等。

(2) 车轮、轮胎故障。车轮、轮胎故障主要包括车轮发摆(摆振)和轮胎异常磨损。

许多轿车在使用到一定程度后，会出现前轮发摆，尤其是高速时比较严重，会出现转向盘抖动。车轮发摆的原因可能有很多，但大多是前轮不平衡。大部分轿车前轮采用独立悬架，取消了转向节主销及套，其悬架衬套及球头销等一般不易松旷，横直拉杆球头也很少松旷，因此一般不会引起前轮发摆。根据实践经验，车轮发摆故障大都发生在行驶1万km以后，而且极少是因转向拉杆球头销或悬架松旷造成的，多是因前轮平衡不好所致。

车轮在使用中，由于变形、磨损或更换零配件，会打乱原来的配合；在修理过程中的堆焊、镗削等也会使车轮失去平衡，致使前轮发摆。

轮胎异常磨损表现为胎冠两肩磨损、胎壁擦伤、胎冠中部磨损、胎冠外侧或内侧磨损过快、胎侧呈锯齿形磨损、胎冠呈波浪状或碟边状磨损、胎冠由外侧向内侧呈锯齿形磨损或胎冠由内侧向外侧呈锯齿形磨损。造成轮胎异常磨损的主要原因有胎冠两肩磨耗与胎壁磨伤、轮胎气压不足、轮胎长期过载、轮胎气压过高、外倾角或前束不正确、横拉杆弯曲、轮胎未及时换位、轮胎平衡不良、轮毂松旷、轮辐拱曲、频繁使用紧急制动等。

3. 转向系统故障诊断

转向系统用于改变汽车的行驶方向和使汽车保持稳定的直线行驶。汽车转向性能的好坏，直接关系到汽车行驶的安全性和操纵性。根据有无助力装置，转向系统可分为普通转向系统和动力转向系统。普通转向系统由转向盘、转向机、转向传动机构组成。动力转向系统由转向器、助力装置等组成。转向系统常见故障有转向沉重、行驶跑偏、转向不足、行驶摆头、转向盘振抖和转向盘不能自动回正等。这些故障通常为综合性故障，即故障不仅仅是转向系统造成的，还与轮胎、悬架、车身、车轴等行驶系统有关。转向系统常见故障见表3-22。

表3-22　转向系统常见故障

故障现象	主要原因
普通转向系统转向沉重	①转向器缺油；②转向柱弯曲或转向柱管凹陷引起摩擦；③转向垂臂轴与衬套间隙过小，转向传动副啮合间隙过小；④转向机构发卡，各球头销装配过紧或缺油；⑤转向节缺油或推力轴承装配过紧；⑥转向节主销与衬套或轴承间隙过小或缺油；⑦横直拉杆变形；⑧前轮定位失准；⑨轮胎气压不足或轮毂轴承过紧
普通转向系统转向失灵	①转向传动装置磨损松旷；②转向传动副啮合间隙调整不当；③转向垂臂与轴松旷；④垂臂固定螺母松动；⑤轮毂轴承间隙过大

续表

故障现象	主要原因
普通转向系统转向轮振动	①前轮定位失准；②转向盘自由行程过大；③车轮与轮胎动平衡不符合要求，轮胎气压不一致；④钢板弹簧或减振器因疲劳变形下沉或折断；⑤减振器失效
普通转向系统行驶跑偏	①一侧前轮制动器发咬或轮毂轴承过紧；②两侧钢板弹簧弹力不一致；③前轮定位失准，车架前桥变形；④一侧减振器损坏；⑤转向节臂、转向臂、直拉杆弯曲；⑥转向螺杆推力轴承过松
普通转向系统转向不足	①转向传动机构变形；②转向角限位螺钉调整不当；③转向垂臂在轴上位置不当；④转向机构与其他机件发生运动干涉；⑤前钢板弹簧U形螺栓松动或中心折断
动力转向系统转向沉重	①储液罐缺油、油液过脏或滤清器堵塞；②系统中混入空气；③转向油泵磨损；④传动带打滑，油路工作压力过低，压力或流量控制装置调整不当；⑤滑阀或转阀与阀体磨损或发卡，内部泄露严重；⑥动力缸磨损或密封元件损坏
动力转向系统转向轮振动	①系统中混入空气；②分配阀反作用弹簧弹力不足或弹簧折断；③转向液化泵流量过大或溢流阀调整不当；④系统中严重缺油
动力转向系统转行驶跑偏	①分配阀反作用弹簧损坏或太软；②油液脏污、滑阀与阀体台肩位置偏移；③流量控制阀失灵

4. 制动系统故障诊断

汽车制动系统技术状况的好坏直接关系汽车的行车安全和汽车的工作效率。汽车制动系统根据传力媒介的不同分为气压式和液压式两种。根据有无防抱死制动装置(ABS)，制动系统又可以分为普通制动系统和ABS制动系统。

制动系统常见故障有制动不良、制动失效、制动拖滞、制动跑偏、制动器异响等，见表3－23。

表3－23　制动系统常见故障

故障现象		故障原因	故障诊断
制动不良	踩下制动踏板时，不能产生足够的制动力，使得制动距离过长	①制动踏板自由行程过大、系统堵塞、漏油或有空气；②制动蹄或制动块与制动鼓或制动盘贴合不良，制动间隙过大；③摩擦片沾有油污、磨损严重、铆钉外露等；④制动液变质、制动液量不足	①检查制动主缸储液罐内有无制动液、主缸进油孔和储液罐盖通气孔是否堵塞；②检查制动管路是否有破裂、接头是否漏油；③检查主缸操纵机构是否脱落；④若以上检查均正常，进一步检查主缸或轮缸皮碗是否破裂、顶翻或皮圈是否破损；⑤踩动踏板，如果踏板能升高且制动效能有好转，应检查制动踏板自由行程和车轮制动器间隙；⑥检查主缸、轮缸活塞回位弹簧是否过软、折断，检查主缸回油阀和出油阀是否良好；⑦检查系统内是否混有空气或制动液气化

续表

故障现象		故障原因	故障诊断
制动失效	汽车行驶中，将制动踏板踩到底时仍然没有制动作用	①制动液不足或没有制动液；②制动主缸或轮缸密封圈磨损严重或破损；③制动管路破裂或接头松脱；④系统中混有空气或制动液气化	①检查储液罐是否缺少制动液，及时补充；②检查有无漏油现象、各管路接头是否松脱；③踩动制动踏板，检查放气螺钉的出油情况。如果出油时有气泡，应进行放气；如果出油无力或不出油，表明主缸工作不良；如果出油急促有力，表明故障在制动轮缸
制动拖滞	抬起制动踏板后，制动系统仍然有制动作用，使得汽车行驶无力，起步困难，制动鼓或制动钳发热	①制动踏板自由行程过小，或无自由行程，造成回油不畅；②制动踏板轴锈蚀，回位弹簧过软或折断；③制动管凹瘪，制动软管老化堵塞；④制动液太脏或黏度过大，主缸回油孔堵塞；⑤主缸、轮缸皮碗、皮圈老化、变形、发胀或制动总泵调整失效；⑥主缸回位弹簧过软或折断；⑦制动蹄回位弹簧弹力减弱、制动钳支架或制动底板松动、制动盘翘曲变形；⑧驻车制动装置调整不当或拉索卡滞	①检查、调整制动踏板自由行程；②停车后检查各车轮制动鼓(制动钳)是否过热，或将汽车支起后检查各车轮的转动情况。如果各车轮均过热或转动不灵活，故障一般在制动主缸之前，制动拖滞应重点检查制动主缸；③如果是个别车轮存在过热或转动不灵活，故障一般在该轮的制动器及制动轮缸，应重点检查该轮的制动器及制动轮缸的工作性能
制动跑偏	汽车制动时，左右车轮制动力不等或制动时间不一致，导致汽车向制动力较大或制动时间较早的一侧偏向行驶的现象	①两侧轮胎气压不同、磨损程度不一致；②一侧制动轮缸工作不良、一侧管路漏油或存在空气；③一侧制动蹄或制动钳摩擦片有油污、制动鼓或制动盘变形、制动底板或制动钳松动；④两侧车轮制动器制动间隙、摩擦片磨损程度不一致；⑤压力调节器调整不当或制动压力分配阀失效；⑥两侧轮毂轴承预紧度调整不一致；⑦前轮定位失准，两侧主销内倾、主销后倾、车轮外倾角不一致，前束不正确，悬架固定件松动等	①制动时汽车向一侧偏斜，说明另一侧车轮制动迟缓或制动力不足，应检查该侧制动管路有无凹瘪及漏油现象；②如果上述情况良好，可对该轮制动轮缸进行排气，并检查轮胎气压及其磨损程度；③检查制动底板或制动钳支架是否松动，并检查和调整轮毂轴承预紧度；④拆检制动器，检查摩擦片是否有油污，同时检查制动蹄、鼓或制动钳、盘是否变形，制动轮缸是否工作不良；⑤检查压力调节器是否调整不当或制动压力分配阀是否失效；⑥检查、调整前轮定位参数
制动器异响	汽车行驶或制动时，制动器发出不正常响声	①摩擦片磨损严重、硬化或破裂、铆钉外露；②制动鼓或制动盘变形或磨损起槽；③制动底板或制动支架松动，造成制动鼓与制动底板或制动钳与制动盘相碰擦	①如果是汽车未制动时，制动器即发出不正常响声，则应检查制动底板或制动钳支架是否松动、制动底板是否明显翘曲、制动蹄定位弹簧是否损坏等；②如果是汽车制动时制动器发出不正常响声，则应检查制动蹄片的磨损程度，检查制动鼓、制动蹄或制动盘有无明显变形，检查制动器各运动副润滑是否良好等

对于ABS防抱死制动系统，通常都具有故障自诊断功能。当ABS系统的电控单元ECU检测到系统有故障时，会立刻点亮仪表盘上的ECU警告灯，告知驾驶员ABS系统出现故障，同时将故障内容以故障码的形式储存到存储器中，并将制动系统转为普通制动模式。在进行故障诊断时，可以利用汽车电脑故障诊断仪读取ECU中的故障码，便捷而又准确地诊断制动系统故障。

3.3 汽车电器的技术状况评估

3.3.1 汽车电器的静态检查

1. 检查蓄电池

现代汽车蓄电池一般均为免维护蓄电池，仍以硫酸蓄电池为主，其寿命一般为两年多一点。蓄电池两接线柱应没有大量白色粉末(硫酸盐)附贴在上面，蓄电池液面高度应一致，并在规定的上下线之间。电池身应干爽，绝对没有裂痕。如果液面过低，一般为发动机充电电流过大，液面经常处于过低状态，将大大降低蓄电池的寿命；如果有个别格液面过低，一般为个别格漏液。从蓄电池托盘上能够观察到漏液的痕迹。

2. 其他电器设备检查

如刮水器、收音机、仪表、反光镜、加热器、灯具、转向信号灯、喷水装置、空调设备等是否破损、残缺，并对附属装置进行动态检验。例如刮水器动作、喷水装置喷水、空调器制冷、各灯光和仪表是否正常工作等。

3.3.2 汽车电器的仪器检查

1. 汽车前照灯技术状况检测

前照灯是汽车在夜间或在能见度较低的条件下，为驾驶员提供行车道路照明的重要设备，而且也是驾驶员发出警示，进行联络的灯光信号装置。所以前照灯必须有足够的发光强度和正确的照射方向。由于在行车过程中汽车受到振动，可能引起前照灯部件的安装位置发生变动，从而改变光束的正确照射方向，同时灯泡在使用过程中会逐步老化，反射镜也会受到污染而使其聚光的性能变差，导致前照灯的亮度不足。这些变化，都会使驾驶员对前方道路情况辨认不清，或在与对面来车交会时造成对方驾驶员炫目等，从而导致事故的发生。因此，前照灯的发光强度和光束的照射方向被列为机动车运行安全检测的必检项目。

1) 汽车前照灯技术要求

GB 7258—2004《机动车运行安全技术条件》中对汽车前照灯提出如下技术要求。

(1) 前照灯远光光束发光强度最小值要求，见表3-24。

表 3-24　前照灯远光光束发光强度最小值要求

汽车类型		发光强度最小值/cd					
		新注册车			在用车		
		一灯制	二灯制	四灯制[①]	一灯制	二灯制	四灯制[①]
三轮汽车		8000	6000	—	6000	5000	—
最高设计车速小于 70km/h 的汽车		—	10000	8000	—	8000	6000
其他汽车		—	18000	15000	—	15000	12000
摩托车		10000	8000	—	8000	6000	—
轻便摩托车		4000	—	—	3000	—	—
拖拉机运输机组	标定功率＞18kW	—	8000	—	—	6000	—
	标定功率≤18kW	6000[②]	6000	—	5000[②]	5000	—

注：① 是指前照灯就有 4 个远光光束；采用四灯制的汽车，其中两只对称的灯达到二灯制的要求时视为合格；

② 是指允许手扶拖拉机运输机组只装用一只前照灯。

（2）前照灯光束照射位置要求。

① 前照灯近光光束。前照灯照射在距离 10m 的屏幕上，乘用车前照灯近光光束明暗截止线转角或中点的高度应为 $0.7H \sim 0.9H$（H 为前照灯基准中心高度，下同），其他汽车（拖拉机运输机组除外）应为 $0.6H \sim 0.8H$。汽车（装用一只前照灯的汽车除外）前照灯近光光束水平方向位置向左偏不允许超过 170mm，向右偏不允许超过 350mm。

② 前照灯远光光束。前照灯照射在距离 10m 的屏幕上，要求在屏幕中心离地高度，对乘用车为 $0.9H \sim 1.0H$，对其他汽车为 $0.8H \sim 0.95H$；汽车（装用一只前照灯的汽车除外）前照灯远光光束的水平位置要求，左灯向左偏不允许超过 170mm，向右偏不允许超过 350mm；右灯向左或向右偏均不允许超过 350mm。

2）汽车前照灯的检测

汽车前照灯检测方法有屏幕检测法和前照灯检测仪检测法。

屏幕法就是在屏幕上检查。检查用场地应平整，屏幕与场地应垂直。被检验的车辆应在空载、轮胎气压正常、乘坐一名驾驶员的条件下进行。将车辆停置于屏幕前，并与屏幕垂直，使前照灯基准中心距屏幕 10m，在屏幕上确定与前照灯基准中心离地面距离等高的水平基准线，及以车辆纵向中心平面在屏幕上的投影线为基准确定的左右前照灯基准中心位置线。分别测量左右远近光束的水平和垂直照射方位的偏移值。

用前照灯校正仪检验是将被检验的车辆按规定距离与前照灯校正仪对置，从前照灯校正仪的屏幕上分别测量左右远近光束的水平和垂直照射方位的偏移值。

目前各汽车检测机构和维修企业通常使用前照灯检测仪检测法。

专业的二手车鉴定估价人员在拿来前照灯检测不合格的报告后，通常要对不合格项目进行认真分析。在前照灯修理中，通常的修理方法包括调整、更换前照灯底座、前照灯和校正前照灯框架。由于高档进口车前照灯底座、前照灯价格较高，更应检验确认修理方法和相应的修理费用。

前照灯检测仪亦可分为聚光式、屏幕式、投影式和自动追踪光轴式等几种。无论哪一种检测仪都是由接受前照灯光束的受光器、使受光器与汽车前照灯对正的找正装置、前照灯发光强度的指示装置与光轴偏斜量指示装置等组成。

（1）光强度检查。把光电池和光度计连接起来，按规定的距离使前照灯光束照射光电池后，根据前照灯发光强度的大小，光电池产生相应的电流，光电池电流再驱动光度计指针摆动，进而指示出前照灯的发光强度，如图 3.5 所示。

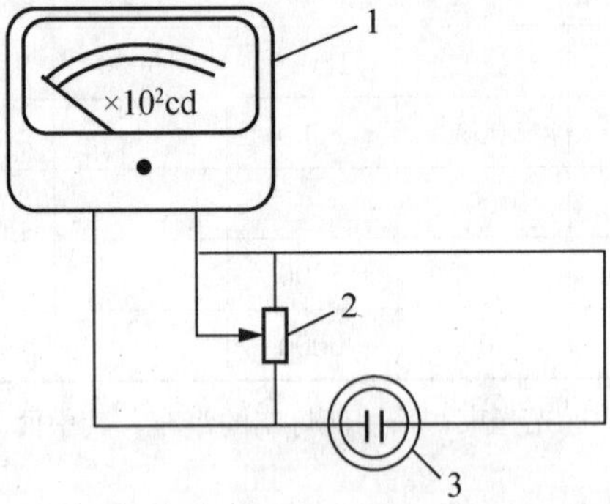

图 3.5　前照灯发光强度的测量原理

1—光度计；2—可变电阻；3—光电池

（2）光束照射位置的检测。检测仪由上、下、左、右放置的四块光电池和分别指示光束上下和左右偏移量的指示计组成，如图 3.6 所示。当前照灯光束按规定的距离照射光电池时因光束照射方向的误差，使各光电池受光程度不同，在上下或左右光电池间产生电位差，使相应的光束偏移量指示计的指针偏摆，指示前照灯光束的上下或左右偏移量。

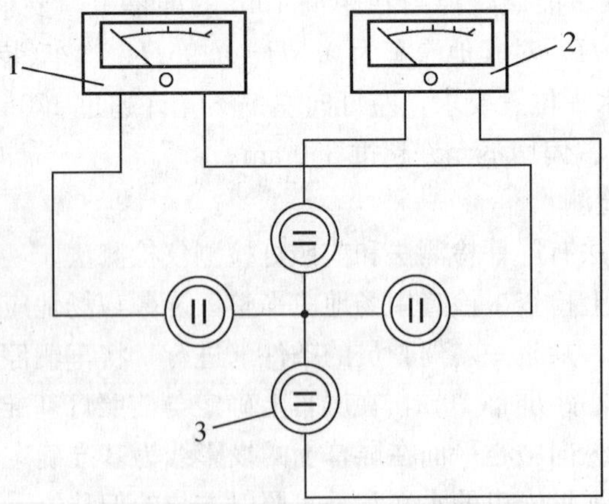

图 3.6　前照灯光束偏移测量原理

1—光束左右偏移量指示计；2—光束上下偏移量指示计；3—光电池

3）汽车车速表检测

在行车中汽车驾驶员通过车速表来了解、掌握车辆行驶速度，这就要求车速表应具有一定的精度，能尽量准确反映车辆的实际速度。为保证行车安全，在相应安全法规中要求对车速表进行定期检定。

（1）汽车车速表误差形成原因。汽车的车速表一般是通过速度传感器将汽车行驶速度传递给车速表，以使其指示车辆的行驶速度。由于传感器、车速表的制造、装配误差，以及车速表性能下降，或轮胎磨损、轮胎气压不符合规定等因素都可能引起车速表的指示车速与实际车速之间出现误差。

车速表的转轴一般通过变速器或分动器输出轴上的蜗杆—蜗轮传动副经软轴驱动。由汽车理论可知，车速与变速器输出轴转速以及车轮的滚动半径成正比，在变速器输出轴转速不变的情况下，车速表指示值为定值。汽车轮胎在使用过程中随行驶里程的增加而逐渐磨损，其滚动半径逐渐减小，轮胎气压降低也影响滚动半径的大小。因此车速表指示值与实际车速就会形成误差。为消除上述原因所引起的车速表指示误差，需对车速表进行适时的校验。

(2) 车速表的校验方法。车速表校验方法通常有道路试验法和室内台架试验法两种。道路试验法是汽车以不同车速等速通过某一预定长度的试验路段，测定通过该路段的时间，然后计算出实际车速，并与驾驶室内车速表指示值相对照，即可求出不同车速下车速表的指示误差。台架试验法是在滚筒式车速表试验台上进行。

(3) 有关标准。根据国标规定，车速表允许误差范围为＋20%～－5%，即当实际车速为40km/h时，车速表指示值应为38～48km/h，或当该车速表的指示值为40km/h时，车速表试验台速度指示仪表指示值应为33.3～42.1km/h。

(4) 车速表试验台的测试方法。因汽车形式、牌号不同，不同车速表试验台(图3.7)的使用方法也不同，因此应按《使用说明书》的规定正确使用。

图3.7　两种不同类型的车速表试验台

特别提示

车速表试验台的一般使用方法

(1) 检测前试验台准备。

① 滚筒处于静止状态下，检查指示仪表的零点位置，若有偏差应予调整。

② 检查滚筒是否沾有油、水、泥等杂物，若有应予清除。

③ 检查举升器动作是否自如和有无漏气(或漏油)部位，否则予以修理。

④ 检查导线的连接情况，若有接触不良或断路应予修复。

(2) 被检车辆准备。

① 按制造厂的规定调整轮胎气压。

② 清除轮胎上沾有的水、油、泥和嵌入轮胎花纹沟槽内的石子等杂物。

(3) 检测方法。

① 接通试验台电源。

② 升起滚筒间举升器。

③ 被测车辆从其纵向中心线与滚筒轴线垂直的方向驶入试验台，使具有车速信号的车轮置于滚筒上。

④ 降下举升器至轮胎与举升器托板完全脱离为止。

⑤ 为安全起见，在车辆前方不得站有人员，并用挡块抵住处于试验台滚筒外的车轮。

⑥ 对于标准型车速表试验台首先起动汽车，待汽车驱动轮在滚筒上稳定后，挂入最高挡，踏下加速踏板使驱动轮平稳地加速运转。再当汽车车速表的指示值达到规定的检测车速(40km/h)时，读取试验台速度表指示值；或当试验台速度表的指示值达到检测车速时，读取汽车车速表指示值。

⑦ 对于电机驱动型车速表试验台，就要首先接合试验台离合器，使滚筒轴与电动机枢轴相连接。再将汽车的变速器处于空挡，接通试验台电源，电动机驱动滚筒旋转。当汽车车速表达到检测车速时，读取试验台速度表指示值，或当试验台速度表指示值达到检测车速时，读取汽车车速表的指示值。

⑧ 检测结束后，轻轻踩下汽车制动踏板，使滚筒停止旋转。对于电机驱动型试验台必须先切断电源。

⑨ 升起举升器，去掉挡块，汽车驶离试验台。

⑩ 切断试验台电源。

3.3.3 汽车电器与电子设备故障

汽车电器与电子设备系统通常由蓄电池、交流发电机与调节器、起动系统、照明与信号系统、仪表与显示系统以及其他辅助电器设备等组成。随着汽车技术的发展，汽车上装备的电器与电子设备越来越多，其故障发生的频率也相应提高，占相对较大的比重。

1. 蓄电池故障

蓄电池的常见故障有极板硫化、极板短路、自行放电、活性物质脱落以及蓄电池电量不足等，见表 3-25。

表 3-25 蓄电池常见故障

故障现象		故障原因
极板硫化	极板上有白色的霜状物，蓄电池容量明显下降	①充电不足的蓄电池长期放置不用；②蓄电池内电解液液面过低；③电解液密度过大或不纯
极板短路	充电电压很低，电解液密度上升很慢，充电时气泡很少	隔板损坏、极板拱曲或活性物质大量脱落
自行放电	充足电的蓄电池放置一段时间后，逐渐失去储存的电量	①电解液不纯，电解液中的杂质造成蓄电池局部放电；②蓄电池溢出的电解液堆积在盖板上，使得正负极形成回路放电；③极板活性物质脱落后，沉淀在下部使得极板短路；④蓄电池长期放置不用，电解液中硫酸下沉，使得蓄电池上、下部存在密度差，引起自行放电

续表

故障现象		故障原因
蓄电池电量不足	起动机运转无力，电喇叭声响变弱，前照灯灯光暗淡	①新蓄电池充电不足，或蓄电池储存过久而未能及时补充充电；②因为发动机起动困难，经常长时间使用起动机，长时间大电流放电；③蓄电池内电解液液面经常过低，或经常用稀硫酸代替蒸馏水注入蓄电池内，造成电解液密度过高，而使得极板硫化；④蓄电池因电解液溢出减少，未加稀硫酸而只加蒸馏水调整，造成电解液密度下降；⑤发电机电压调节器的调节电压太低，不能向蓄电池充电

2. 交流发电机与调节器故障

汽车交流发电机、电压调节器与蓄电池共同组成汽车的充电系统。交流发电机和电压调节器的常见故障有不充电、充电电流过小、充电电流过大、充电电流不稳定以及发电机有异响等，见表3-26。

表3-26　交流发电机和电压调节器常见故障

故障现象		故障原因
不充电	充电指示灯长亮	①接线断路；②发电机不发电(整流二极管烧坏、电刷卡死与集电环不接触、定子或转子绕组断路或短路)；③电压调节器调节电压过低或不工作
充电电流过小	起动性能变差，灯光变暗	①发电机传动带过松；②个别整流二极管烧坏；③发电机电刷与集电环接触不良；④电压调节器调节电压过低
充电电流过大	灯丝易烧坏、蓄电池电解液消耗过快	电压调节器调节电压过高或大功率晶体管(达林顿管)击穿
充电电流不稳定	电流表指针摆动不定	①发电机传动带过松；②发电机定子或转子绕组有故障；③发电机电刷压力不足，接触不良；④发电机接线柱松动、接触不良；⑤电压调节器调节电压有故障
发电机有异响	发电机工作时发出异响	①发电机安装不当，连接松动；②发电机轴承损坏，定子与转子相碰撞；③整流二极管短路或断路，定子绕组断路

3. 起动系统故障

起动系统常见故障有起动机不转、起动机运转无力、起动机驱动齿轮撞击以及起动机非正常运转等，见表3-27。

表3-27　起动系统常见故障

故障现象		故障原因
起动机不转	接通起动开关后起动机不转	①蓄电池电量不足，导线插头松动或太脏；②起动机电磁开关触头烧蚀或因调整不当而未闭合；③磁场绕组或电枢绕组断路、短路或搭铁；④绝缘电刷搭铁；⑤起动继电器触头不能闭合

续表

故障现象		故障原因
起动机运转无力	蓄电池电量充足，接线正常，而起动机运转无力	①换向器太脏；②电刷磨损过多或电刷弹簧压力不足，使得电刷接触不良；③磁场绕组或电枢绕组局部短路；④起动机电磁开关触头烧蚀；⑤发动机起动阻力矩太大
起动机驱动齿轮撞击	起动机驱动齿轮与发动机飞轮不能啮合且有撞击声	①起动机驱动齿轮或飞轮齿圈磨损过多或已损坏；②电动机电磁开关闭合过早，起动机驱动齿轮尚未啮合就已快速旋转
起动机非正常运转	松开起动开关后起动机仍然运转	①起动机电磁开关在电路接通时因强烈火花将触头烧结在一起；②驱动齿轮轴变形、脏污，驱动齿轮在轴上滑动阻力太大，或回位弹簧太软；③因匝间短路或重绕造成电磁操纵机构两线圈有效匝数比改变

4. 照明与信号系统故障

照明与信号系统是汽车安全行驶的主要装置，其常见故障有前照灯不亮、前照灯远近光不全、前照灯发暗、前照灯光束不对、转向信号灯不亮、单边转向信号灯不亮、转向信号灯闪光左右闪光不均及闪光频率不正常、制动灯不亮、制动灯常亮、电喇叭不响以及电喇叭耗电量过大等，见表3-28。

表3-28 照明与信号系统常见故障

故障现象		故障原因
前照灯不亮		灯泡灯丝烧坏；熔断器烧坏；电源电路断路或搭铁；灯开关损坏；灯线路搭铁；线路插头松脱或锈蚀；充电系统电压调整过高而烧坏灯泡
前照灯远近光不全	打开灯开关，只有远光灯亮，而近光灯不亮，或与此相反	变光开关损坏；双丝灯泡中一根灯丝烧坏；远近光中某一根导线断路
前照灯发暗		蓄电池电量不足；发电机有故障；线路接触不良；电阻过大；灯具反光镜镜面损坏；灯泡质量不佳或功率太小
转向信号灯不亮		闪光器损坏；转向开关失灵；导线松脱；闪光器触头脏污；氧化或烧蚀；熔断器烧断或电源线路断路；灯泡接触不良；搭铁线松脱等
单边转向信号灯不亮		一侧导线松脱；断路或灯泡损坏；转向开关一侧接触不良或损坏；灯座接触不良
制动灯不亮		灯泡损坏；熔断器烧断；制动灯开关损坏；灯座接触不良；导线断路等
电喇叭不响		电喇叭电源线路断路；电喇叭按钮触头脱焊；电喇叭磁力线圈断路烧坏；电喇叭继电器损坏等

5. 仪表与显示系统故障

汽车仪表与显示系统用于指示汽车的运行状况，常见故障有冷却液温度表故障、润滑油压力表故障、燃油表故障等，见表 3 - 29。

表 3 - 29　仪表与显示系统常见故障

故障现象		故障原因
冷却液温度表故障	接通点火开关后，冷却液温度表指针指着某处，不随着冷却液温度的变化而移动	电源线路断路；表头电热线圈断线；冷却液温度表传感器接线螺钉松动；冷却液温度表传感器至表头导线断线；仪表损坏
机油压力表故障	发动机运转，而润滑油压力表指示零处不动	润滑油压力表电源线路断路；表内电热线圈烧毁或断线；感应塞或传感器触头接触不良；感应塞或传感器电热线圈烧毁断路；发动机润滑系统有故障
燃油表故障	接通点火开关后，不论油箱中还有多少油，燃油表指针总是指向 F 处	表头至传感器线路断线；传感器电阻线圈断路

6. 其他辅助电器设备故障

汽车上装备的辅助电器设备很多，品种差异也很大。当前汽车上常用的、与汽车使用性能有关的辅助电器设备主要有电动刮水器、车窗洗涤器、汽车空调、电动门窗玻璃升降器等。

1）电动刮水器故障

电动刮水器的主要故障有刮水器电动机不转、关掉开关后电动刮水器继续低速转动、电动刮水器不能自动复位等。

将电动刮水器开关拉到Ⅰ挡或Ⅱ挡，电动刮水器电动机不转，故障的原因可能是电动刮水器电动机自动复位装置中的接触片变形造成内部搭铁而短路，或是熔断器熔断。

关掉开关后，电动刮水器继续低速转动的原因可能是接触片的弹性减弱或变形，不能与停位盘接触导通，或是连接电刷与接触片的导线插头松脱。

电动刮水器不能自动复位的可能原因是电动机自动复位装置中的接触片弹性减弱或变形移位，不能与搭铁的限位盘接触导通，或是接触片与电动刮水器开关的连接导线插头脱焊，或是电动刮水器开关“0”挡有故障。

2）车窗洗涤器故障

车窗洗涤器故障主要有接通电源后，洗涤器电动泵不转或喷嘴工作不正常。

故障主要原因有电动泵损坏、电源或线路存在断路、导管压扁折弯使得洗涤液流通受阻、导管开裂或插头松脱、喷嘴堵塞或损坏等。

3）汽车空调故障

汽车空调系统通常由压缩机、冷凝器、膨胀阀、蒸发器等组成。汽车空调系统故障检查常用的方法有外部检视法和压力表组检查法。压力表组检查法利用高、低压两个压力表组成一个检查系统，可以测量制冷循环高、低两侧的压力，判断故障既快速又可靠。

(1) 外部检视法。

① 用手感觉并比较制冷压缩机排气阀和吸气阀之间是否有明显的温差。在正常情况下，前者发烫，后者较凉。

② 用手感觉并比较冷凝器进入管和排出管的温度。在正常情况下，前者应比后者热，即冷凝器上半部温度比底部温度高，如果两者温度差不多，说明冷凝器未能将冷媒气体冷却。

③ 用手摸干燥过滤器前后管道的温度，感觉应该一致。

④ 膨胀阀出口至制冷压缩机之间的软管应该发冷，但不结霜。在正常情况下虽然会结霜，但随即融化，看见的只是融化后的冷却水珠。

⑤ 将手放在车厢冷风出风口有冰冷的感觉。

⑥ 一般大客车的空调系统在高压管路上有一个观察窗，而小型车空调系统大都在干燥过滤器上设有一个观察窗。通过观察窗可以观察循环制冷剂的流量。在观察时，发动机应低速运转，温度调节旋钮置于最大冷却挡，排气风扇高速运转 5min 后，通过观察窗检查制冷剂流量是否合适。合适时，观察窗内几乎透明，但在发动机转速提高或降低时可能出现气泡，关闭空调后随即起泡然后逐渐消失，同时高低压管路温度应该是高压侧热、低压侧凉。

⑦ 如果制冷剂不足，观察窗内每隔 1～2s 就可看到气泡，这时高低压管路温度是高压侧热、低压侧凉；如果制冷剂过多，观察窗内看不见气泡，关闭空调后制冷剂处于澄清无泡状态，同时高低压管路温度是高压侧过热。需要说明的是，干燥过滤器滤网堵塞时，即使制冷剂量正常，也会出现气泡。

（2）压力表组检查法。

① 先将压力表两侧高、低压阀关闭。

② 将压力表的高压胶管(红色)和低压胶管(蓝色)分别接于压缩机高、低压检修阀接头上。

③ 用制冷循环系统中的制冷剂少许将高、低压胶管中的空气排出。

④ 起动发动机，开启空调装置，让风机以最高速运转，发动机以 2 000r/min 转速运转。当温度为 30～35℃时，将温控开关调到制冷最大挡。分别有以下几种情况。

如果高压侧压力表读数为 980～1 470kPa，低压侧压力表读数为 147～196kPa，则说明空调工作正常。

如果高压侧压力表读数为 784～882kPa，低压侧压力表读数为 78kPa，则说明空调系统内制冷剂不足，应进一步查找原因。

如果高压侧压力表读数为 1 960kPa，低压侧压力表读数为 245kPa，则说明空调系统内制冷剂过多。

如果高压侧压力表读数为 2 254kPa，低压侧压力表读数为 245kPa，则说明空调系统内进入空气。

如果高压侧压力表读数为 686～1 470kPa，低压侧压力表读数有时为负数值，有时为 147kPa，则说明空调系统内进入了冷却液。

如果高压侧压力表读数为 5 881kPa，低压侧压力表读数为负数值，则说明空调系统内制冷剂不环流。在干燥过滤器和膨胀阀前后的管路上可以看到结霜或霜滴。这是因为冷却液或灰尘堵塞管路引起膨胀阀感温泡内的制冷剂完全泄露，致使膨胀阀内的小孔完全堵塞，造成整个系统不能制冷。

如果高压侧压力表读数为 1 862kPa，低压侧压力表读数为 392～588kPa，则说明空调膨胀阀开度过大或热传感管安装不当。

如果高压侧压力表读数为686～980kPa，低压侧压力表读数为392～588kPa，增加发动机转速，高、低压力变化不大，则说明空调压缩机内部有损坏。

4）电动门窗玻璃升降器故障

电动门窗主要由门窗电动机、玻璃升降器、控制开关及其控制电路组成。此外，为减轻外部冲击对机构的影响，一般都装有吸收冲击的缓冲装置。电动门窗玻璃升降器有油压式和机械式两大类。机械式升降器的结构形式有绳轮式、交臂式和软轴式(北京切诺基)等。所有电动门窗系统均装有两套控制开关：一套为总开关，装在驾驶室左前门上(或前部)，驾驶员可通过该开关控制每个车窗；另一套为分开关，分别装在每个车窗的下中部，由乘员操控。

电动门窗常见的故障如下所示。

(1) 如果电动开关车窗动作不顺畅，其原因多为升降机里的油分耗尽，应取下内饰板加上油。

(2) 如果玻璃完全不能动作，则有可能是开关故障。如果是开关的故障，只能更换新开关。

(3) 如果电子装置不能动作，应该首先检查熔断器。仔细检查哪一条熔断器是用于电动车窗的、是否熔断。

(4) 如果开关的动作情况变差且车窗不能顺利开启，则开关发生故障的可能性很高。

(5) 支撑玻璃两端的滑块也需要检查。如果玻璃与导轨的滑动状况变差时，可涂上增亮剂。

(6) 为使玻璃顺利升降，须尽量减少阻力。玻璃的污损也会成为阻力，应经常保持车窗的洁净。

5）柴油机电控系统故障

与汽油机一样，现代汽车上的柴油机也采用了电控系统。柴油机电控系统由各种传感器、电控单元ECU和执行元器件组成。

当柴油机或电控系统出现故障时，电控单元ECU将会点亮仪表板上相应的故障警告灯以提醒驾驶员注意，同时将故障内容以故障码形式储存在电控单元ECU中，供检修时读取调用。

如果是传感器出现故障，电控单元ECU会以代用值代替该传感器信号，以保证发动机运转；如果是电控单元控制程序出现故障，则电控单元ECU启用后备系统对发动机进行简易控制，使汽车维持运行，即进入“跛行”状态；当电控系统的某些重要部件(执行元器件)出现故障时，为确保安全，电控单元ECU控制系统终止运行。

与所有的电控系统一样，柴油机电控系统的故障诊断主要依靠系统内的故障自诊断功能来完成。这样可既方便，又快速准确地找出故障。

3.4 二手车整车技术状况

3.4.1 二手车技术状况的静态检查

1. 识伪检查

二手车的识伪检查有两个含义：对于进口汽车判别是不是“水货”；对于国产小客车

车身是不是纯正的原厂货。

(1) 水货汽车的鉴别。所谓"水货"汽车，是指那些通过走私或非合法渠道进口的汽车。这些汽车有的是整车走私的，有的是散件走私境内组装的，有的甚至是二手车拼装的。

进口正品汽车，是指通过正常的贸易渠道进口的汽车。此类车的前风窗玻璃上有黄色的商检标志，符合中国产品质量法。进口正品汽车都附有中文使用手册和维修手册，有的还有零部件目录，而"水货"汽车则没有。

对于"水货"汽车还可以从以下几个方面进行识别。

① 查勘汽车型号，看其是否在我国进口汽车产品目录上。多年从事评估工作的业内人士，对大多数汽车从外观就能看出是否是我国进口汽车产品目录上的车型。

② 看外观是否有重新做过油漆的痕迹，尤其是顶部下风窗玻璃框处要特别注意，因为有一种最常见的走私车就是所谓的"割顶"车。走私者在境外通过将轿车的车顶从车顶下风窗玻璃框处将汽车切成两个部分，分别作为汽车配件走私或进口，然后在境内再将两个部分焊接起来，通过这种方法来达到走私整车的目的。要注意曲线部分的线条是否流畅，大面是否平整，在现有的技术条件下，"割顶"车要想做得天衣无缝还不可能，一般用肉眼仔细观察，用手从车顶部向下触摸，还是能够发现走私者留下的痕迹。

③ 打开发动机盖，观察发动机室内线路、管路布置是否有条理，是否有重新装配和改装的痕迹。

④ 我国现有"水货"车日本车较多，右驾改左驾的较多，自动变速器的多。根据经验，自动变速器的车右驾改左驾是很容易识别的。为了适应我国的交通管理，走私者将右驾改为左驾，而为了降低改装成本，走私者不可能更换变速器。自动变速器的车右驾改左驾通过变速杆就可以识别——自动变速器变速杆的保险按钮仍在右侧，通过这一点可识别不少"水货"车。

2. 小客车车身防伪检查

现代小客车车身基本上是承载式车身，车架号在车身上。车身是小客车最重要的基础件，同时又是小客车上最贵的一个零部件。根据《机动车登记规定》，申请改变机动车车身颜色、更换车身或者车架的，应当填写《机动车变更登记申请表》，提交法定证明、凭证。

属于更换车身或者车架的，还应当核对车辆识别代号(车架号码)的拓印膜，收存车身或者车架的来历凭证。

根据《机动车登记规定》，更换发动机的，机动车所有人应当于变更后十日内向车辆管理所申请变更登记，填写《机动车变更登记申请表》，提交法定证明、凭证，并交验机动车。

车辆管理所应当自受理之日起一日内确认机动车，收回原行驶证，重新核发行驶证，收存发动机的来历凭证。

(1) 国产车。由于许多汽车制造厂为了防止不法分子造假，对汽车车身实行专营，只对特约维修站供应，一般的汽车修理厂是购不到汽车车身的，并且正厂的汽车车身比仿制的汽车车身价格要贵得多。一些修理厂的"高手"采用将原车上的车架号割下，再焊在假车身上的方法，试图混过汽车检验关。二手车评估鉴定人员只要通过仔细地观察和触摸，就能发现造假者留下的痕迹，识别假汽车车身。

(2) 进口车。进口汽车的车身如果要进口，它的手续同进口一辆汽车的手续一样。对于老二手车型，一些进口汽车配件供应商时常采用将报废车的车身拆下后翻新，再卖给汽车修理厂，从中谋取暴利。汽车修理厂同样采用上述办法制假。二手车鉴定估价人员必须高度重视和警惕，识别假汽车车身。

3. 外观检查

外观检查项目，基本上可分为两大类：一类是仅作定性规定的检查项目，可用直观检测，即目测检查；一类是作了定量规定的检查项目，则须采用仪器设备和客观检查方法做定量分析。

车辆在进行外观检查之前，一般都要进行外部清洗。外观检查项目中，须在底盘下面进行的项目，最好在设有检测地沟及千斤顶或汽车举升器的工位上进行。二手车在进行外观检查前，应进行外部清洗。

1) 汽车外观检查的必要性

汽车外观检查是了解二手车整体技术状况和故障情况的重要手段之一。汽车在使用过程中，随着汽车行驶里程的不断增加，有关零部件将会产生磨损、腐蚀、变形、老化或受到意外损伤等，结果导致汽车技术状况不断变坏、动力性降低、油耗增加、工作可靠性及安全性降低，并会以种种外观症状表现出来，如车体不周正、油漆剥落、驾驶室的覆盖件开裂，有些外观症状如前后桥、传动轴、车架和悬架等装置有明显的弯、扭、裂、断等损伤，以及相关部件连接螺栓松动或脱落、球销磨损松旷等。这些症状，小则影响车容车貌，大则影响汽车性能和人身安全。尽管现在检测诊断技术非常发达，检测仪器非常先进，但影响汽车性能的很多外部症状仍难以用仪器设备检测出来，而需要用人工进行观察、体验，或辅以简单仪表进行直观性的检测。通过外观检查可以帮助检测人员确定检测重点，其检验结果也有助于对汽车各部的真实技术状况、故障部位及其原因做出正确的判断。

2) 外观检查的方法

汽车外观检查各项目中，有些可以依靠检验人员的技能和经验，用感官进行感受和观察并进行定性的直观检测，比如车辆外部损伤、漏水、漏气、渗油和连接件松动、脱落等；有些项目却需要用仪表进行检测。随着检测技术的发展，人们开始运用仪器设备进行车辆的一些外观检测诊断，如方向盘自由转动量、踏板行程，以及漆层厚度、硬度和光泽度等。因此汽车外观检查有人工经验法、仪器仪表测量法以及两种方法的综合运用。

(1) 目测检查。二手车鉴定评估中目测检查的内容大致如下。

① 车辆标志检查。车辆标志包括车辆的商标、铭牌、发动机型号和出厂编号、底盘型号及出厂编号。车辆的商标、型号标记必须装设在车身前部的外表面上，通常人们一眼就能看出来。车辆铭牌应置于车辆前部易于观看之处，客车铭牌应置于车内前门的上方。车辆的铭牌应标明厂牌、型号、发动机功率、总质量、载质量或载客人数、出厂编号、出厂年月日及厂名等。发动机的型号和出厂编号应打印在发动机气缸体侧平面上，而底盘的型号和出厂编号应打印在金属车架的易见部位。

② 车身的技术状况检查。轿车和客车的车身在整车中价值权重最大，维修费用也高，

故检查车身是技术状况鉴定的重要一环。检查顺序从车的前部开始，一般按以下方法进行。

第一，检查车身是否发生碰撞受损。站在车的前部一角往尾部观察车身各接缝，如发现不直、缝隙大小不一、线条弯曲、装饰条有脱落或新旧不一等现象，说明该车可能出现过事故或修理过。

第二，检查车门，从车门框 B 柱来观察是否呈现为一直线，若无波浪(俗称橘子皮)的情形发生，表示此车无大问题；再从车门查看，在未打开车门时，可先看车门接缝处是否平整，如果接合的密合度自然平整，表示此车无大毛病，但不能就此断定此车没问题，可以再打开车门来详细查看 A、B、C 柱，也就是观看车门框是否呈一线，如果不平整，有类似波浪的情形，表示此车经过钣金修理；也可将黑色的水胶条揭开来看是否平整，车门附近是否留有原车接合时的铆钉痕迹，留有痕迹的话表示此车为原厂车，没有的话表示此车烤过漆。最后可来回开关车门检视车门开启的顺畅度，无音或开启时极为顺手，表示此车没什么大问题。

第三，检查保险杠有无明显变形、损坏，有无校正、重新补漆的痕迹。道路交通事故中，汽车保险杠是最容易损坏的零部件，通过对保险杠的认真检查，能够判定被检查车辆是否有过碰撞或发生过交通事故。

第四，检查车门、车窗，车门、车窗应启闭灵活、关闭严密、锁止可靠、缝隙均匀不松旷；密封胶条应无破损、老化，否则车门、车窗处会漏水。

第五，检查车身金属零部件锈蚀情况，主要检查车门、车窗、排水槽、底板、各接缝等处，如锈蚀严重，说明该车使用状况恶劣，使用年限长。注意检查挡泥板、减振器、车灯周围、车门底下和轮舱内是否生锈。

第六，检查车身油漆，查看密封胶条、窗框四周、轮胎和排气管等处是否有多余油漆，如果有，说明该车车身曾翻新重做油漆。用一块磁铁沿车身周围移动，如果遇到磁力突然减少，表明该处局部补灰、做漆。当用手敲击车身时，如果遇到敲击声明显比其他部位沉闷，表明该处重新补灰做漆。补过的漆往往有如下质量问题：丰满度不如原车的油漆；油漆表面有流痕；表面有不规则的小麻坑；表面有小麻点。有大面积撞伤的部位，补腻子的面积比较大，在工人打磨腻子时往往磨不平，因而补过漆后，车身表面看上去如同微微的波浪一样凹凸不平。新补的油漆，往往色彩不同于原车漆色，一般经电子配漆配出的漆色比原车的漆色鲜艳，而人工调出的漆色多比原漆色暗。如果车子开的年头比较长，补漆往往比较多，因而整个车身各个部位颜色都有差异，甚至找不出原车的漆色。小磁铁吸不上去的地方，说明已填补过。通过上述问题，可以判断一辆车以前被撞面积有多大，车身可能受过多大的损伤。购车者假如发现油漆表面有龟裂现象，如果车未撞过，那么该车至少已使用了大约 10 年。

第七，检查后视镜、下视镜、车窗玻璃，汽车必须在左、右各设置一面后视镜，其安装、调节及视野范围应符合规定。车长大于 6m 的平头客车、平头货车车前应设置一面下视镜，下视镜应完好。车窗玻璃应完好，前风窗玻璃应使用安全玻璃。当检查前风窗玻璃没有国家安全玻璃认证标志时，表明该车前风窗玻璃曾经更换。

第八，检察灯光是否齐全、有效，光色、光强是否符合国家标准有关规定。二手车的配光性能好坏，能反映车主对车辆的维护认真程度。

③ 驾驶室和车厢内部检查。

第一，驾驶员坐椅、乘员坐椅安装应牢固可靠。驾驶员坐椅、副驾驶员坐椅及客车前面设有坐椅或护栏的坐椅的安全带应齐全、有效。

第二，查看坐椅的新旧程度，坐椅表面应平整、清洁、无破损。坐椅松动和严重磨损、凹陷，说明车常常载人，可推断该车经常行驶在高负荷的工况下。

第三，车顶的内篷是否破裂，车辆内部是否污秽发霉。车内如有发霉的味道，表明车子可能有泄漏的情况。

第四，检查地毡或地板胶是否残旧，从地毯磨痕可推出该车使用的频繁程度。

第五，揭开地毡或地板胶，查看车厢底板是否有潮湿或生锈的痕迹，是否有烧焊的痕迹。

第六，检查行李箱，检查箱盖防水胶条是否完好，检查行李箱是否锈蚀；查看行李箱开口处左右两边的钣金件或与后保险杠的接合处时，可先翻开行李箱下的地毯，检视该处有无烧焊过的痕迹。

第七，查看仪表盘是否原装，检查仪表盘底部有没有更改线束的痕迹。要求安装汽车行驶记录仪的车辆有无按要求安装，能否正常工作。

第八，检查里程表，已经行驶的千米数是车辆行驶年龄的参照，一般的家用车每年约行驶 19 000～24 000km。

第九，检查离合器踏板、制动踏板、加速踏板有无弯曲变形及干涉现象。离合器踏板和制动踏板的踏脚胶是否磨损过度，通常一块踏脚胶寿命是 3 万 km 左右，如果换了新的，则此车已行驶 3 万 km 以上。

坐在车上试试所有踏板有没有弹性，离合器踏板应该有少许空间，同时留心听听踏下踏板有没有异声发出。

(2) 常用量具检查。

① 车体周正检测。通常要求车体应周正，左右对称部位高度差不得大于 40mm。

在进行车体周正检测时，将送检车辆停放在外观检测工位上，首先通过检测人员用眼睛进行观察，可以检查汽车是否有严重的横向或纵向歪斜现象；然后用高度尺或钢卷尺、水平尺检测左右对称部位高度差是否超过规定值；最后检查车架和车身是否有较大变形，悬架是否裂断或刚度下降，左右轮胎气压搭配是否正常等，如果有异常，即使车体歪斜未超过规定值，亦应予以排除后再进行检测。否则，车体不倾斜也会渐渐变得倾斜，甚至歪斜会越来越严重，引起操纵不稳、行驶跑偏、重心转移、轮胎磨损加剧等现象。

② 车轮的横向和径向摆动量的检测。车轮横向和径向摆动量规定：总质量小于或等于 4.5t 的汽车不得大于 5mm；摩托车和轻便摩托车不得大于 3mm；其他车辆不得大于 8mm。

车轮横向和径向摆动量的检测可在室内进行，也可在室外进行。在室内检测时用举升器或千斤顶等顶起前桥，用百分表测头水平触到轮胎前端胎冠外侧，用手前后摆动轮胎，测其横向摆动量；再将百分表移至轮胎上方，使测头触到胎冠中部，然后用撬杆往上撬动轮胎，测量其径向摆动量。汽车车轮横向和径向摆动量超过规定值时，汽车行驶时将会引起转向盘抖振，因此应及时进行检修和调整。

③ 车外廓尺寸检测。对车辆外廓尺寸的检测主要是检查车辆长、宽和高不得超过规定的汽车外廓尺寸界限。车辆长、宽和高定义如下。

车辆长是指垂直于车辆的纵向对称平面并分别抵靠在汽车前、后最外端突出部位的两垂面之间的距离 L，如图 3.8(a)所示。

车辆宽是指垂直于车辆的纵向对称平面并分别抵靠车辆两侧固定突出部位(除去后视镜、侧面标志灯、示位灯、转向信号灯、挠性挡泥板、折叠式踏板、防滑链以及轮胎与地面接触部分的变形)的平面之间的距离 B，如图 3.8(b)所示。

车辆高是指在车辆无装载质量时，车辆支承水平面与车辆最高突出部位相抵靠的水平面之间的距离 h。此时，车辆的所有固定部件均包含在此两平面内，而此时车辆应处于可运行状态，如图 3.8(c)所示。

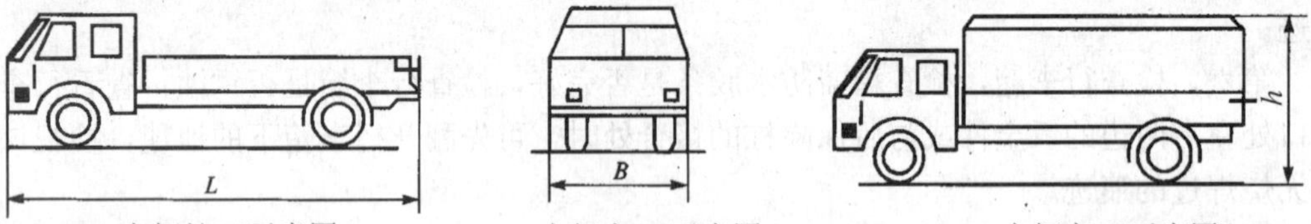

(a) 车辆长(L)示意图　(b) 车辆宽(B)示意图　(c) 车辆高(h)示意图

图 3.8　车辆长、宽、高示意图

我国对汽车外廓尺寸界限规定如下。

车辆高：4m；

车辆宽：2.5m；

车辆长：货车、越野车，12m；

客车，12m；

铰接式客车，18m；

半挂汽车列车，16m；

全挂汽车列车，20m。

对车辆长、宽和高的测量比较简单，采用高度尺或卷尺进行测量，然后看是否超过规定值。

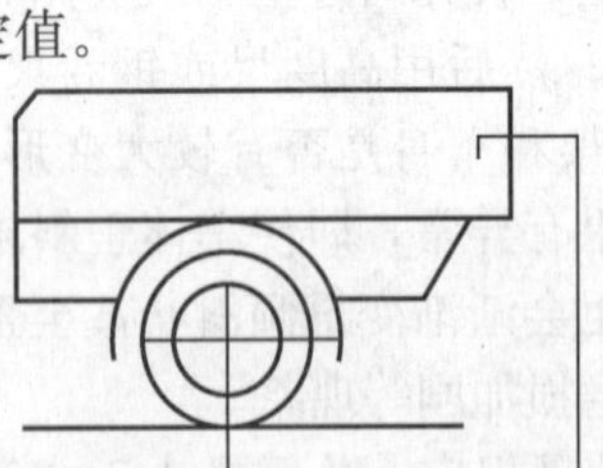

图 3.9　汽车后悬(d)示意图

④ 汽车后悬检测。汽车后悬是指通过车辆最后车轴线的垂面与抵靠在车辆最后端(包括牵引装置、车牌及固定的车辆后部的任何刚性部件)并垂直于车辆纵向对称平面的垂面之间的距离 d，如图 3.9 所示。影响后悬的长度的因素有货厢的长度、轴距和轴荷分配[图 3.9 汽车后悬(d)示意图情况]以及车辆的离去角等。一般来说，后悬不宜太长，否则汽车在上下坡时容易刮地；车辆转弯时，车辆通道宽度过大，容易引起交通事故。因此对汽车后悬的长度都进行了一定的规定：客车及低速载货汽车(俗称封闭式车厢的车辆)，其后悬不得超过轴距的 65%，最大不得超过 3.5m；封闭式车厢的四轮农用运输车后悬不得超过轴距的 60%；其他车辆的后悬不得超过轴距的 55%。对于三轴车辆，若二、三轴为双后桥，其轴距以第一轴至双后桥中心线的距离来计算；若一、二轴为双转向桥，其轴距以一、三轴的轴距计算。通常采用尺子直接对后悬进行测量。

⑤ 最小离地间隙检测。最小离地间隙是指车辆支承平面与车辆底部中间区域内最低

点之间的距离。中间区域为平行于车辆纵向对称平面且与其等距离的两平面之间所包含的部分，如图 3.10 的斜线阴影部分所示，两平面之间的距离为同一轴上两端车轮内缘最小距离的 80%，如图 3.10 所示。图 3.10 中画有斜线阴影部分的高度，即为车辆的最小离地间隙 h。

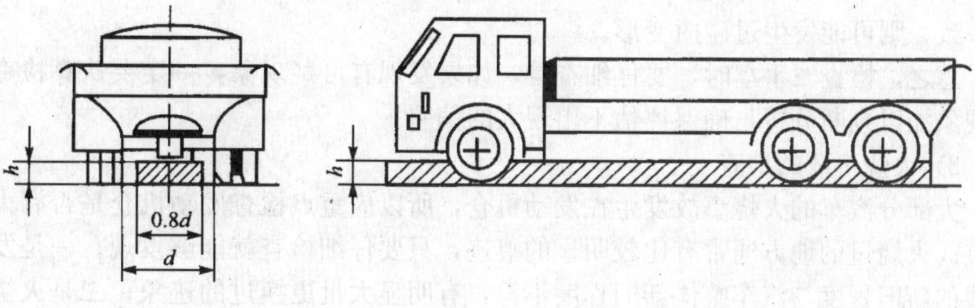

图 3.10 汽车最小离地间隙(h)

3.4.2 汽车事故评估

二手车是否发生过事故、发生事故的严重程度以及发生事故的部位，对于二手车的价值有很大的影响。汽车一旦发生过事故，即使是进行了很好的修复，也很难恢复如初，汽车的使用性能和经济性能或多或少会受到不良的影响。尤其是严重的、恶性的事故会严重影响汽车性能，使得汽车的价值在修复后也极大地降低。如果汽车在发生事故后由于修理水平差、修理设备不齐备等，只是草草地进行修理，往往还会给汽车留下再次发生更大事故的隐患，这样的二手车价值更低。所以，在进行二手车评估时，一定要能准确地判断该车是否发生过事故、事故的性质以及事故的严重程度。

1. 汽车事故的分类与检查

汽车事故按照发生的原因可分为三类：碰撞事故、火烧事故和水泡事故。

发生过事故的二手车，在进行评估之前，车主往往事先对其作了维修处理并可能会对事故加以隐瞒，所以必须要由经验丰富的专业人员经过认真仔细地检查和分析判断，才能准确鉴别。以下是针对不同事故的检查方法。

1) 碰撞事故的检查

(1) 检查汽车是否发生过严重碰撞事故，首先检查汽车的底盘，看汽车底盘的脏污程度是否一致。如果发现有地方与周围存在差异，则该处有可能被修理过。进一步检查此处车轴是否平直、有无敲打的痕迹。如果发现有敲打或烧焊的痕迹，则车轴可能发生过弯曲变形甚至断裂，基本可以确定该汽车发生过严重的碰撞事故。

(2) 查看汽车散热器支架和散热器，检查是否有碰撞变形后修复或更换的痕迹。如果修理或更换过散热器及散热器支架，说明汽车前部发生过碰撞事故。前部的严重碰撞有可能殃及发动机以及车架(车身)，须进一步检查有关的零部件。

(3) 如果汽车后部发生严重碰撞，那么车身的后翼子板肯定会损坏，所以可通过检查汽车后翼子板是否被切割更换过来判断汽车后部是否发生过严重碰撞。正常情况下，汽车后翼子板与车厢及车体的连接处应平整，其上的焊点应是略呈凹陷的圆形。如果焊点是凸出状，则为重新烧焊的痕迹。也可以打开后备厢盖，查看其内板是否有烧焊的痕迹。

(4) 查看车身侧面有无碰撞痕迹。先检查车门与车身是否密合、有无翘曲、门缝是否均匀一致，检查B柱是否有烧焊的痕迹。还可以从车内侧扒开装饰物查看是否有修理痕迹，或仔细检查油漆是否平整、有无涂抹腻子，检查底板和横梁有无敲击和烧焊的痕迹。

(5) 有时还可以通过零件工艺孔是否变形来检查，即根据工艺孔是否一致来判断。例如，有的轿车发动机盖前方左右两内侧有对称的椭圆形工艺孔，若两工艺孔形状不对称、不一致，则可能发生过碰撞变形。

总之，检查二手车时，要仔细查看，如果发现有可疑现象，一定要认真检查，综合各种现象加以判断分析，确保评估不出现大的偏差。

2）火烧事故的检查

大部分汽车的火烧事故发生在发动机仓，所以应重点检查发动机仓是否有火烧事故的痕迹。火烧过的地方通常有比较明显的痕迹，只要仔细检查就能够发现。一是发动机仓内管线的新旧程度与汽车整体新旧程度不符，有明显大批更换过的迹象；二是火烧过的金属会出现像排气管一样的蓝黑色。火烧过的汽车很难完全修复，严重的应作报废处理。因为火烧过的金属会变脆或退火，其内部的金相组织发生变化，导致机件的功能和性能都发生很大的变化，所以不能继续使用，否则将事故不断。

3）水泡事故的检查

汽车的水泡事故大多发生于因暴雨积水造成的水淹，或汽车意外驶入河塘。检查汽车是否发生过水泡事故的步骤如下。

(1) 首先打开发动机盖，查看散热器、散热器片和散热器前板(从下往上看)等处是否留有水渍污物。

(2) 检查发动机旁的发电机、起动机、电线插座以及左右轮罩的接缝处等是否留有水渍污物。

(3) 翻倒前、后排坐椅，检查弹簧及内套绒布内是否留有水渍污物。

(4) 检查后备厢内的备胎座内是否留有水渍污物。

(5) 仔细检查前、后车门中间的“B柱”，将塑料饰板轻轻撬开，如果是水泡事故汽车，可看出浸泡水线的高度。如果塑料饰板没有更换，不需要撬开，就可发现泡水高度的水线印迹。撬开塑料饰板后，可查看到B柱内死角接缝不易清洗处的污泥和水线印迹。

(6) 最后还可检查前、后风窗玻璃橡胶条，由车内将其拉开，如果内有污泥，则肯定是水泡事故汽车。

2. 汽车事故定损评估步骤

专业汽车评估人员对事故车进行定损评估工作的第一步是确定汽车的品牌与型号。通常，汽车事故前的价格越高，事故给汽车带来的贬值也越大。

要准确地评估一辆事故汽车，就要确切地评定汽车在事故中受损的严重程度、受损范围及受损部件。汽车经常发生的事故是碰撞事故。汽车碰撞事故损伤的基本鉴定步骤如下。

(1) 了解车身结构的类型。

(2) 目测确定碰撞部位。

(3) 目测确定碰撞的方向及碰撞力的大小，并检查可能造成的损伤。

(4) 确定损伤是否限于车身范围内，是否还包括功能部件(如发动机、悬架、车轮、大梁等)的损伤。

(5) 沿着碰撞路线系统地检查各部件的损伤及修复情况，直到没有任何损伤及修复的痕迹，判断碰撞事故对汽车性能的影响。

(6) 测量汽车的主要零部件，通过比较维修手册上车身尺寸与实际测量的汽车车身尺寸来确定碰撞事故造成的车身变形量。

(7) 用专用工具和仪器设备检查悬架和整个车身的损伤情况。

车辆发生碰撞、倾翻等交通事故时，车身因直接承受撞击力而造成不同程度的损伤，同时由于诱发和惯性的作用，发动机和底盘各总成也存在着受损伤的可能。但由于结构的原因，发动机和底盘各总成的损伤往往不直观，因此，在车辆定损查勘过程中，应根据撞击力的传播趋势认真检查发动机和底盘各总成的损伤。

3. 发动机损伤的鉴定

汽车发动机，尤其是小型轿车的发动机，一般布置于车辆前部发动机仓。车辆一旦发生正面碰撞事故，不可避免地会造成发动机及其辅助装置的损伤。对于后置发动机的大型客车，当发生追尾事故时，有可能造成发动机及其辅助装置的损伤。

一般发生轻度碰撞时，发动机基本上受不到损伤。当碰撞强度较大，车身前部变形较严重时，发动机的一些辅助装置及覆盖件会因为受到冲击波而损坏，如空气滤清器总成、蓄电池、进排气歧管、发动机外围各种管路、发动机支撑座及胶垫、冷却风扇、发动机时规罩等。对于现代轿车，因为发动机仓的布置非常紧凑，碰撞还可能造成发电机、空调压缩机、转向助力泵等总成及管路和支架的损坏。严重的碰撞事故会波及发动机内部的轴类零件，致使发动机缸体的薄弱部位破裂，甚至使发动机整体报废。

在对发动机的损伤进行检查时，应注意仔细检查有关支架所处的发动机缸体部位有无损伤，因为这些部位的损伤不易被发现。如果发动机的辅助装置和覆盖件损坏可以直接观察到，则可以采用就车拆卸、更换或修复的方法解决。如果发动机支撑、时规罩和基础部分损坏，则需要将发动机拆下进行维修。如果怀疑发动机内部零件有损伤或缸体有破裂损伤时，则需要对发动机进行解体检验和维修，必要时应进行零件探伤检查。在对发动机定损时，应考虑到修复方法及修复工艺的选用。

4. 汽车底盘的定损

汽车底盘的定损主要是对于汽车底盘在碰撞事故中的损伤程度进行评定。

(1) 悬架系统的定损。悬架是车架(或承载式车身)与车桥(或车轮)之间的一切传力装置的总称。悬架系统的作用是：把路面作用于车轮上的垂直力、纵向力(牵引力和制动力)和侧向力以及这些力所形成的力矩传递到车架(或承载式车身)上；悬架系统还承受车身载荷；悬架系统的传力机构使车轮按一定轨迹相对于车架或车身跳动；独立悬架还直接决定了车轮的定位参数。

由于悬架直接连接着车架(或承载式车身)与车桥(或车轮)，其受力情况十分复杂，在碰撞事故中，悬架系统(尤其是独立悬架系统)经常受到严重的损伤，致使前轮定位失准，影响车辆正常行驶。

车辆遭受碰撞事故时，悬架系统由于受到车身或车架传导的撞击力，悬架弹簧、减振器、悬架上支臂、悬架下支臂、横向稳定器和纵向稳定杆等元件会受到不同程度的变形和损伤。悬架系统元件的变形和损伤往往不易直接观察到，在对其进行损伤鉴定时，应借助检测设备和仪器进行必要的测量及检验。这些元器件的损伤一般不宜采用修复方法修理，应换新件，在汽车定损时应引起注意。

(2) 转向系统的定损。转向系统的技术状况直接影响着行车安全，而且由于转向系统的部件都布置在车身前部，通过转向传动机构将转向器与前桥连接在一起。当发生一般的碰撞事故时，撞击力不会波及转向系统元件。但当发生较严重的碰撞事故时，由于波及和传导作用，会使转向传动机构和转向器造成损伤。

转向系统易受损伤的部件有：转向横直拉杆、转向器、转向节等；更严重的碰撞事故会造成驾驶室内转向杆调整机构的损伤。

转向系统部件的损伤不易直接观察，在车辆定损鉴定时，应配合拆检进行，必要时作探伤检验。

(3) 制动系统的定损。车辆制动性能下降会导致交通事故，造成车辆损失。车辆发生碰撞事故时，同样会造成制动系统部件的损坏。

对于普通制动系统，在碰撞事故中，由于撞击力的波及和诱发作用，往往会造成车轮制动器的元器件及制动管路损坏。这些元器件的损伤程度需要进一步的拆解检验。

对于装有 ABS 系统的制动系统，在进行车辆损失鉴定时，应对有些元件进行性能检验，如 ABS 轮速传感器、ABS 制动压力调节器。管路及连接部分的损伤可以直观检查。

(4) 变速器及离合器的定损。变速器及离合器总成与发动机组装为一体，并作为发动机的一个支撑点固定于车架(或承载式车身)上，变速器及离合器的操纵机构又都布置在车身底板上。因此，当车辆发生严重碰撞事故时，由于撞击力的波及和诱发作用，会造成变速器及离合器的操纵机构受损、变速器支撑部位壳体损坏以及飞轮壳断裂损坏。这些碰撞损伤程度的鉴定，需要将发动机拆下进行检查鉴定。

以下几种情况对车辆的价值影响较大：全车车轴被撞击(即使已经修复)、散热器支架有碰撞损伤(即使已经修复或更换)、车身 A、B、C 柱被撞击损伤(即使已经修复)、车身后翼子板被切割更换等。这些情况将使得二手车价格贬值 15%～20%。对于发生过严重碰撞事故、火烧事故或水泡事故的汽车，大多数经营品牌二手车的汽车企业通常拒绝作为品牌二手车进行认证并拒绝进行交易。

但是并不是所有事故对车辆的价格都会有很大的影响。像一些小的剐蹭造成玻璃、保险杠、车漆等损坏并修复的，不会对车辆的价值造成影响。此外，事故车的贬值程度还与所在地的劳动力价格水平有关。劳动力价格越高，重新修复汽车所需要的费用就越高，事故车的贬值程度也就越大。具体贬值多少，可以通过估算重新修复汽车所需要工时乘以当地单位工时费来进行估算。

习　题

1. 汽车故障的分类有哪些？
2. 汽车故障的诊断主要有哪些方法？
3. 汽车故障对二手车评估价格有怎样的影响？
4. 汽车发动机主要有哪些故障？
5. 柴油发动机燃油供给系统主要故障有哪些？

6. 汽车底盘的技术状况对汽车行驶有哪些影响?
7. 离合器的常见故障有哪些?
8. 行驶系统的常见故障有哪些?
9. 转向系统的常见故障有哪些?
10. 制动系统的常见故障有哪些?
11. 汽车电器设备系统的常见故障有哪些?
12. 检查汽车是否发生过水泡事故的步骤是什么?
13. 汽车碰撞事故损伤的基本鉴定步骤是什么?
14. 怎样进行发动机损伤的鉴定?
15. 汽车底盘的定损分哪几个部分?

第4章 二手车价值评估

知识目标	掌握现行市价法评估理论； 掌握重置成本法评估理论； 掌握收益现值法评估理论； 掌握清算价格法评估理论； 掌握成本折旧法评估理论
技能目标	能够用不同的方法对二手车价值进行评估

本章导语

汽车评估是指由专门的鉴定估价人员，按照特定的目的，遵循法定或公允的标准和程序，运用科学的方法，对汽车进行手续检查、技术鉴定和估算价格的过程。汽车评估是伴随汽车工业的发展而在一定阶段时产生的市场经济产物，是适应生产资料市场流转的需要，由二手车鉴定估价师对汽车的价格做出预测估算。

4.1 汽车评估基础理论

1. 二手车价格评估的基本假设

资产评估是在资产交易发生之前通过模拟市场对准备交易的资产在某一时点的价格所进行的估算，必须借助于若干种假设，以对资产的未来用途和经营环境做出合理的判断。二手车评估中所采用的理论和方法，同样也是建立在一定的假设条件上的。如果假设前提不同，所适用的评估标准也不同，评估结果也会大相径庭。二手车评估的假设有继续使用假设、公开市场假设和清算(清偿)假设 3 种。

1）继续使用假设

继续使用假设是指旧机动车将按现行用途继续使用，或转换用途继续使用。对这些车辆的评估，就要从继续使用的假设出发，而不能按车辆拆零出售零部件所得收入之和进行估价。比如一辆汽车用作营运，其估价可能是 4 万元；而将其拆成发动机、底盘等零部件分别出售时则可能仅值 3 万元。可见同一车辆按不同的假设用作不同的目的，其价格是不一样的。

在确定机动车能否继续使用时，必须充分考虑的条件是：车辆具有显著的剩余使用寿命，而且能以其提供的服务或用途，满足所有者经营上或工作上所期望的收益；车辆所有权明确，并保持完好；车辆从经济上和法律上允许转作他用；充分地考虑了车辆的使用功能。

2）公开市场假设

公开市场是指充分发达与完善的市场条件。公开市场假设，是假定在市场上交易的旧机动车辆，交易双方彼此地位平等，彼此双方都获取足够市场信息的机会和时间，以便对车辆的功能、用途及其交易价格等做出理智的判断。

公开市场假设是基于市场客观存在的现实，即旧机动车辆在市场上可以公开买卖。不同类型的旧汽车，其性能、用途不同，市场程度也不一样，用途广泛的车辆一般比用途单一的车辆市场活跃，而不论车辆的买者或卖者都希望得到车辆的最大最佳效用。所谓最大最佳效用是指车辆在可能的范围内，用于最有利又可行和法律上允许的用途。在旧汽车评估时，按照公开市场假设处理或做适当的调整，才有可能使车辆获得的收益最大。最大最佳效用，由车辆所在地区、具体特定条件以及市场供求规律所决定。

3）清算(清偿)假设

清算(清偿)假设是指用机动车辆所有者在某种压力下被强制进行整体或拆零，经协商或以拍卖方式在公开市场上出售。这种情况下的旧机动车评估具有一定的特殊性，适应强制出售中市场均衡被打破的实际情况，旧机动车的估价值大大低于继续使用或公开市场条件下的评估值。

综上所述，在二手车评估中，在不同的假设条件下，评估结果可能会存在较大的差异。在继续使用假设的前提下，车辆未来的使用价值是评估的基础；在公开市场假设的前提下，则以竞争活跃的二手车市场中的交易价格作为评估基础；而在清算假设的前提下，则要求车辆能够迅速出售变现。因此，二手车鉴定估价人员在工作中必须根据具体情况，判定被评估车辆最可能的效用，以便得出二手车辆的公平价格。

2. 二手车价格评估的基本问题

1）二手车价格评估的基本要素

二手车评估是指从事二手车鉴定评估业务的专业人员，按照特定的目的，遵守国家法律法规或行业标准、程序，运用科学的分析计算方法，在充分掌握市场行情和价格走势的情况下，对二手车进行证件和手续检查、技术鉴定、价格计算，并以自身的商业信誉和专业知识设法让买卖双方接受的二手车价格估算过程。因此，二手车价格估算过程包括 4 个环节，即车辆证件和手续检查、车辆技术状况鉴定、估算价格和出具车辆鉴定评估报告书。

二手车价格评估由 6 个基本要素组成，即价格评估的主体、客体、目的、程序、标准和方法。

(1) 价格评估的主体。价格评估的主体是指二手车价格评估由谁来承担，即二手车鉴定评估机构的专业评估人员。

(2) 价格评估的客体。价格评估的客体是指价格评估的对象，即被评估的机动车辆。

(3) 价格评估的目的。价格评估目的是指二手车将发生的经济行为，例如是为了交易、抵押、确定保险额、清产核资和定损等，还是为了提供车辆担保、司法鉴定、法律诉讼、价格咨询等业务。二手车价格评估的目的决定着评估标准和方法的选择。

(4) 价格评估程序。价格评估程序是指二手车鉴定评估工作的每个具体步骤，按照其内在逻辑关系而形成的排列顺序，它体现了二手车鉴定评估业务的规范性。

(5) 价格评估标准。价格评估标准是指对二手车价格评估采用的计价标准，这些标准对应不同的考察价值的角度。

(6) 价格评估方法。价格评估方法是指用于估算二手车交易价格的方法。

2) 二手车价格评估的专业特点

(1) 机动车辆有如下特点。单位价值大，使用时间长，是属于法人或私人的重要固定资产，在评估中必须予以重视。技术性强，使用范围广，车辆属于有形资产，同时也是无形资产的载体。

使用强度、使用条件、维护水平差异较大，这些差异都会反映在车辆的技术状况和使用寿命上，对车辆的残值影响极大。车辆结构和技术性能的复杂性，也使鉴定评估专业人员难以准确地估算出这些差异对车辆剩余价值的影响程度。

使用管理严格，税费高。车辆实行严格的注册登记和户籍管理制度，需定期进行强制性技术检测。

(2) 二手车价格评估以技术鉴定为依据。机动车的新旧程度主要是指其技术状况的好坏和技术性能的优劣，而这些只有通过技术鉴定手段才能加以评判。机动车在长期的使用过程中，由于运动零件的相互摩擦和各种静、动载荷以及自然力的作用，使之处于不断的磨损和变形过程中。随着使用里程和使用年限的增加，车辆的有形损耗、无形损耗加剧，而其损耗程度的大小，因使用强度、使用条件、维护水平的不同而相差很大，这些差异只有通过专业的技术鉴定才能细分出来。因此，评估车辆的实物状态和整车性能指标以及各项贬值参数都是最基本的评估依据。

(3) 二手车价格评估需考虑手续费用等因素。由于国家对车辆实行户籍管理制度，使用税费附加值高。因此，对二手车进行价格评估除了估算其实体价值外，还要考虑户籍管理手续和各种使用税费构成的支出。

3. 二手车价格评估的目的和任务

二手车价格评估的目的是正确反映机动车的价值量和变动，为将要发生的经济行为提供公平的价格尺度。

1) 确定二手车交易价格

根据二手车买卖双方的委托，为二手车的交易价格提供参照依据。对于国有车辆资产的产权交易活动，必须委托二手车评估机构对车辆资产进行清查、鉴定和评估，以避免国有资产的流失。

2) 二手车所有权的转让

二手车在交易市场上买卖时，买卖双方由于在专业知识和市场行情上掌握的差异，他们对交易价格的期望是不同的。因此，需要鉴定评估专业人员对交易车辆的技术状况进行鉴定，并针对可能出现的疑问进行解释，为买卖双方提供一个真实可靠的参考价格。

3）银行贷款抵押底价

银行为了确保放贷的安全，要求贷款人以机动车作为贷款抵押物。放贷者为了贷款安全，需要对二手车进行价格评估，确定车辆抵押物的底价。这种贷款的安全性在一定程度上取决于对抵押评估的准确性。因此，二手车价格评估工作也关系到金融系统的安全。

4）法律诉讼咨询服务

当事人遇到机动车辆诉讼时，可以委托鉴定评估专业人员对车辆进行评估，这有助于诉讼各方正确了解车辆的现时市场价值，为司法裁定提供真实准确的法律依据，维护相关人员的合法权益。

5）确定车辆拍卖底价

对于公务车辆、抵押车辆、执法机关罚没车辆、企业清算车辆、海关获得的抵税和放弃车辆等，都要对车辆进行价格评估，为拍卖车辆提供拍卖底价。

除此之外，还有企业或者个人的产权变动，如合资、合作及联营等，都要进行资产评估，其中也包括对机动车辆的价格评估等。

拓展阅读

二手车价格评估的业务类型

二手车价格评估业务类型是指价格评估的业务性质。按照价格评估服务对象的不同，把价格评估的业务类型分为交易类和咨询服务类两种。交易类业务是二手车鉴定评估机构服务于二手车市场内部的二手车交易活动，是一种以收取鉴定评估服务费为主要收入来源的有偿服务；咨询服务类业务是二手车鉴定评估机构服务于二手车市场外部的二手车交易活动，是按照各地方政府有关管理部门对二手车价格评估制定的有关规定，实行有偿服务。

二手车价格评估中的价值是指在公平、公正的市场条件下的交换价值或市场价值。二手车评估价值从形式上是鉴定评估专业人员判定、估算的价值，但其真实体现的是产权交易时发生的交易价值，而交易价值的真正决定者是买卖双方。

4. 二手车价格评估的计价形式

1）二手车原值

二手车原值也叫二手车账面原值，是指车主在购买或以其他方式取得全新状态的车辆时发生的全部货币支出。例如，当前新车价加上购置税就是该车辆的原值。

2）二手车残值

二手车残值是指二手车现时市场的价值。关于残值的概念，应进一步明确：在规定的汽车的合理使用年限之内，所剩余的使用价值，被称为广义的汽车残值。此外，汽车到报废年限时车主也可以领到另一种意义的汽车残值费，一般以每吨350元计算，一辆小轿车可以领到2 000～3 000元。

汽车残值的估价有许多方法，按照国家规定有4种方法，即收益现值法、重置成本法、现行市价法和清算价格法，其中最为基础，也最为简便易行的是重置成本法。它的计算方法是

被评估车辆的现时价格＝重置成本×成新率

重置成本是购买一辆新的与被评估车辆相同的车辆所支付的最低成本。而成新率的计算方法也有两种，其中使用年限法是比较简单的，即

成新率=(1-已使用年限/规定使用年限)×100%

5. 旧汽车估价时，进行计价标准的根据

二手车价格评估的计价标准是关于二手车价格评估所适用的价格标准的准则，二手车交易过程中，根据交易目的、交易条件的不同，二手车在价值形态上的计量可以有多种形式，不同形式的价值在评估价格上也存在着差异，而二手车评估业务实践要求具体计价标准是唯一的，否则，就失去了正确反映和提供价值尺度的功能。因此，必须根据评估的目的，弄清楚所要求的价值尺度的内涵，从而确定二手车评估业务所适用的价格类别。根据我国资产评估管理要求，二手车估价亦遵守这 4 种类型的标准：重置成本标准、现行市价标准、收益现值标准和清算价格标准。

1）重置成本标准

重置成本是指在现时条件下，按功能重置汽车并使其处于在用状态所耗费的成本。重置成本的构成与历史成本一样，也是反映车辆的购建、运输、注册登记等建设过程中全部费用的价格，只不过它是按现有技术条件和价格水平计算的。重置成本标准适用的前提是车辆处于在用状态，一方面反映车辆已经投入使用；另一方面反映车辆能够继续使用，对所有者具有使用价值。决定重置成本的两个因素是重置完全成本及其损耗(或称贬值)。

2）现行市价标准

现行市价是车辆在公平市场上的售卖价格。现行市价标准最初产生于公平市场，具有如下规定性：有充分的市场竞争，买卖双方没有垄断和强制，双方都有足够的时间和能力了解实情，具有独立的判断和理智的选择。决定现行市价的基本因素如下。

(1) 基础价格。即车辆的生产成本价格。一般情况下，一辆车的生产成本高低决定其价格的高低。

(2) 供求关系。车辆价格与需求量成正比关系，与供应量成反比关系。当一辆车有多个买方竞买时，车的价格就会上升，反之则会下降。

(3) 质量因素。是指车辆本身功能、指标等技术参数及损耗状况。优质优价是市场经济法则，在旧汽车评估中，质量因素对车辆价格的影响必须予以充分考虑。

3）收益现值标准

收益现值是指根据机动车辆未来预期获利能力的大小，按照“将本求利的逆向思维——以利索本”，以适应的折现率或资本化率将未来收益折成现值。可见，收益现值是指为获得旧车辆以取得预期收益的权利所支付的货币总额。收益现值标准适用的前提条件是车辆投入使用，同时，投资者投资的直接目的是获得预期的收益。

4）清算价格标准

清算价格是指在非正常市场上限制拍卖的价格。

清算价格标准适用的前提条件，与现行市价标准的区别在于市场条件。现行市价是公平市场价格，而清算价格则是一种拍售价格，它由于受到期限限制和买主限制，其价格一般低于现行市价。在旧汽车交易的实践中，旧汽车的拍卖，均是这种性质的价格出售。

对于旧汽车评估计价标准的选择，必须与机动车经济行为的发生密切结合起来，不同

的经济行为，所要求车辆评估价值的内涵是不一样的。如果不区别车辆经济行为确定评估价值类型——计价标准，或者笼统地确定车辆的评估值，就会失去评估价值的科学性。在实际工作中，汽车评估的经济行为是多种多样的，要求鉴定估价人员充分理解汽车评估计价标准的含义和适用前提，分析选择科学合理的计价标准。

6. 二手车评估技巧

影响车辆价格的因素主要包括：新车价、车况、车辆配置情况、车辆畅销程度、附带价值(保险及装饰)以及车辆出售方式，还有颜色、客观人为因素等，最后出售价格往往与自己的出售时间要求有关系。

1）技巧一：褒彼抑此策略

案例：王先生和钟先生分别买了一辆2005年和2004年的别克赛欧车，按理王先生买的车年份新，里程数少，价钱应该稍贵，可现实情况却是，王先生的买入价比钟先生还便宜近1000元。王先生称，自己当时紧抓车身外几处划痕，以及车内沙发上的几个烟头烫烧点与车商进行谈判，最终成功将车价杀下。

专家分析：消费者如看中了某一款车型，可对比其他二手车卖场，适当突出此车缺点，放大别车优点，以便“合理”地把价钱压低，但切记不要以同一市场不同车行作对比。对比同一档次、同一年份但不同品牌车型，在配置相差不大，市场保有量没明显差异前提下，一般可实行褒彼抑此的做法，如车身外观、车身划痕、零部件老化、车内装饰污滞、破损等小瑕疵都可成“放大”目标。

2）技巧二：细查保险记录

案例：今年年初，虎门的刘先生买了一辆二手捷达，花1000多元上了保险，紧接着他的朋友买了一辆一模一样的二手车，车型相同，使用年份相同，车况也相差不大，但保费却比他少了500多元。保险公司人员解释，刘先生的车以前有过理赔记录，而他朋友的车没有赔付过，所以刘先生的保费会相对上浮。

专家分析：按保险公司规定，一辆有赔付记录的旧车，保费肯定高过无赔付记录的旧车。即使同一车型，使用年份相同，只要赔付历史记录不同，保费也可能相差很多。所以车主购买时，不要忘记向原车主索要原车保单，仔细对照赔付记录，从中杀价。

3）技巧三：细查违章记录

案例：近日，曹先生花5 000元从老乡处买了一辆小货车搞运输，可买来不久就因多项交通违规被交警查获，除要求交清罚金外，还被罚款5 000多元。原本以为通过熟人买了辆有保证的便宜车，没想到最后还被老乡设了套。

专家分析：现在在专业二手车市场交易时上述情况基本能避免，二手车商一般都会在交易前为消费者把一道关。如果私下交易，则需特别注意交通违章记录。交易时最好进行检查，除了要求原车主或二手车行在交易前缴清罚款外，还可以此为据进行杀价。

4）技巧四：二手车手续

车辆登记证书、车辆行驶证(需在年检合格期内)、车辆购置附加费证明、车辆购买原始发票(或上一次过户票)、车主身份证(单位提供法人代码证书)、养路费缴纳证明、车船使用税。

5）技巧五：二手车车况

外观：外观上先仔细查看车漆是否有色差，有无刮痕；注意油漆面和翼子板、车门下边缘、轮罩等区域的锈蚀情况。

发动机：发动机罩与翼子板、风窗玻璃的密合度或发动机留有的缝隙是否一致，是否留有原车的胶漆；打开发动机罩看内侧是否有烤过漆的痕迹。

内室检查：座椅表面应清洁、完好，无破损、划伤；有必要除去座椅套看一下原始的椅垫。试试离合器踏板如何；油门踏板不应有犯卡、沉重、不回位的现象，腿、脚放在油门踏板上时，掀开地板垫，仔细检查车室内及行李箱内是否被淋湿。各密封件是否完好，并注意车灯内是否有水雾。

车辆底部检查：底盘稳定的车，行驶中不会有抖动、摆振；制动时不会跑偏；转向平顺无异响；悬挂系统无异响无渗漏；不会有机油、冷却液、变速器油、减振器油、水等的渗漏。排放系统应紧固，检查消声器和三元催化器的接缝处，这些地方有出现泄露的可能；检查排气管吊架和支座是否有损坏；检查燃油系统和油路；看是否有漏油痕迹，但行车气流抽吸使泄露不明显；检查冷却液是否泄露，如果暖风器芯或软管泄露，在车辆底部可以发现，应该可以在离合器壳及发动机舱周围找到冷却液污迹。

4.2 现行市价法

4.2.1 现行市价法的应用前提

现行市价法又称市场法、市场价格比较法，是指通过比较被评估车辆与最近售出类似车辆的异同，并将类似车辆的市场价格进行调整，从而确定被评估车辆价值的一种评估方法。

现行市价法是最直接、最简单的一种评估方法。这种方法的基本思路如下。

通过市场调查选择一个或几个与评估车辆相同或类似的车辆作为参照物，分析参照物的构造、功能、性能、新旧程度、地区差别、交易条件及成交价格等，并与评估车辆一一对照比较，找出两者的差别及差别所反映的在价格上的差额，经过调整，计算出旧机动车辆的价格。现行市价法的应用前提和适用范围如下。

由于现行市价法是以同类二手车销售价格相比较的方式来确定被评估二手车价值的，因此，运用这一方法时一般应具备以下两个基本的前提条件。

要有一个市场发育成熟、交易活跃的二手车交易公开市场，经常有相同或类似二手车的交易，有充分的参照车辆可取。市场成交的二手车价格反映市场行情，这是应用现行市价法评估二手车的关键。在二手车交易市场上二手车交易越频繁，与被评估二手车相类似的二手车价格越容易获得，而且其价格也越能代表市场现时行情。

市场上参照的二手车与被评估二手车有可比较的指标，这些指标的技术参数等资料是可收集到的，并且价值影响因素明确，可以量化。

运用现行市价法，重要的是要在交易市场上能够找到与被评估二手车相同或相类似的已成交过的参照车辆，并且参照车辆是近期的、可比较的。所谓近期，是指参照车辆交易时间与被评估二手车评估基准日相差时间相近，一般在一个季度之内；所谓可比较，是指参照车辆在规格、型号、功能、性能、配置、内部结构、新旧程度及交易条件等方面与被评估二手车不相上下。

现行市价法是采用比较和类比的方法，根据替代原则，从二手车可能进行交易角度来判断二手车价值的。

运用现行市价法要求充分利用类似的二手车成交价格信息，并以此为基础判断和估测被评估二手车的价值。运用已被市场检验了的结论来评估被评估二手车，显然是容易被买卖双方当事人接受的。因此，现行市价法是二手车评估中最为直接、最具说服力的评估途径之一。

一项资产是否具有价值或具有多少价值，需要通过市场来校验。因此，市场上与被评估资产相同或类似资产的交易价格，可以作为估算被评估资产价值的参照物。如果存在对价值影响的因素，则需要对选择的参照物的交易价格进行调整，并据以确定被评估资产的价值。

4.2.2 现行市价法的优缺点

1. 现行市价法的优点

能够客观反映二手车目前的市场情况，其评估的参数、指标直接从市场获得；

2. 现行市价法的缺点

需要公开及活跃的二手车市场作为基础，然而在我国很多地方，二手车市场成立时间短，发育不完全、不完善，寻找参照车辆有一定的困难。

4.2.3 市价法的概念

市价法中运用了一些专门的概念。理解这些概念的含义，对运用市价法十分重要。

1. 参照物

参照物的基本数量要求。市价法是通过同类资产的市场行情来确定被评估资产的评估值。一两个交易案例是不能完全反映市场行情的，我国目前一般要求至少有 3 个交易案例，国外在正常情况下要求至少有 4～5 个交易案例，才能有效运用市价法。

参照物的成交价必须真实，即必须是实际成交价。报价、拍卖底价等均不能视为成交价，它们不是实际交易的结果。

参照物的成交价应是正常交易的结果。关联交易、特别交易不能反映市场的行情，不能被选作参照物。如果能将非正常交易修正为正常交易，例如能够获得关联交易的成交价高于或低于市价多少的信息，则可选用。此外，还要求参照物的成交时间应尽可能接近评估基准日，以提高参照物成交价的可参照程度。

参照物与被评估资产之间大体可替代。即要求参照物与被评估资产要尽可能类似。例如在房地产评估中要求参照物与被评估房地产应在同一供需圈内、处于同一区域或相邻地区等；在机器设备评估中要求参照物与被评估机器设备功能相似，最好是规格型号相同、出厂日期相近等。在企业整体资产评估中，要求参照物与被评估企业在行业生产规模、收益水平、市场定位、增长速度、企业组织形式、资信程度等方面相类似。这也说明在产权交易不十分活跃的市场中，由于难以找到合适的参照物，因而无法运用市价法对企业整体资产进行评估。

2. 交易价格

交易价格是指在公开市场上参照物的成交价或标价。成交价是市场上与评估基准日在时间上最为接近的参照物已实现的价格。这个价格是参照物的最合理价格。标价是指参照物在公开市场上的标出售价，或者说是商品的出售方或劳务的提供方单方面所划定的交易价格，这个价格并未得到商品或劳务的受让方的认同。由于这个售价不是成交价，因此，不能说明是市场的实际交易价格。

在搜集交易价格时，最好搜集成交价，如果没有成交价，可以搜集标价，但要慎重地进行综合分析。

3. 差异调整

差异调整是指由于参照物与被评估资产在功能、成交地域、成交时间等方面存在差异而需要进行的调整。调整方法是：找出差异因素，加以量化，确定出一个综合调整系数，以调整系数对参照物的价格进行调整。

(1) 功能差异。是指参照物与被评估资产在性能、用途、外观等方面存在的差异。

(2) 时间差异。是指参照物的成交时间与评估基准日之间的时间间隔差异。评估价值是评估资产在评估基准日的时点价值，因此，参照物的成交时间应尽量与评估基准日相接近。如果时间相差过长，在这段时间差异内，物价、汇率、利率等因素都可能发生变化，从而对物价带来影响，因此，需要对由于时间差异所带来的影响进行调整。

(3) 地域差异。是指参照物的成交价与被评估资产所处地域之间的差异。就动产而言，如果参照物的成交地域在异地，则会与被评估资产存在运输费、途中保险费及其他费用等之间的差异；就不动产而言，不同地域或地段的资产的价格是大不相同的，因此，就更需要对参照物的价格进行地域差异的调整。

运用现行市价法，重要的是要能够找到与被评估车辆相同或相类似的参照物，并且参照物是近期的，可比较的。所谓近期，即指参照物交易时间与车辆评估基准日相差时间相近，一般在一个季度之内。所谓可比，即指车辆在规格、型号、功能、性能、内部结构、新旧程度及交易条件等方面不相上下。

4.2.4 采用现行市价法评估的步骤

1. 收集被评估二手车资料

内容包括车辆的类别名称、车辆型号和技术性能参数、生产厂家和出厂年月、车辆用途、目前使用情况和实际技术状况、尚可使用的年限等，为市场数据资料的搜集及参照物的选择提供依据。

运用市场法进行评估一般包括寻找参照物、调整差异和确定评估值 3 个步骤。

(1) 选定二手车交易市场上可进行类比的对象。所选定的类比车辆必须具有可比性，可比性因素包括：

① 车辆型号。

② 车辆制造厂家。

③ 车辆来源，是私用、公务、商务车辆，还是营运出租车辆。

④ 车辆使用年限，行驶里程数。

⑤ 车辆实际技术状况。

⑥ 市场状况，例如市场处于衰退萧条或是复苏繁荣，供求关系是买方市场还是卖方市场。

⑦ 交易动机和目的，例如车辆出售是以清偿为目的或是以淘汰转让为目的；买方是获利转手倒卖或是购建自用。不同情况交易作价往往有较大的差别。

⑧ 车辆所处的地理位置，例如不同地区的交易市场，同样车辆的价格有较大的差别。

⑨ 成交数量，单台交易与成批交易的价格会有一定差别。

⑩ 成交时间，应尽量采用近期成交的车辆作类比对象。由于市场随时间变化，往往受通货膨胀及市场供求关系变化的影响，价格有时波动很大。

按以上可比性因素选择参照对象，一般选择的与被评估对象相同或相似的 3 个以上的交易案例。某些情况找不到多台可类比的对象时，应按上述可比性因素，仔细分析选定的类比对象是否具有一定的代表性，要认定其成交价的合理性，才能作为参照物。

(2) 分析、类比。综合上述可比性因素，对待评估的车辆与选定的类比对象进行认真的分析类比。

(3) 计算评估值。分析调整差异，做出结论。

2. 选择参照物

按照可比性原则选取参照物。车辆的可比性因素主要包括：类别、型号、用途、结构、性能、新旧程度、成交数量、成交时间、付款方式等。参照物的选择一般应在两个以上。

3. 对被评估车辆和参照物之间的差异进行比较、量化和调整

被评估车辆与参照物之间的各种可比因素，尽可能地予以量化、调整。

(1) 销售时间差异的量化。在选择参照物时，应尽可能地选择在评估基准日成交的案例，以免去销售时间允许的量化步骤。

(2) 若参照物的交易时间在评估基准日之前，可采用指数调整法将销售时间差异量化并予以调整。

(3) 车辆性能差异的量化。车辆性能差异的具体表现是车辆营运成本的差异。

通过测算超额营运成本的方法将性能方面的差异量化。

新旧程度差异的量化。被评估车辆与参照物在新旧程度上不一定完全一致，参照物也未必是全新的。这就要求评估人员对被评估车辆与参照物的新旧程度的差异进行量化。

差异量＝参照物价格×(被评估车辆成新率－参照物成新率)

销售数量、付款方式差异的量化。销售数量大小、采用何种付款方式均会对车辆的成交单价产生影响。

对销售数量差异的调整采用未来收益的折现方法解决。

对付款方式差异的调整，被评估车辆通常是以一次性付款方式为假定前提，若参照物采用分期付款方式，则可按当期银行利率将各期分期付款额折现累加，即可得到一次性付款总额。

4. 汇总各因素差异量化值，求出车辆的评估值

对上述各差异因素量化值进行汇总，给出车辆的评估值。以数学表达式表示为

被评估车辆的价值=参照物现行市价× ∑ 差异量

或

被评估车辆的价值=参照物现行市价×差异调整系数

用市价法进行评估，了解市场情况是很重要的，并且要全面了解，了解的情况越多，评估的准确性越高，这是市价法评估的关键。

运用市价法收购二手车的贸易企业一般要建立各类二手车技术、交易参数的数据库，以提高评估效率。

用市价法评估已包含了该车辆的各种贬值因素，包括有形损耗的贬值、功能性贬值和经济性贬值。

因而用市价法评估不再专门计算功能性贬值和经济性贬值。

5. 现行市价法的具体计算方法

运用现行市价法确定单台车辆价值通常采用直接法和类比法。

1）直接法

直接法也称直接比较法，是指在市场上能找到与被评估车辆完全相同的车辆的现行市价，并依其价格直接作为被评估车辆评估价格的一种方法。

所谓完全相同是指车辆型号相同，但是在不同的时期，寻找同型号的车辆有时是比较困难的。如果参照车辆与被评估车辆类别相同、主参数相同、结构性能相同，只是生产序号不同，并作局部改动的车辆，则还是认为完全相同。

直接比较法可以运用于以下两种情况。

被评估的旧资产与市场上的旧资产(参照物)完全相同。被评估的旧资产是指评估对象。之所以被称为旧资产，是因为无论被评估资产是否被投入使用，都会发生一定损耗。从这个意义上讲，不存在全新的被评估资产。所谓完全相同，是指被评估资产与参照物不仅在功能、外观、用途、使用条件、时间条件等方面相同，而且在成新度上也完全相同。当被评估的旧资产与市场上的旧资产(即参照物)完全相同时，则参照物的价格可以直接作为被评估资产的价值，而不需要做任何调整。

例如，被评估资产为一辆A型汽车，成新率为70%。现选择一辆A型汽车作为参照物，成新率也为70%，则参照物的成交价格可以直接作为被评估的A型汽车的评估值(交易税、费等视评估目的另行考虑)。

被评估的旧资产与市场上的全新资产(参照物)完全相同。在这种情况下，只需要对成新率进行调整即可。评估计算公式为

被评估资产的评估价值=参照物的交易价格×被评估资产的成新率

由于被评估资产通常不是全新资产，故其新旧程度、可被再利用程度也就成了影响该资产价值的重要因素。成新率一般用尚可使用年限与法定使用年限之比来表示。

2）类比法

类比法也称类比调整法，是指在参照物与被评估资产在功能、外观、用途、使用条件、时间条件等方面类似的情况下所采用的一种评估方法。这种评估方法适用于所有资产(包括动产与不动产)的评估，因为不论是动产还是不动产，都可以在市场上找到类似的参照物。

评估车辆时，在公开市场上找不到与之完全相同的车辆，但在公开市场上能找到与之相类似的车辆，以此为参照物，并依其价格再做相应的差异调整，从而确定被评估车辆价格的一种方法。所选参照物与评估基准日在时间上越接近越好，实在无近期的参照物，也可以选择远期的，再作日期修正。

类比调整法可以用于以下两种情况。

(1) 被评估的旧资产与市场上的旧资产(参照物)类似。所谓类似，是指被评估资产与参照物不仅在功能、外观、用途、使用条件、时间条件等方面类似，而且成新度也类似。在这种情况下，进行以下几个步骤。

① 取得参照物的交易价格。

② 将被评估资产与参照物在功能、外观、用途、使用条件、时间条件等方面进行对比，取得综合调整系数。

③ 根据被评估资产与参照物各自的成新度，计算出成新度调整系数。

④ 根据参照物的交易价格、综合调整系数以及成新度调整系数，估算被评估资产的价值。

在这种情况下的评估计算公式为

$$
\begin{aligned}
\text{评估价格} &= \text{市场交易参照物价格} + \sum \text{评估对象与交易参照物优异的价格差额} + \\
&\quad \sum \text{交易参照物比评估对象优异的价格差额或被评估资产的评估价值} \\
&= \text{参照物的交易价格} \times (1 \pm \text{综合调整系数}) \times (1 \pm \text{成新度调整系数})
\end{aligned}
$$

(2) 被评估资产与市场上的全新资产(参照物)类似。这种情况与上一种情况的区别仅在于参照物为全新资产。在这种情况下的评估计算公式为

$$\text{被评估资产的评估价值} = \text{参照物的交易价格} \times (1 \pm \text{综合调整系数}) \times \text{被评估资产的成新率}$$

例如，被评估资产为一辆A型汽车，成新率为70%。现选择类似的全新B型汽车作为参照物，交易价格为30万元。经分析，B型汽车在功能、外观、用途和使用条件等方面优于A型汽车。经测算，综合调整系数为10%，则

$$
\begin{aligned}
\text{A型汽车的评估值} &= \text{B型汽车的交易价格} \times (1 - \text{综合调整系数}) \times \text{成新率} \\
&= 30 \times (1 - 10\%) \times 70\% = 18.9(\text{万元})
\end{aligned}
$$

特别提示

交易税、费等因素视评估目的另行考虑。

4.2.5 案例分析

1. 销售数量量化的调整

应用实例 4-1

市场上有6台完全相同的车辆待出售。经调查，该地区市场上此类车辆平均每年只售

出2辆。于是为满足买主的要求，卖方同意以优惠价格一次性同时出售6辆汽车。而可选择的近期交易参照物单辆售价为4万元。试用现行市价法评估此6辆汽车的现值。

评估如下：

(1) 直接以参照物的价格出售，即每辆汽车4万元。当年销售2辆汽车，可得销售收入为2×4万元=8万元。

(2) 其余4辆汽车如逐年销售，2年后才能售完。每辆汽车4万元，以参照物单价为标准，未来每年可得销售款8万元。以此为基础，折算4辆汽车的现值，适用的折现率为10%。

(3) 实际上这是一个未来收益的折现问题。根据未来收益现值法的公式，可计算4辆汽车的现值为

$$80\,000\times[(1+10\%)^2-1]\div[10\%\times(1+10\%)^2]=138\,843\text{元}$$

(4) 6辆汽车同时出售的评估值为

$$80\,000\text{元}+138\,843\text{元}=218\,843\text{元}$$

2. 现行市价法评估应用举例

应用实例4-2

评估人员在对某辆汽车进行评估时，选择了3个近期成交的与被评估车辆类别、结构基本相同，经济技术参数相近的车辆作参照物。

(1) 成新率的差异：

① A车与被评估车辆由于成新率的差异所产生的差额为

$$50\,000\text{元}\times(70\%-60\%)=5\,000\text{元}$$

② B车与被评估车辆由于成新率的差异所产生的差额为

$$65\,000\text{元}\times(70\%-75\%)=-3\,250\text{元}$$

③ C车与被评估车辆由于成新率的差异所产生的差额为

$$40\,000\text{元}\times(70\%-55\%)=6\,000\text{元}$$

(2) 根据被评估车辆与参照物之间差异的量化结果，确定车辆的评估值。初步确定车辆的评估值：

① 与参照物A相比分析调整差额，初步评估的结果为

$$\text{车辆评估值}=50\,000\text{元}+1\,500\text{元}+2\,095\text{元}+5\,000\text{元}=58\,595\text{元}$$

② 与参照物B相比分析调整差额，初步评估的结果为

$$\text{车辆评估值}=65\,000\text{元}+550\text{元}-9\,270\text{元}-3\,250\text{元}=53\,030\text{元}$$

③ 与参照物C相比分析调整差额，初步评估的结果为

$$\text{车辆评估值}=40\,000\text{元}+2\,000\text{元}+17\,628\text{元}+6\,000\text{元}=65\,628\text{元}$$

4.3　重置成本法

4.3.1　重置成本法概述

1. 重置成本法的概念

重置成本法是指在现时市场条件下重新购置一辆全新状态的被评估车辆所需的全部成本减去该被评估车辆的各种陈旧贬值后的差额，作为被评估车辆现时价格的一种评估方法，这种方法是目前二手车估价中较为常用的评估方法。

其总体评估思路可用数学式表示为

二手车评估值＝该车的重置成本－各项贬值

其中，各项贬值包括实体性贬值、功能性贬值和经济性贬值等。

2. 重置成本法的应用前提和适用范围

重置成本法作为一种二手车评估的方法，是从能够重新取得被评估二手车的角度来反映二手车的交换价值的，即通过被评估二手车的重置成本反映二手车的交换价值。只有当被评估的二手车处于继续使用状态下，再取得被评估二手车的全部费用才能构成其交换价值的内容。二手车继续使用包含着其使用有效性的经济意义，只有当二手车能够继续使用并且在持续使用中为潜在投资者带来经济利益，二手车的重置成本才能为潜在投资者和市场承认及接受。从这个意义上讲，重置成本法主要适用于继续使用前提下的二手车评估。

3. 重置成本法的优缺点

1）重置成本法的优点

(1) 比较充分地考虑了车辆的各方面损耗，反映了车辆市场价格的变化，评估结果更趋于公平合理，在不易估算车辆未来收益，或难以在市场上找到可类比对象的情况下可广泛应用。

(2) 可采用综合分析法确定成新率，将车况和配置以及车辆使用情况用适当的调整系数表征出来，比较清晰地解析了车辆残值的构成，使整个评估过程显得有理有据，有助于增强交易双方对评估结果的信任，可广泛应用于价值较高的中高档车辆评估。

2）重置成本法的缺点

(1) 评估工作量较大，确定成新率时主观因素影响较大。

(2) 对极少数的进口车辆，不易查询到现时市场报价，一些已停产或是国内自然淘汰的车型，由于不可能查询到相同车型新车的市场报价，因此难以准确地确定出它们的重置成本或重置成本全价。

重置成本法的理论依据是：任何一个精明的投资者在购买某项资产时，它所愿意支付的价钱，绝对不会超过具有同等效用的全新资产的最低成本。如果该项资产的价格比重新建造或购置一全新状态的同等效用的资产的最低成本高，投资者肯定不会购买这项资产，而会去新建或购置全新的资产。这也就是说，待评估资产的重置成本是其价格的最大可能值。

重置成本是购买一项全新的与被评估车辆相同的车辆所支付的最低金额。按重新购置车辆所用的材料、技术的不同，可把重置成本区分为复原重置成本(简称复原成本)和更新重置成本(简称更新成本)。复原成本指用与被评估车辆相同的材料、制造标准、设计结构技术条件等，以现时价格复原购置相同的全新车辆所需的全部成本。更新成本指利用新材料、新技术标准、新设计等，以现时价格购置相同或相似功能的全新车辆所支付的全部成本。一般情况下，在进行重置成本计算时，如果同时可以取得复原成本和更新成本，应选更新成本；如果不存在更新成本，则再考虑用复原成本。

4. 汽车的贬值及其计算

和其他机器设备一样，汽车价值也是一个变量，它随其本身的运动和其他因素变化而相变化。影响车辆价值量变化的因素，除了市场价格以外，还有其他因素。

(1) 实体性贬值及其计算。汽车的实体性贬值是由于使用磨损和自然力损耗形成的贬值，由物理或化学原因导致的损耗是车辆的有形损耗。实体性贬值的估算，就是计算车辆本体的有形损耗。目前最常用的是成新率估算法，成新率是反映二手车新旧程度的指标。二手车成新率是表示二手车的功能或使用价值占全新机动车的功能或使用价值的比率，也可以理解为二手车的现时状态与机动车全新状态的比率。它与有形损耗一起反映了同一车辆的两方面。车辆的有形损耗也称为车辆的实体性贬值。成新率和有形损耗率的关系是

$$成新率=1-有形损耗率$$

$$实体性贬值=重置成本\times(1-成新率)$$

成新率是重置成本法的一项重要指标，在实际操作中，由于使用成新率的方式计算较为客观，直接反映了二手车新旧程度，容易获得各方认同，运用最为普遍。如何科学、准确地确定该项指标是二手车评估中的重点和难点。关于成新率如何进行具体计算，后面将单独详细介绍。

(2) 功能性贬值及其估算。二手车功能性贬值是由于技术进步引起的二手车功能相对落后而导致的贬值，是一种无形损耗。功能性贬值包括一次性功能贬值和营运性功能贬值。

一次性功能贬值是由于技术进步引起劳动生产率的提高，现在再生产制造与原功能相同的车辆的社会必要劳动时间减少、成本降低而造成原车辆的价值贬值。

营运性功能贬值是由于技术进步，出现了新的、性能更优的车辆，致使原有车辆的功能相对新车型已经落后而引起其价值贬值。具体表现为原有车辆在完成相同工作任务的前提下，在燃料、人力、配件材料等方面的消耗增加，形成了一部分超额运营成本。

① 一次性功能贬值。是指汽车结构不同造成功能差异而产生的贬值。相对于前述重置成本确定的3种情况，第一和第三种情形，即市面上有与待评估车辆完全相同的新车出售或完全找不到与待评估车辆类似的车辆出售时，都不必考虑一次性功能贬值，只有当第二种情况，即市面上有改进型的车辆出售时才需要考虑一次性功能贬值。也就是说，一次性功能贬值就是待评估车辆的功能配置与测算重置成本所选取的新款参照车型之间，在功能配置上的价值差异。例如，面向中国的奔驰S级轿车从2006年6月起，增配中文语音导航系统，这套系统的市场价值为25 000元，而车价却没有增加，那么所有在2006年5月之前购买的奔驰S级轿车都贬值了25 000元。

② 营运性功能贬值。是指由于汽车性能差异，造成以后的营运过程中运行费用增加而造成的贬值。下面举例说明营运性功能贬值的计算方法。

③ 经济性贬值。是指由于外部经济环境变化所造成的车辆贬值。它也是一种无形损耗。外部经济环境包括宏观经济政策、市场需求、通货膨胀和环境保护等。例如，国家提高对汽车排放标准的要求，实施欧Ⅲ排放标准，原来执行欧Ⅱ排放标准的在用车就会因此而贬值。经济性贬值是由于外部环境(而不是车辆本身或内部因素)所引起的达不到原有设计的获利能力而造成的贬值。外界因素对车辆价值的影响不仅是客观存在的，而且对车辆价值影响还相当大，所以在二手车的评估中不可忽视。

4.3.2　重置成本法的计算过程

重置成本法的计算公式中各项贬值主要包括实体性贬值、功能性贬值和经济性贬值等(实体性贬值为最主要贬值)，因此要用重置成本法估算一辆二手车的价格必须计算4个要素：重置成本、实体性贬值、功能性贬值和经济性贬值。下面将一一介绍这4个要素如何计算。

二手车重置成本是指在评估基准日，按在现行市场条件下重新购置一辆全新汽车所支付的全部货币总额。必须说明的是，无论如何计算，重置成本绝对不可能超过现行同款新车购置价，这是因为任何一个人在购买一件二手产品时，所支付的最大金额绝对不会超过全新功能的该产品的现时价格，而不管该产品原购买者所支付的成本。例如，消费者购买一部二手捷达GIF，绝对不会超过购买时的新捷达GIF的价格。

具体计算时，又分为下列3种情况。

(1) 市场上有与待评估车品牌、型号和配置完全相同的新车出售。这种情况下重置成本价按下列公式计算

$$\text{重置成本价}=\text{新车净车价}+\text{车辆购置税}$$

其中新车净车价是汽车销售店的新车报价，倘若当地各销售店有最新的优惠或降价，也应把优惠折算成相应金额，计入新车净车价内。其原因很简单，重置成本不应超过最低新车购置价。

例如，测算一辆刚使用半年的上海大众帕萨特领驭1.8T MT，购买时售价为20.38万元(含购置税)，评估时新车价为19.28万元，另赠送实际价值1000元车饰精品，可折抵车价。其重置成本即为19.28－0.1＝19.18(万元)。

(2) 待评估车已停产，市场上有与之类似的车辆出售。

近年来，新车推出周期非常短，新车市场上已买不到与待评估车完全相同的车，但有改进型的车，这是经常出现的情况。在这种情况下，重置成本可以按下列公式计算

$$\text{重置成本}=\text{新车售价}-\text{单车成本变动值}+\text{车辆购置税}$$

单车成本变动值是指由于车辆改进造成分摊在每一部车上的制造成本变动量。

例如，某一辆赛欧SLX手动变速器轿车，购于2002年，该车型配有天窗，假如车主两年后开到二手车市场交易，如何确定其重置成本呢？此时，赛欧SLX天窗版轿车已停产，市面上只能买到无天窗的类似型号的轿车，售价为10.98万元(含购置税)，据测算，

天窗成本为0.7万元，那么该车的重置成本为10.98+0.7=11.68(万元)。

还有一种情况，就是车主对车辆的改装，经改装的旧车，有些合理的项目可作为卖点推介，但一般不列进重置成本进行计算。

(3) 市面上完全找不到与待评估车辆类似的车辆。对一些早期进口的或国产的二手轿车进行评估时，可能会出现这样的问题。比如原装进口的本田雅阁2.2，路上还能见到这种车在跑，但早已停产，而且在1999年国产的车型无论从外观还是内在的排量等都发生了较大的改变，此时，只能采用物价指数法确定重置成本

重置成本=待评估车辆的历史成本×(1+物价变动指数)

待评估车辆的历史成本，也称车辆的原始成本，是待评估车辆购买时所花费的成本，为当时的车价加上车辆购置税或车辆购置附加费。可从待评估车辆的购车发票上很容易得到这个数据。物价变动指数是国家统计部门以及物价管理部门或行业协会等发布的物价动态数据，最好能获得从待评估车辆购买所在年份到评估所在年份这段时间汽车的物价变动指数。这几年，各类汽车，特别是小轿车，价格降幅很大，当年14万～15万元一辆的桑塔纳轿车现在已降到8万元以下，不可以用整个社会消费品的物价变动指数去计算某一台车的重置成本，而应以汽车行业的新车物价变动指数去计算才合理。

4.3.3 重置成本法的估价计算

1. 估价模型

(1) 模型1：

被评估车辆的评估值=更新重置成本－实体性贬值－功能性贬值－经济性贬值

(2) 模型2：

被评估车辆的评估值=更新重置成本×成新率

(3) 模型3：

被评估车辆的评估值=更新重置成本×成新率×(1－折扣率)

模型1中，除了要准确了解旧机动车的更新重置成本和实体性贬值外，还必须计算其功能性贬值和经济性贬值，而这两个贬值因素要求估价人员对未来影响旧机动车的运营成本、收益乃至经济寿命有较为准确地把握，否则难以评估旧机动车的市场价值。

因此，模型1让估价人员很难操作。

模型3是在模型2的基础上再减去一定的折扣，从而估算出被估价机动车的价值。

模型3较模型1而言，较充分地考虑了影响汽车价值的各种因素，可操作性强。

2. 重置成本的估算方法

(1) 重置成本的构成

更新重置成本=直接成本+间接成本

直接成本是指购置全新的同种车型时直接可以构成车辆成本的支出部分。

它包括现行市场购置价格，加上运输费和办理入户手续时所交纳的各种税费，如车辆购置税、车船使用税、入户上牌费、保险费等。

间接成本是指购置车辆时所花费的不能直接计入购置成本中的那部分成本。

如购置车辆发生的管理费、专项贷款发生的利息、洗车费、美容费、停车管理费等。

在实际的评估作业中，间接成本可忽略不计。

(2) 重置成本的估算。

① 直接询价法：查询当地新车市场上，被评估车辆处于全新状态下的现行市场售价。

② 账面成本调整法：对于那些无法从现行市场上寻找到重置成本的车型，如淘汰产品或是进口车辆，也可根据汽车市场的物价变动指数调整得到旧机动车的重置成本。

重置成本＝账面原始成本×(车辆鉴定估价日的物价指数/车辆购买日的物价指数)

重置成本＝账面原始成本×(1＋车辆购买日到鉴定估价日的物价变动指数)

3. 成新率的估算方法

成新率是指被评估车辆新旧程度的比率。

旧机动车成新率是表示旧机动车的功能或使用价值占全新机动车的功能或使用价值的比率。

它与有形损耗一起反映了同一车辆的两个方面。

成新率和有形损耗率的关系是

成新率＝1－有形损耗率

成新率有如下估算方法。

(1) 年限法。

成新率＝(规定使用年限－已使用年限)÷规定使用年限×100%

车辆已使用年限是指从车辆登记日到评估基准日所经历的时间(进口车辆登记日为其出厂日)。

车辆规定使用年限是指《汽车报废标准》中规定的使用年限。

已使用年限计量的前提条件是车辆的正常使用条件和正常使用强度。在实际评估中，运用已使用年限指标时，应特别注意车辆的实际使用情况，而不是简单的日历天数。例如，对于某些以双班制运行的车辆，其实际使用时间为正常使用时间的两倍，因此该车辆的已使用年限，应是车辆从开始使用到评估基准日所经历时间的两倍。

(2) 综合分析法。综合分析法是以使用年限法为基础，综合考虑车辆的实际技术状况、维护保养情况、原车制造质量、工作条件及工作性质等多种因素对旧机动车价值的影响，以系数调整成新率的一种方法。

成新率＝(规定使用年限－已使用年限)÷规定使用年限×综调系数×100%

综合调整系数可参考表5-2中推荐的数据，用加权平均的方法确定。

使用综合分析法鉴定评估时要考虑的因素如下。

车辆的实际运行时间、实际技术状况；车辆使用强度、使用条件、使用和维护保养情况；车辆的原始创造质量；车辆的大修、重大事故经历；车辆外观质量等。

综合分析法较为详细地考虑了影响二手车价值的各种因素，并用一个综合调整系数指标来调整车辆成新率，评估值准确度较高，因而适用于具有中等价值的二手车评估。这是旧机动车鉴定评估最常用的方法之一。

（3）行驶里程法。车辆规定行驶里程是指按照《汽车报废标准》规定的行驶里程（老标准中规定为45万km）。此方法与使用年限法相似，在按照行驶里程法计算成新率时，一定要结合旧机动车本身的车况，判断里程表的记录与实际的旧机动车的物理损耗是否相符，防止由于人为变更里程表所造成的误差。

由于里程表容易被人为变更，因此，在实际应用中，较少采用此方法。

（4）部件鉴定法也称技术鉴定法。是指对二手车评估时，按其组成部分对整车的重要性和价值量的大小来加权评分，最后确定成新率的一种方法。

基本步骤如下所示。

① 将车辆分成若干个主要部分，根据各部分建造成本占车辆建造成本的比重，按一定百分比确定权重。

② 以全新车辆各部分的功能为标准，若某部分功能与全新车辆对应部分的功能相同，则该部分的成新率为100%；若某部分的功能完全丧失，则该部分的成新率为0。

③ 根据若干部分的技术状况给出各部分的成新率，分别与各部分的权重相乘，即得某部分的权分成新率。

④ 将各部分的权分成新率相加，即得到被评估车辆的成新率。

在实际评估时，应根据车辆各部分价值量占整车价值的比重，调整各部分的权重。

部件鉴定法费时费力，车辆各组成部分权重难以掌握，但评估值更接近客观实际，可信度高。它既考虑了车辆的有形损耗，也考虑了车辆由于维修或换件等追加投资使车辆价值发生的变化。这种方法一般用于价值较高的车辆的价格评估。

（5）整车观测法。整车观测法主要是通过评估人员的现场观察和技术检测，对被评估车辆的技术状况进行鉴定、分级，以确定成新率的一种方法。

运用整车观测法应观察、检测或搜集的技术指标如下所示。

① 车辆的现时技术状态。

② 车辆的使用时间及行驶里程。

③ 车辆的主要故障经历及大修情况。

④ 车辆的外观和完整性等。

运用整车观测法估测车辆的成新率，要求评估人员必须具有一定的专业水平和相当的评估经验。这是运用整车观测法准确判断车辆成新率的基本前提。整车观测法的判断结果没有部件鉴定法准确，一般用于中、低价值车辆成新率的初步估算，或作为利用综合分析法确定车辆成新率的参考依据。

（6）综合成新率法。前面介绍的使用年限法、行驶里程法和部件鉴定法（也称技术鉴定法）3种方法计算的成新率分别称为使用年限成新率、行驶里程成新率和现场查勘成新率。这3个成新率的计算只考虑了旧机动车的一个因素。因而就它们各自所反映的机动车的新旧程度而言，是不完全也是不完整的。

为了全面地反映旧机动车的新旧状态，在对旧机动车进行鉴定评估时，可以采用综合成新率来反映旧机动车的新旧程度，即将使用年限成新率、行驶里程成新率和现场查勘成新率分别赋以不同的权重，计算三者的加权平均成新率。这样，就可以尽量减小使用单一因素计算成新率给评估结果所带来的误差。因而是一种较为科学的方法。

其数学计算公式为

$$综合成新率\ N=N_1\times40\%+N_2\times60\%$$

式中

N_1——机动车理论成新率。

N_2——机动车现场查勘成新率。

$$N_1=\eta_1\times50\%+\eta_2\times50\%$$

η_1 为机动车使用年限成新率

η_1=(机动车规定使用年限－已使用年限)÷机动车规定使用年限×100%

η_2 为机动车行驶里程成新率

η_2=(机动车规定行驶里程－已行驶里程)÷机动车规定行驶里程×100%

N_2 由评估人员根据现场查勘情况确定。

可见，综合成新率的确定，必须以现场技术查勘、核实为基础。实际操作时，把被评估车辆的基本情况、技术状况的主要内容和查勘鉴定结论编制成《车辆状况调查表》，由评估人员查勘后填写。

有了《车辆成新率评定表》，就可以根据车辆成新率评定表，确定综合成新率。例：使用综合成新率法评估车辆综合成新率 N 的确定

$$\begin{aligned}N&=N_1\times40\%+N_2\times60\%\\&=91\%\times40\%+83\%\times60\%\\&=36.4\%+49.8\%\\&=86.2\%\end{aligned}$$

几种成新率估算方法的应用场合。

(1) 使用年限法、行驶里程法一般适用于价值量较低的车辆的评估。

(2) 综合分析法一般适用于中等价值的车辆的评估。

(3) 部件鉴定法适用于价值较高的机动车辆的评估。

(4) 整车观测法则主要用于中、低等价值的旧机动车的初步估算，或作为综合分析法鉴定估价要考虑的主要因素之一。

4.3.4　折扣率的估算

上述成新率的估算方法往往只是考虑了一种因素，如使用年限法计算的成新率仅仅考虑了使用年限因素对车辆的实体性损耗的影响。行驶里程法仅考虑了行驶里程因素所导致的损耗，部件鉴定法虽然考虑了各个部件的损耗情况，但却没有充分考虑到年限以及行驶里程对车辆价值的影响。

因此如果采用公式：评估值=重置成本×成新率，计算得到的数值作为被评估车辆的价值，显然是不准确的。为了避免单一因素成新率计算的不足，现以一个折扣率来衡量其他因素对车辆价值影响的大小。

折扣率的估算根据市场同种车型的供求关系、宏观经济政策和对车价变化的未来预期以及市场实现的难易等因素，由旧机动车估价师依据评估经验进行判定。

4.4 收益现值法

当汽车作为生产资料而非消费资料时，即营业性汽车评估时，时常会考虑汽车的使用收益问题。采用收益现值法对旧汽车进行评估所确定的价值，是指为获得该汽车以取得预期收益的权利所支付的货币额。

4.4.1 收益现值法评估步骤

1. 收益现值法的基本原理

收益现值法是基于这样的假设，即人们之所以购买某辆车，主要是考虑这辆车能为自己带来一定的收益。采用收益现值法对二手车辆进行评估所确定的价值是指为获得该机动车辆以取得预期收益的权利所支付的货币总额，它是以车辆投入使用后连续获利为基础的。如果某车辆的预期收益小，车辆的价格就不可能高，反之车辆的价格肯定就高。

收益现值法是将被评估的车辆在剩余寿命期内的预期收益用适用的折现率折现为评估基准日的现值，并以此确定评估价格的一种方法。

采用收益现值法对二手车辆进行评估所确定的价值，是指为获得该机动车辆以取得预期收益的权利所支付的货币总额。

投资者投资购买车辆时，一般要进行可行性分析，其预计的内部回报率只有在超过评估时的折现率时才肯支付货币额来购买车辆。应该注意的是，运用收益现值法进行评估时，是以车辆投入使用后连续获利为基础的。在机动车的交易中，人们购买的目的往往不在于车辆本身，而是车辆获利的能力。因此该方法较适用投资营运的车辆。

2. 收益现值法评估步骤

(1) 搜集有关营运汽车收入和费用的资料。

(2) 充分调查了解被评估汽车的技术状况，估算潜在毛收入。

(3) 估算有效毛收入。

(4) 估算运营费用。

(5) 估算净收益。

(6) 确定折现率。

(7) 选用适宜的计算公式求出评估值。

收益现值法是将被评估的车辆在剩余寿命期内预期收益用适当的折现率折现为评估基准日的现值，并以此确定评估价格的一种方法。收益现值法是根据“将利求本”的思路，采用本金化和折现的思路及其方法来判断和估算二手车交易价值的评估技术过程。收益现值法基于如下假设，即任何一个理智的投资者在购置或投资于某一资产时，他所愿意支付或投资的货币数额不会高于他所购置或投资的资产在未来能给他带来的回报，即收益额。收益现值法正是利用投资回报和收益折现等技术手段，把评估对象的预期产出能力和获利能力作为评估标准来估测评估对象的价值。

3. 运用收益法的前提条件

并非所有资产的评估都可采用收益法，运用收益法评估资产的价值需要满足一定的前提条件。

(1) 资产的收益可以用货币计量。收益法是从产生收益的能力角度来评估一项资产的，因此它只适用于能直接产生收益，或者说有现金流量的资产。对于那些虽然有持续效用但不能产生现金流量的资产，如公益性资产以及不能单独计算收益的单台(件)设备等资产，就不能由收益法得到正确评估。

(2) 资产所有者承担的风险也能用货币计量。即被评估资产的风险报酬率也能够计算。因为资产的价值不仅取决于预期收益，还取决于其风险报酬率的高低。如果一项资产的预期收益很高，但它的风险也很大，投资者就会要求较高的风险补偿，那么该资产的现值就不一定高。反之，如果一项资产的预期收益并不高，但其收益稳定，风险极小，投资者对风险补偿的要求就不会高，那么该资产的现值也就不一定低。

4.4.2　收益现值法评估值的计算

收益现值法的基本计算公式可以根据资产未来收益是有限期还是无限期进行分类，也可以根据每期收益是等额还是不等额进行分类。

1. 收益现值法中各评估参数的确定

(1) 剩余使用寿命期的确定。剩余使用寿命期指从评估基准日到车辆到达报废的年限。如果剩余使用寿命期估计过长，就会高估车辆价格；反之，则会低估价格。因此，必须根据车辆的实际状况对剩余寿命做出正确的评定。对于各类汽车来说，该参数按《汽车报废标准》确定是很方便的。

(2) 预期收益额的确定。收益法中，收益额的确定是关键。

收益额是指由被评估对象在使用过程中产生的超出其自身价值的溢余额。

对于预期收益额的确定应把握两点。

① 预期收益额指的是车辆使用带来的未来收益期望值，是通过预测分析获得的。无论对于所有者还是购买者，判断某车辆是否有价值，首先应判断该车辆是否会带来收益。对其收益的判断，不仅仅是看现在的收益能力，更重要的是预测未来的收益能力。

② 计量收益额的指标，以企业为例，目前有几种观点。

第一，企业所得税后利润。

第二，企业所得税后利润与提取折旧额之和扣除投资额。

第三，利润总额。

为估算方便，推荐选择第一种观点，目的是准确反映预期收益额。

收益率越高，意味着单位资产的增值率越高，在收益一定的情况下，所有者拥有资产价值越低。

在计量折现率时必须考虑风险因素的影响，否则，就可能过高地估计车辆的价值。一般来说，折现率应包括无风险收益率和风险报酬率两个方面的风险因素。即

$$折现率=无风险收益率+风险报酬率$$

特别提示

折现率与利率的区别

折现率与利率不完全相同，利率是资金的报酬，折现率是管理的报酬。

利率只表示资产(资金)本身的获利能力，而与使用条件、占用者和使用用途没有直接联系；折现率则与车辆以及所有者使用效果有关。

折现率一般不好确定。其确定的原则应该起码不低于国家银行存款的利率。

因此实际应用中，如果其他因素不好确定时，可取折现率=利率。

2. 收益期限的确定

收益期限是指资产能够产生资产净收益的年限；由评估人员根据资产未来的获利能力、资产损耗情况、法律规定等因素确定。

如无特殊情况，资产使用比较正常且没有对资产的使用年限进行限定，或者这种限定是可以解除的，并可以通过延续方式永续使用，则可假定收益期为无限期。如果资产的收益期限受到法律、合同等规定的限制，则应以法律或合同规定的年限作为收益期。当资产没有规定收益期限的，也可按其正常的经济寿命确定收益期，即资产能够给其拥有者带来最大收益的年限。当继续持有资产对拥有者不再有利时，从经济上讲该资产的寿命也就结束了。

对于二手车的收益期限主要指的是剩余经济寿命期，即从评估基准日到车辆到达报废的年限。如果剩余经济寿命期估计过长，就会高估车辆价格；反之，则会低估价格。因此，须根据车辆的实际状况对剩余寿命做出正确的评定。对于各类汽车来说，该参数按《汽车报废标准》确定是很方便的。

根据上述分析，预期收益的测算事实上是基于对过去历史数据的分析，同时考虑资产在未来可能发生的有利和不利因素，来确定资产的预期收益。但是当一项资产有多种用途时，例如一宗房地产，就应按其最佳用途来确定未来预期收益。

预测资产未来收益的方法主要有时间序列法和因素分析法。

时间序列法是建立资产以往收益的时间序列方程，然后假定该时间序列将会持续。时间序列方程是根据历史数据，用回归分析的统计方法获得的。如果在评估基准日之前，资产的收益随着时间的推移，呈现出平稳增长趋势，同时预计在评估基准日之后这一增长趋势仍将保持，则适合采用时间序列方法来预测资产的未来收益。

收益现值法在二手车评估运用中，收益额的确定是关键。收益额是指由被评估对象在使用过程中产生的超出其自身价值的溢余额。对于收益额的确定应把握两点。

(1) 收益额指的是车辆使用带来的未来收益期望值，是通过预测分析获得的。无论对于所有者还是购买者，判断某车辆是否有价值，首先应判断该车辆是否会带来收益。对其收益的判断，不仅仅是看现在的收益能力，更重要的是预测未来的收益能力。

(2) 收益额的构成，以企业为例，目前有几种观点：第一，企业所得税后利润；第二，企业所得税后利润与提取折旧额之和扣除投资额；第三，利润总额。

为了估算收益额方便起见，针对二手车的评估特点与评估目的，推荐选择第一种观点，目的是准确反映预期收益额。为了避免计算错误，一般应列出车辆在剩余寿命期内的现金流量表。

3. 折现率的确定

折现率是将未来的预期收益折算成现值的比率，在内含上折现率可被视为投资中对收益流要求的回报率，需考虑投资的机会成本和收益的不确定性，因此折现率一般由无风险报酬率与风险报酬率组成，可用公式表示为

折现率＝无风险报酬率＋风险报酬率

当其他条件相同时，收益增长越快的资产价值就越高。因此需要将未来收益增长率从折现率中扣除。只有当资产的年收益增长率为零时，折现率才与资本化率相等。

在实务中，由于两个方面的原因，不会出现未来收益增长率超过折现率的现象。一是任何企业都不可能永远保持高速增长；二是高增长意味着高风险，即需要较高的风险报酬率。

在收益法运用中，关键是折现率的确定。确定折现率的方法有加和法、资本成本加权法和市场法等。

加和法认为折现率包含无风险报酬率与风险报酬率两个部分，每一部分可分别求取，然后相加即得到折现率。无风险报酬率的确定比较容易，政府债券收益率常被用作测量无风险收益率的替代值。通常认为政府短期债券(如3个月期限的国库券)是最没有风险的投资对象，但是对资产评估而言，最好用较长期的政府债券利率(1年或1年以上)作为基本收益率。尽管长期债券在评价变现方面有一定风险，但由于评估通常涉及基于长期收益趋势的资产，因此，选择长期债券利率作为无风险报酬率更具可比性和相关替代性。

所谓样本资产，是指与被评估资产在行业、销售类型、收益水平、风险程度、流动性等方面相类似的资产。同时市场法要求尽可能多的样本，否则不能准确反映市场对某项投资回报的普遍要求。市场法的具体运用需视具体评估对象而定。例如对房地产评估可采用租价比法，对企业价值评估可采用市盈率法。

利率只表示资产(资金)本身的获利能力，而与使用条件、占用者和使用用途没有直接联系，折现率则与车辆以及所有者使用效果有关。一般来说，折现率应包含无风险利率、风险报酬率和通货膨胀率。无风险利率是指资产在一般条件下的获利水平，风险报酬率则是指冒风险取得报酬与车辆投资中为承担风险所付代价的比率。风险收益能够计算，而为承担风险所付出的代价却不好确定，因此风险收益率不容易计算出来，只要求选择的收益率中包含这一因素即可。

每个行业，每个企业都有具体的资金收益率。因此在利用收益法对机动车评估选择折现率时，应该进行本企业、本行业历年收益率指标的对比分析。但是，最后选择的折现率应该起码不低于国家债券或银行存款的利率。

此外还应注意，在使用资金收益率这一指标时，要充分考虑年收益率的计算口径与资金收益率的口径是否一致。若不一致，将会影响评估值的正确性。

4.4.3 采用收益现值法的优缺点

收益现值法是从资产的获利能力角度来确定资产的价值的，它最适宜于那些形成资产的成本费用与其获利能力不对称，以及成本费用无法或难以准确计算的资产。例如企业整

体资产、无形资产、资源性资产的价值评估。但是收益现值法也具有一定的局限性。首先，收益现值法的运用需具备一定的前提条件，对于没有收益或收益无法用货币计量以及风险报酬率无法计算的资产，该方法无法使用。其次，收益现值法的操作含有较大成分的主观性，例如对未来收益的预测、对风险报酬率的确定等，从而使评估结果较难把握。

虽然从理论上讲收益现值法的计算公式十分完美，但是如果所使用的假设条件和基于假设条件选取的数据存在问题，那么由此进行的预测也不可能准确，评估结果也就毫无意义。因此在收益现值法运用中如何坚持资产评估的客观、公正原则是十分重要的，它既需要评估人员具有科学的态度，又需要掌握预测收益和确定风险报酬率的正确方法。此外，收益现值法的运用也需具备一定的市场条件，否则一些数据的选取就会存在困难。例如在证券市场不完善的情况下，系数的准确性、适用性就会存在一定问题。同样，在市场机制不健全的市场中，对未来收益的预测由于不确定性因素太多，也较困难。

特别提示

收益现值法的优缺点

(1) 采用收益现值法的优点是：① 与投资决策相结合，容易被交易双方接受；② 能真实和较准确地反映车辆本金化的价格。

(2) 采用收益现值法的缺点是：预期收益额预测难度大，受较强的主观判断和未来不可预见因素的影响。

4.4.4 收益现值法评估应用举例

应用实例 4-3

某人拟购置一台较新的普通桑塔纳车用作个体出租车经营使用，经调查得到以下各数据和情况：车辆登记之日是 1997 年 4 月，已行驶里程数 1.3 万 km，目前车况良好，能正常运行。如用于出租使用，全年可出勤 300 天，每天平均毛收入 450 元。评估基准日是 1999 年 2 月。试用收益现值法估算该车的价值。

分析：从车辆登记之日起至评估基准日止，车辆已投入运行 2 年。根据行驶里程数和车辆外观和发动机等技术状况看来，该车辆原投入出租营运，还算正常使用、维护之列。根据国家有关规定和车辆状况，车辆剩余使用寿命为 6 年。

预期收益额的确定思路是：将一年的毛收入减去车辆使用的各种税和费用，包括驾驶人员的劳务费等，以计算其税后纯利润。

根据目前银行储蓄年利率、国家债券、行业收益等情况，确定资金预期收益率为 15%，风险报酬率 5%，具体计算步骤如下：

(1) 确定车辆的剩余使用年限 6 年。

(2) 估测车辆的预期收益：

① 预计年收入：450×300=13.5 万元

② 预计年支出：

a. 每天耗油量 75 元，年耗油量为 75×300=2.25 万元；

b. 日常维修费 1.2 万元；

c. 平均大修费用 0.8 万元；

d. 牌照、保险、养路费及各种规费、杂费 3.0 万元；

e. 人员劳务费 1.5 万元；

f. 出租车标付费 0.6 万元；

g. 故年毛收入为：13.5－2.25－1.2－0.8－3.0－1.5－0.6＝4.15 万元；

h. 按个人所得税条例规定年收入在 3 万～5 万元之间，应缴纳所得税率为 30%。

故车辆的年纯收益额为

$$4.15\times(1-30\%)=2.9\text{万元}$$

③ 确定车辆的折现率。该车剩余使用寿命为 6 年，预计资金收益率为 15%，再加上风险率 5%，故折现率为 20%。

④ 计算车辆的评估值。假设每年的纯收入相同，则由收益现值法公式求得收益现值，即评估值。

应用实例 4-4

某单位欲购置一辆轻型客车作载客营运使用。该车已使用了 5 年，行驶了 24 万 km，目前车况正常。试利用收益现值法估算该车的价值。

(1) 确定车辆的剩余使用年限。根据国家的有关规定和车辆目前的状况，可确定车辆的剩余使用寿命为 5 年。

(2) 估测车辆的预期收益。根据对行业内类似营运车辆的调查，此类车营运时的收入及支出数据情况如下。

① 此型车全年可工作 300 天左右，每天平均收入 400 元，预计年收入为

300×400 元＝120 000 元

② 此车平均每天油料支出为 60 元，年油料支出为

60 元×300＝18 000 元

③ 此车年维修费用平均支出 20 000 元。

④ 车辆的各种规费、杂费及人员劳务费等年平均支出 40 000 元。

⑤ 车辆的年折旧费用为 6 000 元。

⑥ 车辆的年毛收入为

120 000 元－18 000 元－20 000 元－40 000 元－6 000 元＝36 000 元

⑦ 按应缴纳税率为 30%计算，车辆的年收益额为

36 000 元×(1－30%)＋6 000 元＝31 200 元

(3) 确定车辆的折现率。根据对比分析，预计资金的年收益率为 3%，风险率为 5%，确定车辆的折现率为

$$3\%+5\%=8\%$$

(4) 确定车辆的评估值。如果车辆每年的纯收入相同，则由收益现值法求得收益现值，即车辆的评估值为

312 00 元×(P/A，8%，5)＝31 200 元×3.989 9≈124 485 元

上式中，(P/A，8%，5)为 8%，折现率为 5 年的折现系数，可查表取得，其值为 3.989 9。

4.5 清算价格法

1. 基本概念

清算价格法是以清算价格为标准，对二手车辆进行的价格评估。所谓清算价格，是指企业由于破产或其他原因，要求在一定的期限内将车辆变现，在企业清算之日预期出卖车辆可收回的快速变现价格，具体来说主要根据二手车技术状况，运用现行市价法估算其正常价值，再根据处置情况和变现要求，乘以一个折扣率或以竞拍的方式，最后确定评估价格。

2. 清算价格法的适用范围和前提条件

清算价格法适用于企业破产、抵押、停业清理时要售出的车辆。

1）企业破产

当企业或个人因经营不善造成的严重亏损，不能清偿到期债务时，企业应依法宣告破产，法院以其全部财产依法清偿其所欠的债务，不足部分不再清偿。

2）抵押

抵押是以所有者资产作抵押物进行融资的一种经济行为，是合同当事人一方用自己特定的财产向对方保证履行合同义务的担保形式。提供财产的一方为抵押人，接受抵押财产的一方为抵押权人。抵押人不履行合同时，抵押权人有权利将抵押财产在法律允许的范围内变卖，从变卖抵押物价款中优先受偿。

3）清理

清理是指企业由于经营不善导致严重亏损，已临近破产的边缘或因其他原因将无法继续经营下去，为弄清企业财务现状，对全部财产进行清点、整理和查核，为经营决策(破产清算或继续经营)提供依据，以及因资产损毁、报废而进行清理、拆除等的经济行为。

在上述3种经济行为中若有机动车辆进行评估，可用清算价格为标准。

以清算价格法评估车辆价格的前提条件有以下3点。

(1) 以具有法律效力的破产处理文件或抵押合同及其他有效文件为依据。

(2) 车辆在市场上可以快速出售变现。

(3) 所卖收入足以补偿因出售车辆的附加支出总额。

3. 决定清算价格的主要因素

在汽车评估中决定清算价格的有以下几项主要因素。

(1) 破产形式。如果企业丧失车辆处置权，出售的一方无讨价还价的可能，那么以买方出价决定车辆售价；如果企业未丧失处置权，出售车辆一方尚有讨价还价余地，那么以双方议价决定售价。

(2) 债权人处置车辆的方式。按抵押时的合同契约规定执行，如公开拍卖或收回己有。

(3) 清理费用。在破产等评估车辆价格时应对清理费用及其他费用给予充分的考虑。

(4) 拍卖时限。一般说时限长售价会高些，时限短售价会低些，这是快速变现原则所决定的。

(5) 公平市价。指车辆交易成交双方都满意的价格。在清算价格中卖方满意的价格。

4. 清算价格评估旧汽车的主要方法

清算价格评估旧汽车的主要方法有下列3种。

1) 现行市价折扣法

现行市价折扣法是指对清算汽车首先在旧机动车交易市场寻找一个相适应的参照物，然后根据快速变现的原则估定一个折扣率，并据此确定清算价格。

影响快速变现折扣系数大小的因素如下。

(1) 被评估车辆的市场接受程度是通用车型还是专用车型，例如运钞车就比一般的小客车难以变现。

(2) 要综合考虑车辆的欠费情况，欠费较多的车辆只能变换用途拆零出售，价格相对较低。

(3) 拍卖时限。变现时间的长短影响快速变现系数；变现时间越短，快速变现系数就越低。

通常快速变现系数小于1，但对用重置成本法年限计算成新率的、离报废年限只剩2.3年的通用型车辆(如桑塔纳、捷达)，如车况较好，则变现系数可能略大于1。

清算价格法虽然在清算运用时受许多条件的制约，但在实际运用中常利用其快速变现的特点，在确定评估拍卖底价时经常运用其原理。只不过在评估报告中说明采用评估方法时考虑规避风险，用重置成本法和市场比较法结合快速变现因素进行描述，不直接运用清算价格法。

例如，一辆旧桑塔纳普通型轿车，经调查类似的旧车在旧机动车交易市场上成交价在5万元左右，根据销售情况调查，折价20%可以当即出售。则该车的清算价格为5×(1−20%)=4万元。

例如，某市进行公车改革，采用公开拍卖的形式，连续在省内各大平面媒体刊登拍卖公告，说明竞买规则，拍卖各种车辆约800辆，预展7天。某评估机构对其进行价值评估，确定拍卖底价。

评估底价是利用清算价格法的原理，在市场比较法或重置成本法的基础上确定的，然后根据快速变现的要求分不同情况后再乘以各自的快速变现系数。例如，依维柯客车快速变现系数为0.6，奥迪五缸车虽然上牌时间比奥迪四缸车晚，退出市场的售价也比奥迪四缸车售价高，但由于故障率高、维修成本高，市场认可程度远不如奥迪四缸车，因此不论是拍卖底价还是成交价均低于奥迪四缸车。评估价、评估底价及快速变现系数如何确定需要评估人员通过市场操作经验的不断积累。

2) 模拟拍卖法

模拟拍卖法(也称意向询价法)，是根据向被评估汽车的潜在购买者询价的办法取得市场信息，最后经评估人员分析确定其清算价格的一种方法。用这种方法确定的清算价格受供需关系影响很大，要充分考虑其影响的程度。适用于常见车型，不常见车型要慎用。

例如，有一辆旧桑塔纳普通型轿车，拟评估其清算价格，评估人员经过对5个有购买意向的经纪人询价，其价格分别为4.5万元、4.6万元、4.7万元、4.8万元、4.9万元，其价格差异不大，评估人员确定清算价格为4.6万元。

又如有一辆旧94款林肯轿车，拟评估其清算价格，评估人员经过对3个有购买意向的经纪人询价，其价格分别为15万元、11万元、17万元，其价格差异较大，评估人员不能以此来确定清算价格。

3）竞价法

竞价法通常由法院或其他执法机构，按照法定程序或由卖方根据评估结果提出一个拍卖的底价，在公开市场上由买方竞价，谁出的价格高就卖给谁。现在我国许多地方对国有资产中的汽车转让采取这种方法。

清算价格法的应用在我国还处在一个不成熟的阶段，还缺少有力的实践依据，对买卖各方如何取得一个公平地位，清算价格的理论与实践都有待进一步完善。

5. 清算价格法评估应用举例

下面试举一例，说明利用清算价格法估算车辆清算价格的具体过程。

应用实例 4-5

某法院欲在近期内将其扣押的一辆轻型载货汽车拍卖出售。至评估基准日止，该汽车已使用了1年6个月，车况与其新旧程度相符。试评估该车的清算价格。

据了解，本次评估的目的属债务清偿，应采用的评估方法为清算价格法。根据被评估车辆的实际情况和所掌握的资料，决定首先利用重置成本法确定车辆在公平市场条件下的评估价格。然后，根据市场调查，按一定的折现率确定汽车的清算价格。

(1) 确定车辆的重置成本全价。据市场调查，全新的此型车目前的售价为5.5万元。根据相关规定，购置此型车时，要交纳10%的车辆购置附加费、3%的货运附加费，故被评估车辆的重置成本全价为

$$重置成本全价=55\,000元\times(1+10\%+3\%)=62\,150元$$

(2) 确定车辆的成新率。被评估车辆的价值不高，且车辆的技术状况与其新旧程度相符，故决定采用使用年限法确定其成新率。

根据国家规定，被评估车辆的使用年限为10年，折合为120个月。该车已使用年限为1年6个月，折合为18个月。故被评估车辆的成新率为

$$成新率=(1-0.15)\times100\%=85\%$$

(3) 确定被评估车辆在公平市场条件下的评估值。根据调查、了解，被评估车辆的功能性损耗及经济性损耗均很小，可忽略不计。故在公平市场条件下，该车的评估值为

$$62\,150元\times85\%\approx52\,828元$$

(4) 确定折扣率。根据市场调查，折扣率取75%时，可在清算日内出售车辆，故确定折扣率为75%。

(5) 确定被评估车辆的清算价格。车辆的清算价格$=52\,828元\times75\%=39\,621元$

4.6 成本折旧法

1. 折旧法概述

折旧法是计算固定资产折旧的方法。通常有以下几类。

① 平均年限法又称直线法。

② 服务寿命法。包括生产量折旧法和工作时间折旧法。

③ 加速折旧法。分为使用年限比例法、余款递减法和双倍余额递减法3种。

④ 全年折旧法。分为年金折旧法和偿债基金折旧法两种。

我国目前采取平均年限法和工作量法，计算、提取折旧。目前，多数企业使用的折旧率是由国家统一规定的综合折旧率。根据国家有关建设期利息计入固定资产价值的规定，项目综合折旧计算净残值为残值减去清理费用后的余额，各类固定资产净残值比例，为原价的3%～5%。

快速折旧法又称加速折旧法、递减折旧费用法，即每期计提的折旧费用，在前期提的较多，务必使它的成本在使用年限中尽早地得到补偿的一种计算折旧方法。常用的折旧法主要有双倍余额递减法和年数总和法两种。

加速折旧法的依据是效用递减，即固定资产的效用随着其使用寿命的缩短而逐渐降低，因此，当固定资产处于较新状态时，效用高，产出也高，而维修费用较低，所取得的现金流量较大；当固定资产处于较旧状态时，效用低，产出也小，而维修费用较高，所取得的现金流量较小，这样，按照配比原则的要求，折旧费用应当呈递减的趋势。

2. 折旧法评估的基本原理

1）机动车折旧的概念

折旧是固定资产的一个基本概念，是指企业的固定资产在预计的使用年限内由于磨损和损耗而逐渐转移的价值。这部分转移的价值是以折旧费的形式计入成本费用的，并从企业经营收入中得到补偿。

机动车作为固定资产，按照现行的财务制度应计提固定资产折旧。所谓机动车的折旧是指机动车随着时间的推移或者在使用中，由于损耗而转移到产品中的那部分价值。这部分价值从产品销售收入中逐年提取存入建立的机动车折旧基金中，用于当机动车不能使用或者不再使用时购置新的车辆，实现机动车的更新。

2）折旧法的基本原理

二手车折旧额是二手车所有者已经得到的价值补偿，剩下的价值才是二手车现有的价值，评估时应该以这个价值作为评估价。车辆鉴定评估时，如果发现车辆有限功能完全丧失，需要维修和换件时，还应该考虑扣减相应的维修费用，即

被评估二手车的评估值＝重置成本全价－累计折旧额－维修费用

3. 折旧法与重置成本法的区别

折旧法和重置成本法都是从二手车损耗角度出发来评价二手车的价值的，但两者区别很大，主要体现在以下几个方面。

1）规定使用年限与规定折旧年限的含义不同

规定使用年限不同于规定折旧年限。规定使用年限由《汽车报废标准》确定，是一个全国统一的标准；规定折旧年限是企业对某一类资产做出会计处理的统一标准，是一种高度政策化数字，对于该类资产中的每一项资产虽然具有普遍性、同一性和法定性，但不具有实际磨损意义上的个别性或特殊性。实际上，折旧年限表现为以下几个方面的特征。

（1）折旧年限是一个平均年限，对于同一类型的任何一项资产使用。

（2）它是在考虑损耗的同时，又考虑社会技术经济政策和生产力发展水平，有时甚至以它为经济杠杆，体现对某类资产鼓励或现值生产的政策。

(3) 它是以同类资产中各项资产运转条件相同的假定条件为前提的。这种情况下，同类型的资产，无论所在地如何，维护情况、运行状况如何，均使用同一的折旧年限。

(4) 折旧年限是一个预计使用年限。预计使用年限是指固定资产预计经济使用年限，通常少于固定资产的物质使用年限。在预计时应同时考虑有形损耗和无形损耗，在科技进步迅猛的现代社会，产品更新换代，无形损耗有时会大于有形损耗。因此，企业应结合本企业的具体经营规模和经营效益等情况，合理地确定固定资产的折旧年限。

在二手车评估中，鉴定评估人员可以根据估价目的合理地确定折旧年限，一般可用《汽车报废标准》中规定的使用年限代替预计使用年限。

2）两者的损耗含义不同

折旧是由损耗决定的，但折旧并不完全是真正意义上的实际磨损，而是企业根据国家有关规定，结合本企业的具体经营规模和经营特点等情况，在确定的固定资产折旧年限内，分摊固定资产原值而计提的折旧额。二手车实体有形损耗是指二手车在存放和使用过程中，由于自然力的作用而发生的损耗，是真正的实体磨损。

3）折旧额与实体性贬值意义不同

折旧额是会计账面上根据固定资产的原始价值和预计使用年限，按照选择的折旧方法合理地分摊固定资产的应提折旧总额。年限折旧法计算的折旧额与固定资产的实际使用强度没有联系。实体性贬值是指由于实体磨损而带来的贬值，不同于折旧额，不能用账面上累计折旧额代替实体性贬值。实体性贬值可以通过折旧作为转移价值，是在损耗的基础上确定的。

4）重置成本法中成新率的确定与折旧年限确定的基础损耗本身具有差异性

确定折旧年限的损耗包括有形损耗(实体性损耗)和无形损耗；而评估中确定成新率的损耗，包括实体性损耗、功能性损耗和经济性损耗。其中，功能性损耗只是无形损耗的一种形式，而不是无形损耗的全部。

4. *计算方法*

1）平均年限法

平均年限计算方法为

每年折旧额＝原值/预计使用年限

例如10万元的汽车预计使用10年，则每年应计算1万元的折旧。也就是说在第一年末，汽车的价值是9万元；第二年末，汽车的价值是8万元；以此类推。

2）工作量法

按照行驶的里程计算折旧

折旧额＝原值×(已经行驶的里程/预计使用里程)

例如10万元的汽车预计行驶里程为10万km，则每行驶1km提取1元的折旧。也就是说在行驶1万km后，汽车的价值是9万元；在行驶2万km后，汽车的价值是8万元；以此类推。

3）双倍余额递减法

双倍余额递减法是在不考虑固定资产残值的情况下，用直线法折旧率的两倍作为固定的折旧率乘以逐年递减的固定资产期初净值，得出各年应提折旧额的方法。就与加速折旧法类同，可在第一年折减较大金额。双倍余额递减法是加速折旧法的一种，是假设固定资产的服务潜力在前期消耗较大，在后期消耗较少，为此，在使用前期多提折旧，后期少提折旧，从而相对加速折旧的一种方法。

双倍余额递减法计算公式：

(1) 年折旧率＝2÷预计的折旧年限×100%，年折旧额＝固定资产期初账面净值×年折旧率。

(2) 月折旧率＝年折旧率÷12

(3) 月折旧额＝固定资产期初账面净值×月折旧率

(4) 固定资产期初账面净值＝固定资产原值－累计折旧－固定资产减值准备

实行双倍余额递减法计提的固定资产，应当在固定资产折旧年限到期以前两年内，将固定资产账面净值扣除预计净残值后的余额平均摊销。

例如10万元的汽车预计使用10年，折旧的百分比为20%。

第一年末汽车的剩余价值是8万元(10万－10万的20%)。

第二年末汽车的剩余价值是6.4万元(8万－8万的20%)。

第三年末汽车的剩余价值是5.12万元(6.4万－6.4万的20%)。

第四年末汽车的剩余价值是4.096万元。

第五年末汽车的剩余价值是3.277万元。

第六年末汽车的剩余价值是2.6214万元。

第七年末汽车的剩余价值是2.097万元。

第八年末汽车的剩余价值是1.678万元。

第九年末汽车的剩余价值是0.839万元。

第十年末汽车报废。

4) 年数总和法

年数总和法计算公式为

折旧额＝原值×(还可以使用的年限/使用年限总和)

例如10万元的汽车预计使用10年，使用年限总和＝10＋9＋8＋7＋6＋5＋4＋3＋2＋1＝55。

第一年末汽车的剩余价值是8.182万元[10万－10万×(10/55)]。

第二年末汽车的剩余价值是6.546万元[8.182万－10万×(9/55)]。

第三年末汽车的剩余价值是5.091万元[6.546万－10万×(8/55)]。

第四年末汽车的剩余价值是3.818万元。

第五年末汽车的剩余价值是2.727万元。

第六年末汽车的剩余价值是1.818万元。

第七年末汽车的剩余价值是1.091万元。

第八年末汽车的剩余价值是0.546万元。

第九年末汽车的剩余价值是0.182万元。

第十年末汽车报废。

按照以上4种方法计算的威志两厢各阶段的残值见表4-1。

表 4-1　威志两厢各阶段的残值

		平均年限法	工作量法	双倍余额递减法	年数总和法
威志两厢	基础价格	5.7868	5.7868	5.7868	5.7868
暂定使用 W/年限		10	10	10	10
第 1W/年	残值	5.21	5.21	4.63	4.73
第 2W/年	残值	4.63	4.63	3.70	3.79
第 3W/年	残值	4.05	4.05	2.96	2.95
第 4W/年	残值	3.47	3.47	2.37	2.21
第 5W/年	残值	2.89	2.89	1.90	1.58
第 6W/年	残值	2.31	2.31	1.52	1.05
第 7W/年	残值	1.74	1.74	1.21	0.63
第 8W/年	残值	1.16	1.16	0.97	0.42
第 9W/年	残值	0.58	0.58	0.78	0.32
第 10W/年	残值	报废	报废	报废	报废

习　题

1. 二手车价格评估的目的和任务是什么？
2. 简述现行市价法评估的步骤。
3. 简述重置成本法的优缺点。
4. 收益现值法的基本原理是什么？
5. 简述清算价格法的概念。
6. 简述成本折旧法的概念。

第5章

二手车的鉴定评估工作流程和案例

知识目标	了解二手车鉴定评估现状； 了解二手车评估工作中相关法律法规； 掌握并学会使用二手车评估相关的各种表格、凭证； 掌握二手车鉴定方法与评估流程； 学会正确撰写二手车鉴定评估报告书
技能目标	掌握二手车鉴定方法与评估流程，能对一些常见车型进行简单评估

本章导语

二手车鉴定评估工作流程，也称为二手车鉴定评估操作程序，是指二手车鉴定评估机构在承接具体的车辆评估业务时，从接受立项，受理委托到完成评估任务，出具鉴定评估报告全过程的具体步骤和工作环节。二手车鉴定评估工作程序具体的工作步骤如图5.1所示。

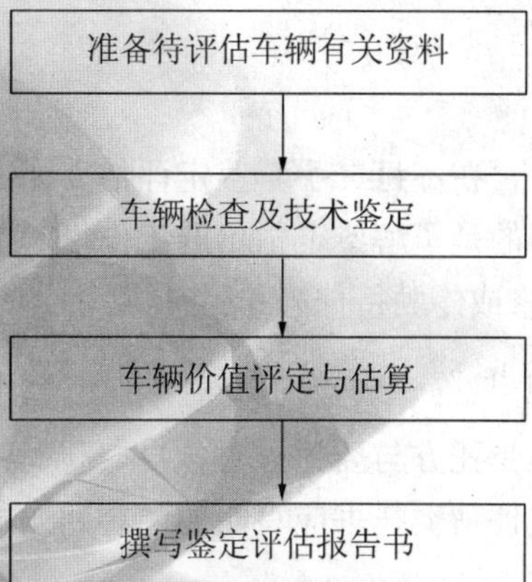

图5.1　二手车鉴定评估的工作程序

5.1 准备待评估车辆有关资料

准备待评估车辆有关资料即鉴定评估的前期准备工作，是指进行二手车鉴定评估前需要做的一系列工作，主要包括业务洽谈、实地考察、签订二手车鉴定评估委托书和拟定鉴定评估作业方案等。

1. 业务洽谈

业务洽谈是承接评估业务的第一步。与客户洽谈的主要内容有：车主基本情况、车辆情况、委托评估的意向和时间要求等。通过业务洽谈，应该初步了解下述情况。

1）车主基本情况

车主即二手车所有人，指车辆所有权的单位或个人。接受委托前应了解委托者是否是车主，是车主的则有车辆处置权，否则，无车辆处置权；同时还应了解车主单位(或个人)名称、隶属关系和所在地等。

2）车主要求评估的目的

评估目的是评估所服务的经济行为的具体类型，根据评估目的，选择计价标准和评估方法。一般来说，委托二手车交易市场评估的大多数是属于交易类业务的，车主要求评估价格的目的大都是作为买卖双方成交的参考底价。

3）估价对象及其基本情况

(1) 二手车类别，是乘用车，还是商用车等。

(2) 二手车名称、型号、生产厂家和出厂日期。

(3) 二手车初次注册登记日期和行驶里程。

(4) 新车来历，是市场上购买，还是走私罚没处理，或是捐赠免税车。

(5) 车籍，指车辆牌证发放地。

(6) 使用性质，是公务用车、商用车，还是专业运输车或是出租营运车。

(7) 手续是否齐全，是否年检。

对上述基本情况了解清楚以后，就可以做出是否接受委托的决定。如果接受委托，就要签订二手车鉴定评估委托书。

2. 实地考察

对于评估数量较多的业务，在签订二手车鉴定评估委托书之前，应安排到实地考察评估对象的情况。实地考察的目的是了解鉴定估价的工作量、工作难易程度和车辆现时状态(在用、已停放很久不用、在修或停驶待修)。

3. 签订二手车鉴定评估委托书

二手车鉴定评估委托书是受托方与委托方对各自权利责任和义务的协定，是一项经济合同性质的契约。二手车鉴定评估委托书应写明的内容和样式见表5-1。

表 5-1 二手车鉴定评估委托书

二手车鉴定评估委托书

委托书编号：

(评估公司名称)：

因 □ 交易 □ 转籍 □ 拍卖 □ 转换 □ 抵押 □ 担保 □ 咨询 □ 司法裁决

需要，特委托你所对车辆：牌照号：________

车架号：____________ 发动机号：____________进行鉴定并出具鉴定评估报告书

附：委托评估车辆基本信息

<table>
<tr><td>车　主</td><td colspan="2"></td><td>车主电话</td><td></td></tr>
<tr><td>车主证件号</td><td colspan="2"></td><td>经办人</td><td></td></tr>
<tr><td>地　址</td><td colspan="2"></td><td>联系电话</td><td></td></tr>
<tr><td rowspan="7">车辆情况</td><td>厂辆型号</td><td></td><td>所有权性质</td><td></td></tr>
<tr><td>载重量/座位/排量</td><td></td><td>燃料种类</td><td></td></tr>
<tr><td>初次登机日期</td><td></td><td>车辆颜色</td><td></td></tr>
<tr><td>已使用年限</td><td></td><td>累计行驶里程</td><td></td></tr>
<tr><td>发动机大修次数</td><td></td><td>整车大修次数</td><td></td></tr>
<tr><td colspan="4">维修情况：</td></tr>
<tr><td colspan="4">事故情况：</td></tr>
<tr><td rowspan="2">价值反映</td><td>购车日期</td><td></td><td>原始价格</td><td></td></tr>
<tr><td>车主报价</td><td colspan="3"></td></tr>
<tr><td colspan="5">备注：</td></tr>
</table>

说明：

1. 若被评估车辆使用用途曾为劳动车辆，需在备注栏内予以说明。

2. 委托主必须对车辆信息的真实性负责，不得隐瞒任何情节，且由此引起的法律责任及赔偿责任均由委托方……

二手车鉴定评估委托书必须符合国家法律、法规和资产评估业的管理规定。涉及国有资产占有单位要求申请立项的二手车鉴定评估业务，应由委托方提供国有资产管理部门关于评估立项申请的批复文件，经核实后，方能接受委托，签署委托书。

4. 拟定鉴定评估作业方案

鉴定评估方案是二手车鉴定评估机构根据二手车鉴定评估委托书的要求而制定的规划和安排。其主要内容包括：评估目的、评估对象和范围、评估基准日、安排具有鉴定评估资格的评估人员及协助评估人员工作的其他人员、现场工作计划、评估程序、评估具体工作和时间安排、拟采用的评估方法及其具体步骤等。

确定鉴定评估方案后，下达二手车鉴定评估作业表(表 5-2)，进行鉴定评估工作。

表 5-2　二手车鉴定评估报告作业表

车主	名　　称		联系电话	
	地　　址		联系人	
原始情况	厂牌型号		结构特点	
	发动机号		车架号	
	排　　量		座位数	
使用情况	初次登记日期	年　　月	车牌号码	
	已使用年限		使用性质	
	维修保养情况		现时状态	
	现时技术状况			
	事故情况			
手续情况	证　　件			
	税　　费			
鉴定估价目的				
评估说明				

5.2　车辆检查及技术鉴定

车辆检查及技术鉴定工作主要按照二手车鉴定评估作业表的项目进行，主要包括检查核对证件、被评估车辆的结构特点、鉴定现时技术状态并做出鉴定结论，给车辆拍照存档。

5.2.1　检查核对证件

核查证件是检验被鉴定评估车辆的证件资料，这些资料包括法定证件和税费两类。如对这些证件资料有疑问，应向委托方提出，由委托方向发证机关(单位)索取证明材料，或自行向发证机关(单位)查询核实。

1. 核查法定证件

法定证件主要有机动车来历证明、机动车行驶证、机动车登记证书、机动车号牌、道路运输证、机动车安全技术检验合格标志等。

(1) 机动车来历证明。机动车来历证明是二手车来源的合法证明。通过检查机动车来历证明可以及时发现该车是否合法、是否为涉案车辆，同时，登录公安机关交通管理部门“全国被盗抢汽车查询系统”，确认车辆为非盗抢车。杜绝盗抢车、走私车、拼装车和报废车的非法交易，避免二手车交易市场成为非法车辆销赃的场所，切实维护消费者的合法权益。

机动车来历证明主要包括以下几个方面。

① 在国内购买机动车的来历凭证，可分为新车来历证明和二手车来历证明。在国外购买的机动车，其来历凭证是该车销售单位开具的销售发票及其翻译文本。

新车来历证明是指经国家工商行政管理机关验证(加盖工商验证章)的机动车销售发票(即原始购车发票)。通常在购买新车时，可在当地的工商行政管理局机动车市场管理分局办理工商验证手续。

二手车来历证明是指经国家工商行政管理机关验证(加盖工商验证章)的二手车交易发票。二手车交易发票反映了即将交易的车辆曾是一辆已经交易过的合法使用的二手车。2005 年 10 月，《二手车流通管理办法》(见附录)颁布施行，全国统一了二手车销售发票，目前国内大部分地区都使用了新版的“二手车销售统一发票”(图 5.2)。

在统一发票之前，各地的旧车交易发票样式繁多，也造成了管理上的难度。因此国家税务总局决定，为适应二手车交易方式变化和强化税收征收管理的需要，统一二手车销售发票的式样。二手车发票从 2005 年 10 月 1 日开始启用，各地旧版发票同时停止使用。各地地税局印制的涉及二手车交易的服务业发票按上述时间同时启用。

国家税务总局明确规定，二手车经销企业、经纪机构和拍卖企业，在销售、中介和拍卖二手车收取款项时，必须开具二手车销售统一发票。二手车发票采用压感纸，为一式五联计算机票。计算机票第一联为发票联，印色为棕色；第二联为转移登记联，印色为蓝色；第三联为出入库联，印色为紫色；第四联为记账联，印色为红色；第五联为存根联，印色为黑色。

② 人民法院调解、裁定或者判决转移的机动车，其来历凭证是人民法院出具的已经生效的《调解书》、《裁定书》或者《判决书》以及相应的《协助执行通知书》。

③ 仲裁机构仲裁裁决转移的机动车，其来历凭证是《仲裁裁决书》和人民法院出具的《协助执行通知书》。

④ 继承、赠与、中奖和协议抵偿债务的机动车，其来历凭证是继承、赠与、中奖和协议抵偿债务的相关文书和公证机关出具的《公证书》。

⑤ 资产重组或者资产整体买卖中包含的机动车，其来历凭证是资产主管部门的批准文件。

⑥ 国家机关统一采购并调拨到下属单位未注册登记的机动车，其来历凭证是全国统一的机动车销售发票和该部门出具的调拨证明。

⑦ 国家机关已注册登记并调拨到下属单位的机动车，其来历凭证是该部门出具的调拨证明。

⑧ 经公安机关破案发还的被盗抢且已向原机动车所有人理赔完毕的机动车，其来历凭证是保险公司出具的《权益转让证明书》。

⑨ 更换发动机、车身、车架的来历凭证，是销售单位开具的发票或者修理单位开具的发票。

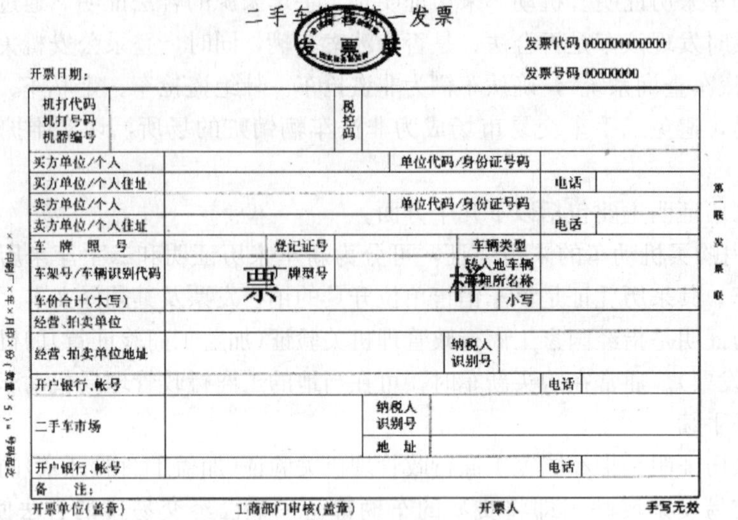

二手车销售统一发票

发票联

发票代码 000000000000

开票日期：

发票号码 00000000

机打代码 机打号码 机器编号		税控码			
买方单位/个人			单位代码/身份证号码		
买方单位/个人住址				电话	
卖方单位/个人			单位代码/身份证号码		
卖方单位/个人住址				电话	
车牌照号		登记证号		车辆类型	
车架号/车辆识别代码		厂牌型号		转入地车辆管理所名称	
车价合计(大写)				小写	
经营、拍卖单位					
经营、拍卖单位地址			纳税人识别号		
开户银行、帐号				电话	
二手车市场		纳税人识别号			
		地址			
开户银行、帐号				电话	
备注：					

开票单位(盖章)　工商部门审核(盖章)　开票人　手写无效

第一联 发票联

图 5.2　二手车销售统一发票

(2) 机动车行驶证。《机动车行驶证》是由公安车辆管理机关依法对车辆进行注册登记核发的证件。它是机动车取得合法行驶权的凭证。《中华人民共和国道路交通安全法》第十一条规定，《机动车行驶证》是车辆上路行驶必需的证件。在二手车鉴定评估的手续检查中，《机动车行驶证》也是检查二手车合法性的凭证之一。新版的机动车行驶证上标注有机动车的重要信息，如图 5.3 所示，通过查验机动车行驶证上的号牌号码、车辆识别代号、发动机号、车架号与车辆实物是否一致，是否有改动、凿痕、锉痕、重新打刻等情况，车辆颜色与车身装置是否与行驶证一致等项目可以初步判断二手车是否合法。

(a) 主页正面

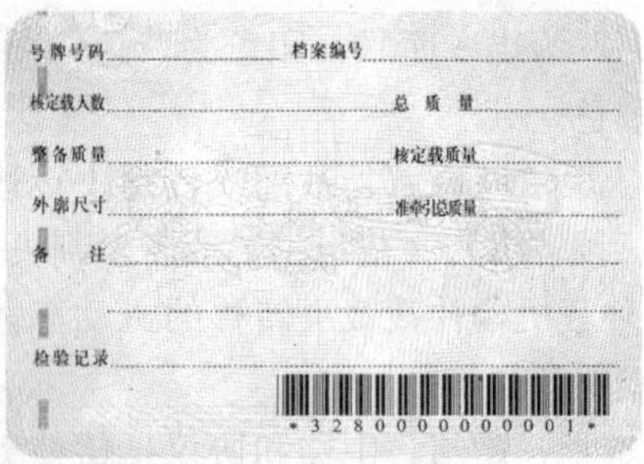

(b) 副页正面

图 5.3　机动车行驶证

(3) 机动车登记证书。《机动车登记证书》是由公安车辆管理部门核发和管理的，是机动车的"户口本"和所有权证明，具有产权证明的性质。所有机动车的详细信息及机动车所有人的资料都记载在上面(图 5.4)。当证书上所记载的原始信息发生变动时，机动车所有人应当及时到车辆管理所办理变更登记；当机动车所有权转移时，原机动车所有人应当将《机动车登记证书》作变更登记后将车交给现机动车所有人。因此，《机动车登记证书》是机动车从"生"到"死"的完整记录。

机动车登记证书编号：0000000000

注册登记摘要信息栏

Ⅰ	1. 机动车所有人/身份证明名称/号码					
	2. 登记机关		3. 登记日期		4. 机动车登记编号	

过户、转入登记摘要信息栏

Ⅱ	机动车所有人/身份证明名称/号码					
	登记机关		登记日期		机动车登记编号	
Ⅲ	机动车所有人/身份证明名称/号码					
	登记机关		登记日期		机动车登记编号	
Ⅳ	机动车所有人/身份证明名称/号码					
	登记机关		登记日期		机动车登记编号	
Ⅴ	机动车所有人/身份证明名称/号码					
	登记机关		登记日期		机动车登记编号	
Ⅵ	机动车所有人/身份证明名称/号码					
	登记机关		登记日期		机动车登记编号	
Ⅶ	机动车所有人/身份证明名称/号码					
	登记机关		登记日期		机动车登记编号	

第1页

注册登记机动车信息栏

5.车辆类型		6.车辆品牌		
7.车辆型号		8.车身颜色		
9.车辆识别代号/车乘号		10.国产/进口		
11.发动机号		12.发动机型号		
13.燃料种类		14.排量/功率	mL / kW	
15.制造厂名称		16.转向形式		
17.轮距	前　　后　　mm	18.轮胎数		
19.轮胎规格		20.钢板弹簧片数	后轴　　片	
21.轴距	mm	22.轴数		
23.外廓尺寸	长　　宽　　高　　mm			33.发证机关处
24.货厢内部尺寸	长　　宽　　高　　mm			
25.总质量　kg	26.核定载质量	kg		
27.核定载客　人	28.准牵引总质量	kg		
29.驾驶室载客　人	30.使用性质			34.发证日期
31.车辆获得方式	32.车辆出厂日期			

第2页

图 5.4　机动车登记证书

《机动车登记证书》是二手车鉴定评估人员必须认真查验的手续。《机动车登记证书》的内容比《机动车行驶证》更详细，一些评估参数必须从《机动车登记证书》获取，如使用性质、国产/进口等。2002年之前购买的汽车大部分都没有登记证书，在车辆交易的时候需要先到车辆管理部门进行补办。补办登记证书时需携带机动车所有人的身份证明和交验车辆，按以下要求补办：① 填写《补领、换领机动车牌证申请表》(表5－3)；②机动车所有人的身份证明；③属于补领《机动车登记证书》的，还需提交车辆识别代号(车架号码)拓印膜；④属于换领《机动车登记证书》的，应将原《机动车登记证书》交回；⑤因被行政执法部门依法没收并拍卖，或者被仲裁机构依法仲裁裁决，或者被人民法院调解、裁定、判决的机动车，现机动车所有人未得到《机动车登记证》的，需持行政执法部门、仲裁机构或者人民法院出具的证明，或者人民法院出具的《协助执行通知书》；⑥机动车所有人为自然人办理补领《机动车登记证书》业务的，应本人到场申请，不能委托他人代理。机动车所有人因死亡、出境、重病伤残或不可抗力等原因不能到场补领《机动车登记证书》的，应当出具有关证明。

(4) 机动车号牌。机动车号牌是由公安车辆管理机关依法对机动车进行注册登记核发

的号牌。它和机动车行驶证一同核发，其号码与行驶证一致。它是机动车取得合法行驶权的标志。《中华人民共和国道路交通安全法》中第十一条规定，机动车号牌应当按照规定悬挂并保持清晰、完整，不得故意遮挡、污损。目前，我国规定使用的机动车号牌是“九二”式号牌(按 GA 36—2007《中华人民共和国机动车号牌》标准制作)。

表 5-3　补领、换领机动车牌证申请表

机动车登记证书编号			号牌号码	
申请事项	□补领机动车号牌　□补领行驶证　□补领登记证书　□换领机动车号牌　□换领行驶证　□换领登记证书			
机动车所有人	姓名/名称		联系电话	
	住所地址		邮政编码	
	身份证明名称	号码	□常住人口　□暂住人口	
	居住，暂住证明名称		号码	
机动车	机动车品牌型号			
	车辆识别代号/车架号			
	发动机号码			
申请明细	相关凭证	□未得到登记证书证明　□《协助执行通知书》		
	补换领原因	□丢失　□灭失　□损坏　□未得到登记证书　□首次申领登记证书	机动车所有人签章： （个人签字/单位盖章） 年　月　日	
	补换领机动车号牌	□1面　□2面		
申请方式	□由机动车所有人申请 □机动车所有人委托　代理申请			
代理人	姓名/名称		联系电话	
	住所地址		代理人签章： （个人签字/单位盖章） 年　月　日	
	身份证明名称	号码		
代理人·经办人	姓　名			
	身份证明名称	号码		
	住所地址			
	签　字	年　月　日		

填表说明：

① 填写时使用黑色、蓝色墨水笔，字体工整；

② 标注有“□”符号的为选择项目，选择后在“□”中划“√”；

③ 机动车所有人的住所地址栏，属于个人的，填写实际居住的地址；属于单位的，填写组织机构代码证书上签注的地址；

④ 机动车栏的“机动车厂牌型号”、“车辆识别代码/车架号”、“发动机号码”项目，按照车辆的技术说明书、合格证等资料标注的内容与车辆核对后填写；

⑤ 申请方式栏，属于由机动车所有人委托代理单位或者代理人代为申请的，除在“□”内划“√”外，还应当在下划线处填写代理单位或者代理人的全称；

⑥ 机动车所有人的签字/盖章栏，属于个人的，由机动车所有人签字，属于单位的，加盖单位公章；

⑦ 代理人栏，属于个人代理的，填写代理人的姓名、住所地址、身份证明名称、号码，在代理人栏内签名，不必填写经办人姓名等项目；属于单位代理的，应填写代理人栏的所有内容，代理单位应盖单位公章，经办人应签字。

(5) 道路运输证。道路运输证是县级以上人民政府交通主管部门设置的道路运输管理机构对从事旅客运输(包括城市出租客运)、货物运输的单位和个人核发的随车携带的证件。营运车辆转籍过户时，应到运管机构及相关部门办理营运过户有关手续。道路运输证只有运营车辆才有，非运营车辆没有此证。

(6) 机动车安全技术检验合格标志。机动车必须进行安全技术检验，检验合格后，公安机关发放合格标志。根据《中华人民共和国道路交通安全法实施管理条例》规定，机动车检验合格标志应贴在机动车前窗右上角。若无合格标志或无效，则不能交易。

2. 核查税费

根据《二手车流通管理办法》规定，二手车交易必须提供车辆购置税、养路费、车船税和车辆保险费等税费缴付凭证。

1) 车辆购置税

车辆购置税是国家向所有购置车辆的单位和个人，包括国家机关和单位以纳税形式征收的一项费用。其目的是为解决发展公路运输事业与国家财力紧张的突出矛盾，筹集交通基础建设资金。车辆购置税是按车辆计税价的10%计征的，由车辆登记注册地的主管税务机关征收。它是购买车辆后支出的最大一项费用。

国家规定车辆购置税的征收和免征范围如下。

(1) 车辆购置税的征收范围。车辆购置税的具体征收范围依照《中华人民共和国车辆购置税暂行条例》所附《车辆购置税征收范围表》执行(表5-4)。

表5-4　车辆购置税征收范围表

应税车辆	具体范围	注　释
汽车	各类汽车	
摩托车	轻便摩托车	最高设计时速不大于50km/h，发动机气缸总排量不大于50cm^3的两个或者3个车轮的机动车
	二轮摩托车	最高设计车速大于50km/h，或者发动机气缸总排量大于50cm^3的两个车轮的机动车
	三轮摩托车	最高设计车速大于50km/h，或者发动机气缸总排量大于50cm^3，空车重量不大于400kg的3个车轮的机动车
电车	无轨电车	以电能为动力，由专用输电电缆线供电的轮式公共车辆
	有轨电车	以电能为动力，在轨道上行驶的公共车辆
挂车	全挂车	无动力设备，独立承载，由牵引车辆牵引行驶的车辆
	半挂车	无动力设备，与牵引车辆共同承载，由牵引车辆牵引行驶的车辆
农用运输车	三轮农用运输车	柴油发动机，功率不大于7.4kW，载重量不大于500kg，最高车速不大于40km/h的3个车轮的机动车
	四轮农用运输车	柴油发动机，功率不大于28kW，载重量不大于1500kg，最高车速不大于50km/h的4个车轮的机动车

(2) 车辆购置税的免税、减税范围。车辆购置税的免税、减税范围按下列规定执行。

① 外国驻华使馆、领事馆和国际组织驻华机构及其外交人员自用的车辆，免税。

② 中国人民解放军和中国人民武装警察部队列入军队武器装备订货计划的车辆，免税。

③ 设有固定装置的非运输车辆，免税。

④ 由国务院规定予以免税或者减税的其他情形的，按照规定免税或者减税。

⑤ 对于挖掘机、平地机、叉车、装载车(铲车)、起重机(吊车)、推土机这种车辆，免税。

2）养路费

养路费是交通管理部门规定车辆所有者在使用车辆所占道路应交纳的费用。它是国家按照“以路养路，专款专用”的原则，规定由公路主管部门向有车单位或个人征收的用于养路和改善公路的专项事业费。拥有车辆的单位和个人，必须按照国家规定，向公路管理部门按时缴纳养路费。缴纳养路费的车辆发给养路费缴讫证，免征的车辆也要有免缴证，此证是机动车通行公路的必备证件之一。《公路养路费征收管理规定》规定养路费的征收和减免范围如下。

(1) 养路费的征收范围。凡领有牌证(包括临时牌证、试车牌证)的各种客货汽车、特种车、专用车、牵引车、简易汽车(含家用运输车)、挂车、拖带的平板车；军队、公安、武警系统参加地方营业运输、承包民用工程及包租给地方单位和个人的汽车；军队、公安、武警系统内企业的汽车；外资企业、中外合资企业、中外合作企业的车辆；驻华国际机构和外国办事处的车辆；外国个人在华使用的车辆；临时入境的各种外籍车辆。

(2) 养路费的免征范围。按国家正式定编标准配备的县级以上(含县级)党政机关、学术团体和学校使用，并在国家预算内经费直接开支的五人座(含五人座)以下的小客车；外国使(领)馆自用的车辆；只在由城建部门修建和养护管理的市区道路固定线路上行驶的公共汽车、电车(不包括任何出租车)；经省级公路主管部门核定设有固定装置的城市环卫部门的清洁车、洒水车，医疗卫生部门专用救护车、防疫车、采血车，环保部门的环境监测车，公安、司法部门的警车、囚车(设有囚箱)、消防车，防汛部门的防汛指挥车，铁路、交通邮电部门的战备专用微波通信车；由国家预算内国防费开支的军事装备性车辆；公路和城市道路养护管理部门的养路专用车辆；经县级公路主管部门核定完全从事田间作业的拖拉机和畜力车；矿山、油田、林场内完全不行驶公路的采矿自卸车，油田设有固定装置的专用生产车，林场的积材车。

本条首款所列车辆如果改变使用性质、超出使用范围、变更使用单位、参加营业运输的应缴纳全额养路费。

(3) 对下列车辆暂定减征养路费，但在改变减征条件、超出减征范围时，应缴纳全额养路费。① 上述养路费免征范围中核定单位的货车和五座以上(不含五人座)的客车减半征收；②由专用单位自建、自养的专用公路(不包括生产作业道路)，其单线里程在20km以上的农场、林场、油田等单位，可根据其车辆跨行公路情况，适当减征20%～60%；③上述养路费免征范围中规定的公共电车、汽车跨行公路在10km以内的按费额的1/3计征，跨行公路10km以上，20km以下的按1/2计征，跨行公路20km以上的按全额计征。

3）养路费的征收方式

(1) 按费率计征：对具有养路费的按费率和费额两种方式征收。健全运输计划、行车记录、统计资料，能准确反映营运收入总额，并实行独立经济核算的专业公路运输企业，按营运收入总额和规定的费率标准计征。各地养路费征收费率标准定为营运收入总额的

12%～15%。

(2) 按费额计征：除规定按费率计征的车辆以外，其余车辆均按规定载重吨位(畜力车按套，摩托车按二轮、三轮)和规定的费额标准计征。

2. 车船税

车船税征收依据是2007年1月1日起实施的《中华人民共和国车船税暂行条例》[国务院令第482号]。根据规定，凡在中华人民共和国境内，车辆、船舶(以下简称车船)的所有人或者管理人为车船税的纳税人，应当依照本条例的规定缴纳车船税。车船税由地方税务机关负责征收。以北京市为例，现行车船税征收标准见表5-5。

车船税法调整的动向一直备受关注。2011年2月25日十一届全国人大常委会第十九次会议通过了新车船税法，根据车船税法，乘用车车船税按照排气量划分为7个档次。乘用车车船税年基准税额从1.0L以下的60元至360元，到4.0L以上的3600元至5400元，最大差距将达到90倍。对节能、新能源等车船，新通过的车船税法明确规定可以减征或者免征车船税。对受严重自然灾害影响纳税困难以及有其他特殊原因确需减税、免税的，可以减征或者免征车船税。具体办法由国务院规定，并报全国人大常委会备案。车船税法规定，车辆的具体适用税额由省、自治区、直辖市人民政府依照本法规定的税额幅度和国务院的规定确定。

新车船税法自2012年1月1日起施行，2006年12月29日公布的《车船税暂行条例》同时废止。

表5-5　北京市车船税税目税额表

税目		计税单位	每年税额	备注
载客汽车	大型客车	每辆	600元	包括：电车
	中型客车	每辆	540元	
	小型客车	每辆	480元	
	微型客车	每辆	300元	
载货汽车		按自重每吨	96元	包括：半挂牵引车、挂车
专项作业车轮式专用机械车		按自重每吨	96元	
三轮汽车低速货车		按自重每吨	60元	
摩托车		每辆	120元	
船舶	净吨位小于或者等于200t	每吨	3元	拖船和非机动驳船分别按船舶税额的50%计算
	净吨位201t至2000t	每吨	4元	
	净吨位2001t至10000t	每吨	5元	
	净吨位10001t及其以上	每吨	6元	

注：车辆自重尾数在0.5t以下(含0.5t)的，按照0.5t计算；超过0.5t的，按照1t计算。船舶净吨位尾数在0.5t以下(含0.5t)的不予计算，超过0.5t的按照1t计算。1t以下的小型车船，一律按照1t计算。

3. 机动车保险费

机动车保险是各种机动车在使用过程中发生肇事车辆造成车辆本身以及第三者人身伤亡和财产损失后的一种经济补偿制度。机动车保险费是为了防止机动车发生意外事故，为转嫁风险，避免用户发生较大损失而向保险公司所交付的与保险责任相适应的费用。机动车保险实际上是一种运用社会集体的力量，共同建立规避风险基金进行补偿或给付的经济保障。我国机动车保险险种分为基本险和附加险两大类。所谓基本险是指可以单独投保和承保的险别。所谓附加险是指不能单独投保和承保的险别。投保人只能在投保基本险的基础上，根据自己的需要选择加以投保。基本险和附加险又分别有不同险种。基本险(又称为主险)分为车辆损失险、第三者责任险和车辆盗抢险(其中，车辆盗抢险是从 2007 年 4 月 1 日起由附加险升级为主险的)。机动车附加险又分为车上责任险、无过失责任险、车载货物掉落责任险、玻璃单独破碎险、车辆停驶损失险、自燃损失险、新增设备损失险和不计免赔特约险。基本险与附加险有这样的关系：如果附加险的条款和基本险条款发生抵触，抵触之处的解释以附加险条款为准；如果附加险条款未作规定，则以基本险条款为准。保险人按照承保险别分别承担保险责任。

1）车辆损失险

车辆损失险是指保险车辆遭受保险责任范围内的自然灾害(不包括地震)或意外事故，造成保险车辆本身损失，保险人依据保险合同的规定给予赔偿的保险，是一种车主自愿购买的险种。车辆损失险是一种商业险种，不是强制性购买的。

2）第三者责任保险

第三者责任保险，是指保险期间内，被保险人或其允许的合法驾驶人在使用被保险机动车过程中发生意外事故，致使第三者遭受人身伤亡或财产直接损毁，被保人依法给予赔偿的经济赔偿责任。保险合同中的第三者是指因被保险机动车发生意外事故遭受人身伤亡或者财产损失的人，但不包括被保险机动车本车上人员、投保人、被保险人和保险人。第三者责任险是我国绝大多数地区强制实行的保险险种，没有投保第三者责任保险的新车，公安车辆管理机关不发牌证，每年的汽车检验不能通过。目前我国机动车第三者责任险分为商业性的第三者责任险(简称三者险)和公益性的机动车交通事故责任强制保险(简称“交强险”)两种。

交强险是我国首个由国家法律规定实行的强制保险制度。国务院 2006 年 3 月 28 日颁布的《机动车交通事故责任强制保险条例》(以下简称《条例》)规定：交强险是由保险公司对被保险机动车发生道路交通事故造成受害人(不包括本车人员和被保险人)的人身伤亡、财产损失，在责任限额内予以赔偿的强制性责任保险。按照《条例》规定新车登记上牌必须办理交强险。交强险具有强制性、广覆盖性及公益性的特点。交强险与三者险的区别主要表现在以下 6 个方面。

(1) 实行强制性投保和强制性承保。交强险其强制性一方面体现在所有上道路行驶的机动车的所有人或管理人必须依法投保该险种。区别于现行的机动车第三者责任保险，《条例》也要求具有经营交强险资格的保险公司不能拒绝承保和随意解除合同。

(2) 赔偿原则发生变化。目前实行的商业机动车第三者责任保险，保险公司是根据被保险人在交通事故中所承担的事故责任来确定其赔偿责任的。交强险实施后，无论被保险人是否在交通事故中负有责任，保险公司均将按照《条例》以及交强险条款的具体要求在责任限额内予以赔偿。

(3) 保障范围宽。为有效控制风险，减少损失，商业机动车第三者责任保险规定有不同的责任免除事项和免赔率(额)而交强险除被保险人故意造成交通事故等少数几项情况外，其保险责任几乎涵盖了所有道路交通风险，且不设免赔率与免赔额。

(4) 按不盈不亏原则制定保险费率。交强险不以盈利为目的，并实行与其他保险业务分开管理、单独核算；而商业机动车第三者责任保险则无需与其他车险险种分开管理、单独核算。

(5) 实行分项责任限额。商业机动车第三者责任保险即无论人伤还是物损均在一个限额下进行赔偿，并由保险公司自行制定责任限额水平；交强险由法律规定实行分项责任限额，即分为死亡伤残赔偿限额、医疗费用赔偿限额、财产损失赔偿限额以及被保险人在道路交通事故中无责任的赔偿限额。

(6) 实行统一条款和基础费率，并且费率与交通违章挂钩。在商业机动车第三者责任保险中不同保险公司的条款费率相互存在差异，交强险实行统一的保险条款和基础费率。

3) 盗抢险

盗抢险全称是机动车辆全车盗抢险。盗抢险是一种商业险种，不是强制性购买的。机动车辆全车盗抢险的保险责任为全车被盗窃、被抢劫、被抢夺造成的车辆损失以及在被盗窃、被抢劫、被抢夺期间受到损坏或车上零部件、附属设备丢失需要修复的合理费用。可见，机动车辆全车盗抢险的保险责任包含两个部分：一是因被盗窃、被抢劫、被抢夺造成的保险车辆的损失；二是因保险车辆被盗窃、被抢劫、被抢夺造成的合理费用支出。对上述两个部分费用由保险公司在保险金额内负责赔偿。

5.2.2　鉴定二手车现时技术状况

二手车鉴定评估人员通过现场查勘鉴定二手车现时技术状况，是为了公正、科学地确定委托评估车辆的技术现状及价值。这项工作完成后，鉴定评估人员应客观地给出鉴定评估过程的描述和评估结论。

现场查勘是为了公正、科学地确定委托评估车辆的成新率。现场查勘主要进行静态检查，条件许可时，应进行路试检查，以全面了解被评估车辆的基本情况，并对被评估车辆的技术状况做出合理的判断。

1. 被评估车辆的基本情况

被评估车辆的基本情况主要包括车辆号牌号码、厂牌型号、车辆识别代号、车辆类型、发动机号、车架号、载重量/座位/排量、已使用年限、累计行驶里程、车辆出厂日期、初次登记日期以及车辆使用用途等。

2. 被评估车辆的技术状况

被评估车辆的技术状况主要有如下内容：① 车身外观(颜色、光泽、有无褪色及锈蚀情况、有否被碰撞、车灯是否齐全、前后保险杠是否完整和其他情况等)；②车内装饰(装潢程度、颜色、清洁程度、仪表及座位是否完整和其他有关装饰情况等)；③发动机工作状况(动力状况、是否有更换部件、是否有修复现象、是否有替代部件、是否有漏油现象等；④底盘(是否变形、是否异响、变速箱状况是否正常、前后桥状况是否正常、传动系统工作状况是否正常、是否有漏油现象、转向系统情况是否正常、制动系统工作状况是否正常等)；⑤电器系统(电源系统是否工作正常、发动机点火器是否工作正常、空调系统是否工作正常、音响系统是否工作正常等)。

以上查勘情况，一般应由评估委托方或车辆所有单位技术人员签名，以确认查勘情况是客观的、真实的，不存在与实际车辆状况不相符合的情况。确定查勘情况后，评估人员必须对被评估车辆做出查勘鉴定结论。上述资料经过整理，就可以编制成《二手车鉴定评估作业表》(表 5-2)。

5.2.3 车辆拍照

车辆拍照是评估人员根据车牌号或评估登记号，使用数码照相机拍摄被评估车辆照片，并存入系统存档。

(1) 拍摄距离。是指拍摄立足点与被拍照二手车的远近，一般要求全车影像尽量充满整个像面。

(2) 拍摄角度。是指拍摄立足点与被拍照二手车的方位关系。拍摄角度方位一般分为上下关系和左右关系。

① 上下关系。拍摄角度的上下关系可分为俯拍、平拍和仰拍 3 种。俯拍是指在比被拍摄物高的位置向下拍摄；平拍是指拍摄点在物体的中间位置，镜头平置的拍摄，此种拍摄方法效果就是人两眼平视的效果；仰拍是指相机放置在较低部位，镜头由下向上仰置的拍摄，这种拍摄效果易发生变形。

② 左右关系。拍摄角度的左右关系一般根据拍摄者确定的拍摄方位，分为正面拍摄和侧面拍摄两种。正面拍摄是指面对被拍摄的物体或部位的正面进行拍摄；侧面拍摄是指在被拍摄物体的正侧面所进行的拍摄。

(3) 光照方向。是指光线与相机拍摄方向的关系，一般分为正面光、侧面光和逆光 3 种。对二手车拍照应尽量采用正面光拍照，以使二手车的轮廓分明、牌照号码清晰、车身颜色真实。

(4) 对二手车拍照的要求如下：① 车身要擦洗干净；②前风窗玻璃及仪表盘上无杂物；③机动车号牌无遮挡；④关闭各车门；⑤方向盘回正，前轮处于直线行驶状态。

(5) 二手车常见拍摄位置。对二手车拍照一般要拍摄前面、侧面和后面 3 个方向的整体外形照，发动机舱、驾驶室、后备箱等局部位置的照片。

① 整体外形照：采用平拍，其中，前面照(也称为标准照)是在与车左前侧呈 45°方向拍摄(图 5.5)，侧面照是正侧面拍摄(图 5.6)，后面照是在与车右后侧呈 45°方向拍摄(图 5.7)。

② 局部位置照：采用俯拍，如图 5.8 所示。

图 5.5 二手车的标准照

图 5.6 二手车的侧面照

图 5.7　二手车的后面照

图 5.8　二手车的局部照

5.3　车辆价值评定与估算

评定估算工作就是对被评估车辆所收集的数据资料、技术鉴定资料进行整理，根据评估目的选择适用的估价标准和评估方法，本着客观、公正的原则对车辆进行评定估算，确定评估结果。

1. 价格估算方法的选择

第 4 章介绍了重置成本法、现行市价法、收益现值法、清算价格法和折旧法 5 种估价方法，这些方法是二手车价格估算的基本方法。每种方法都有其特点及适用条件。

1）重置成本法的适用条件

重置成本法比较充分地考虑了车辆的各方面损耗，反映了车辆市场价格的变化，评估结果更趋于公平合理，在不易估算车辆未来收益，或难于在市场上找到可类比对象的情况下可广泛应用。在确定成新率的各种方法中，综合分析法将车况和配置以及车辆使用情况用适当的调整系数表征出来，比较清晰地解析了车辆残值的构成，使整个评估过程显得有理有据，有助于委托方对评估结果的信任，适用于价值较高的中高档车辆评估。

2）现行市价法的适用条件

现行市价法要求评估方在当地或周边地区能找到一个二手车交易市场发育成熟、活跃，交易量大，车型丰富，容易找到可类比的参照车辆，并且参照车辆是近期的，可比较的。因此，它特别适用于产权转让的畅销车型的评估，如二手车收购(尤其是成批收购)和典当等业务。

3）收益现值法的适用条件

收益现值法是从被评估二手车在剩余经济使用寿命内能够带来预期利润的前提下进行评估的，因此，比较适用于投资营运车辆的评估。

4）清算价格法的适用条件

清算价格法是从车辆资产债权人的角度出发，以车辆快速变现为目的进行评估的，因此，适用于企业破产、资产抵押、停业清理等急于出售变现的车辆评估，如法院、海关委托评估的涉案车辆。

5）折旧法的适用条件

折旧法是从二手车使用产生价值转移后剩余价值的角度估算二手车价格的。此法计算二手车价值转移可采用加速折旧法，使二手车剩余价值相对比较小，这对二手车收购方来说是比较有利的。因此，折旧法比较适用于二手车的收购估价。

估价方法的多样性，为鉴定估价人员提供了选择评估的途径。选择估价方法时应考虑以下因素：① 必须严格与二手车评估的计价标准相适应；②要受收集数据和信息资料的制约；③要充分考虑二手车鉴定估价工作的效率，选择简单易行的方法。

鉴于上述因素的考虑，在5种估价方法中，只有重置成本法、现行市价法、收益现值法和清算价格法适用于鉴定估价。若采用现行市价法评估时，由于目前我国二手车交易市场发育不完全，很难找到与被评估车辆相同的车辆、相同的使用日期、使用强度、使用条件等；采用收益现值法时，由于投资者对预期收益额预测难度大，易受较强的主观判断和未来不可预见因素的影响；采用清算价格法评估车辆时，又受其适用条件的局限。故上述3种评估方法在二手车鉴定估价中很少采用，而重置成本法，具有收集资料信息便捷，操作简单易行，评估理论强并结合对车辆的技术鉴定，评估结果有依有据，可信度高等优点而成为鉴定评估中应用最广的一种评估方法。

2. 确定二手车成新率

二手车成新率的确定可根据鉴定评估目的和评估对象的实际情况选择相应的模型计算。在这些计算成新率的方法中，由于综合分析法是以使用年限法为基础，以调整系数形式调整二手车成新率，调整系数综合考虑了二手车的实际技术状况、维护保养情况、原车制造质量、二手车用途及使用条件等多种因素对二手车价值的影响，评估值准确度较高，因此是目前二手车鉴定评估业务中最常用的方法之一。综合成新率法也是以技术状况现场查勘为基础，因此，也是二手车鉴定评估业务中常用的方法。

3. 市场询价

市场询价是指到当地新车市场调查与被评估二手车相同或近似车型在评估基准日的成交销售价格。市场询价的目的是确定被评估二手车的现时市场价格，作为评估时的重置成本。

市场询价时要注意以下问题。

(1) 市场上有同型号车辆出售的，查询其市场价格，并注意配置是否发生变化，有变化的应了解变化情况及价格差别。

(2) 市场上没有同型号车辆出售的，查询其相似车型市场价格，并注意配置及功能差异，了解其价格差别。

(3) 了解当地二手车市场行情，收集类似车辆变现能力资料。

(4) 营运车辆收集车辆经营状况资料。

只有在询价的参照车辆情况与被评估车辆基本情况相一致的情况下，得到的市场价格才是可比的、可行的。

上述市场询价得到的价格只是同车型新车现行市价，还要加上车辆购置税和上牌费用，才算是被评估车辆的重置成本全价，即

$$\text{重置成本全价}=\text{同车型新车现行市价}+\text{车辆购置税}+\text{上牌费用}$$

式中

车辆购置税——同车型新车现行市价×10%；

10%——车辆购置税率。

4. 计算评估值

在确定委托评估车辆的成新率和重置成本全价后，就可以计算出委托评估车辆的评估值。计算公式为

评估值=重置成本全价×成新率

5.4 撰写鉴定评估报告

1. 二手车鉴定评估报告的概念与作用

1）二手车鉴定评估报告及鉴定评估报告书的概念

二手车鉴定评估报告是指二手车鉴定评估机构按照评估工作制度有关规定，在完成鉴定评估工作后向委托方和有关方面提交的说明二手车鉴定评估过程和结果的书面报告。它是按照一定格式和内容来反映评估目的、程序、依据、方法、结果等基本情况的报告书。广义的鉴定评估报告还是一种工作制度。它规定评估机构在完成二手车鉴定评估工作之后必须按照一定的程序和要求，用书面形式向委托方报告鉴定评估过程和结果。狭义的鉴定评估报告即鉴定评估结果报告书，既是二手车鉴定评估机构完成对二手车作价意见，提交给委托方的公正性的报告，也是二手车鉴定评估机构履行评估合同情况的总结，还是二手车鉴定评估机构为其所完成的鉴定评估结论承担相应法律责任的证明文件。

2）二手车鉴定评估报告书的作用

二手车鉴定评估报告书不仅是一份评估工作的总结，而且是其价格的公正性文件和二手车交易双方认定二手车价格的依据。

二手车鉴定评估报告书对委托方来说，具有以下重要作用。

(1) 作为产权交易变动的作价依据。二手车鉴定评估报告书是经具有机动车鉴定评估资格的机构根据被委托鉴定评估车辆的状况，由专业的二手车鉴定估价师，遵循评估的原则和标准，按照法定的程序，运用科学的方法对被委托评估的车辆价值进行评定和估算后，通过报告书的形式提出的作价意见。该作价意见不代表任何当事人一方的利益，是一种专家估价的意见，因而具有较强的公正性和科学性，可以作为二手车买卖交易谈判底价的参考依据，或作为投资比例出资价格的证明材料，特别是对涉及国有资产的二手车给出客观公正的作价，可以有效地防止国有资产的流失，确保国有资产价格的客观、公正、真实。

(2) 作为法庭辩论和裁决时确认财产价格的举证材料。

(3) 作为支付评估费用的依据。当委托方(客户)收到评估资料及报告后没有提出异议，也就是说评估的资料及结果符合委托书的条款，委托方应以此为前提和依据向受托方(评估机构)付费。

(4) 二手车鉴定评估报告书是反映和体现评估工作情况，明确委托方、受托方及有关方面责任的根据。二手车鉴定评估报告书采用文字的形式，对受托方进行二手车评估的目的、背景、产权、依据、程序、方法等过程和评定的结果进行说明和总结，体现了评估机构的工作成果；同时，也反映和体现了二手车鉴定评估机构与鉴定评估人员的权利和义务，并以此来明确委托方和受托方的法律责任。撰写评估结果报告书还行使了二手车鉴定

评估人员在评估报告书上签字的权利。

二手车鉴定评估报告书对接受委托的鉴定评估机构来说，具有以下重要作用：①是评估机构评估成果的体现，是一种动态管理的信息资料，体现了评估机构的工作情况和工作质量；②二手车鉴定评估报告书是建立评估档案，归集评估档案资料的重要信息来源。

2. 撰写二手车鉴定估价报告的基本要求

国家国有资产管理局以国资办发［1993］55号文发布了《关于资产评估报告书的规范意见》，对资产评估报告书的撰写提出了比较系统的规范要求，结合二手车鉴定估价的实际情况，主要要求如下。

(1) 鉴定估价报告必须依照客观、公正、实事求是的原则由二手车鉴定评估机构独立撰写，如实反映鉴定估价的工作情况。

(2) 鉴定估价报告应有委托单位(或个人)的名称、二手车鉴定评估机构的名称和印章，二手车鉴定评估机构法人代表或其委托人和二手车鉴定估价师的签字，以及提供报告的日期。

(3) 鉴定估价报告要写明评估基准日，并且不得随意更改。所有在估价中采用的税率、费率、利率和其他价格标准，均应采用基准日的标准。

(4) 鉴定估价报告中应写明估价的目的、范围、二手车的状态和产权归属。

(5) 鉴定估价报告应说明估价工作遵循的原则和依据的法律法规，简述鉴定估价过程，写明评估的方法。

(6) 鉴定估价报告应有明确的鉴定估算价值的结果，鉴定结果应有二手车的成新率、二手车原值、重置价值、评估价值等。

(7) 鉴定估价报告还应有齐全的附件。

3. 二手车鉴定评估报告书的基本内容

二手车鉴定评估报告书(格式见5.5节)，主要包括以下内容。

1) 封面

二手车鉴定评估报告书的封面须包含下列内容：二手车鉴定评估报告书名称、鉴定评估机构出具鉴定评估报告的编号、二手车鉴定评估机构全称和鉴定评估报告提交日期等。有服务商标的，评估机构可以在报告封面载明其图形标志。

2) 首部

鉴定评估报告书正文的首部应包括以下内容。

(1) 标题。标题应简练清晰，含有“××××(评估项目名称)鉴定评估报告书”字样，位置居中偏上。

(2) 报告书序号。报告书序号应符合公文的要求，包括评估机构特征字、公文种类特征字(例如：评报、评咨和评函，评估报告书正式报告应用“评报”，评估报告书预报告应用“评预报”)、年份、文件序号，例如：××评报字(2010)第10号。

3) 绪言

写明该评估报告委托方全称、受委托评估事项及评估工作整体情况，一般应包含下列内容的表达格式。

××(鉴定评估机构)接受××××的委托，根据国家有关资产评估的规定，本着客观、独立、公正、科学的原则，按照公认的资产评估方法，对××××(车辆)进行了鉴定评估。本机构鉴定评估人员按照必要的程序，对委托鉴定评估车辆进行了实地查勘与市场调查，对其在××××年××月××日所表现的市场价值做出了公允反映。现将车辆评估情况及鉴定评估结果报告如下。

4）委托方与车辆所有方简介

(1) 应写明委托方、委托方联系人的名称、联系电话及住址。

(2) 车主的名称。

5）鉴定评估目的

应写明本次鉴定评估是为了满足委托方的何种需要，及其所对应的经济行为类型。例如：根据委托方的要求，本项目评估目的：

□交易　□转籍　□拍卖　□置换　□抵押　□担保　□咨询　□司法裁决

6）鉴定评估对象

须简要写明纳入评估范围车辆的厂牌型号、号牌号码、发动机号、车辆识别代号/车架号、注册登记日期、年审检验合格有效日期、车辆购置税证号码、车船使用税缴纳有效期。

7）鉴定评估基准日

写明车辆鉴定评估基准日的具体日期，式样为：鉴定评估基准日是××××年××月××日。

8）评估原则

严格遵循“客观性、独立性、公正性、科学性”原则。

9）评估依据

评估依据一般包括行为依据、法律法规依据、产权依据和评定及取价依据等。对评估中所采用的特殊依据也应在本节内容中披露。

(1) 行为依据。行为依据主要是指二手车鉴定评估委托书、法院的委托书等经济行为文件，如“二手车鉴定评估委托书第10号”。

(2) 法律、法规依据。法律、法规依据应包括车辆鉴定评估的有关条款、文件及涉及车辆评估的有关法律、法规等。

(3) 产权依据。产权依据是指被评估车辆的机动车登记证书或其他能够证明车辆产权的文件等。

(4) 评定及取价依据。评定及取价依据应为鉴定评估机构收集的国家有关部门发布的统计资料和技术标准资料，以及评估机构收集的有关询价资料和参数资料等，如①技术标准资料：《最新资产评估常用数据与参数手册》；②技术参数资料：被评估二手车的技术参数表；③技术鉴定资料：车辆检测报告单；④其他资料：现场工作底稿、市场询价资料等。

10）评估方法及计算过程

简要说明评估人员在评估过程中所选择并使用的评估方法；简要说明选择评估方法的依据或原因；如评估时采用一种以上的评估方法，应适当说明原因并说明该资产评估价值的确定方法；对于所选择的特殊评估方法，应适当介绍其原理与适用范围；各种评估方法计算的主要步骤等。

11）评估过程

评估过程应反映二手车鉴定评估机构自接受评估委托起至提交评估报告的工作过程，包括接受委托、验证、现场查勘、市场调查与询证、评定估算和提交报告等过程。

12）评估结论

给出被评估车辆的评估价格，金额(小写、大写)。

13）特别事项说明

评估报告中陈述的特别事项是指在已确定评估结果的前提下，评估人员揭示在评估过程中已发现可能影响评估结论，但非评估人员执业水平和能力所能评定估算的有关事项；提示评估报告使用者应注意特别事项对评估结论的影响；揭示鉴定评估人员认为需要说明的其他问题。

14）评估报告法律效力

揭示评估报告的有效日期；特别提示评估基准日的期后事项对评估结论的影响以及评估报告的使用范围等。常见写法如下。

(1）本项评估结论有效期为90天，自评估基准日至______年____月____日止。

(2）当评估目的在有效期内实现时，本评估结果可以作为作价参考依据；超过90天，需重新评估。另外在评估有效期内若被评估车辆的市场价格或因交通事故等原因导致车辆的价值发生变化，对车辆评估结果产生明显影响时，委托方也需重新委托评估机构重新评估。

(3）鉴定评估报告书的使用权归委托方所有，其评估结论仅供委托方为本项目评估目的使用和送交二手车鉴定评估主管机关审查使用，不适用于其他目的；因使用本报告书不当而产生的任何后果与签署本报告书的鉴定估价师无关；未经委托方许可，本鉴定评估机构承诺不将本报告书的内容向他人提供或公开。

15）鉴定评估报告提出日期

写明评估报告提交委托方的具体时间。评估报告原则上应在确定的评估基准日后1周内提出。

16）附件

附件应包括：二手车鉴定评估委托书、二手车鉴定评估作业表、车辆行驶证、车辆购置税、车辆登记证书复印件、二手车鉴定评估师资格证书影印件、鉴定评估机构营业执照影印件、鉴定评估机构资质影印件和二手车照片等。

17）尾部

写明出具评估报告的评估机构名称，并盖章；写明评估机构法定代表人姓名并签名；注册旧机动车鉴定评估师盖章并签名；高级注册旧机动车鉴定评估师审核签章以及报告日期。

4. 编制二手车鉴定评估报告书的步骤及注意事项

1）编制二手车鉴定评估报告书的步骤

编制二手车鉴定评估报告书是完成评估工作的最后一道工序，也是评估工作中的一个很重要的环节。评估报告不仅要真实准确地反映评估工作情况，而且要表明评估者在今后一段时期里对评估的结果和有关的全部附件资料承担相应的法律责任。二手车鉴定评估报告是记述鉴定评估成果的文件，是鉴定评估机构向委托方和二手车鉴定评估管理部门提交的主要成果。鉴定评估报告的质量高低，不仅反映鉴定评估人员的水平，而且直接关系到有关各方面的利益。这就要求评估人员编制的报告要思路清晰、文字简练准确、格式规范、有关的取证与调查材料和数据真实可靠。为了达到这些要求，评估人员应按下列步骤进行评估报告的编制。

(1) 评估资料的分类整理。被评估二手车的有关背景资料、技术鉴定情况资料及其他可供参考的数据记录等评估资料是编制二手车鉴定评估报告的基础。一个较复杂的评估项目是由两个或两个以上评估人员合作完成，将评估资料进行分类整理，包括评估鉴定作业表的审核、评估依据的说明和最后形成评估的文字材料。

(2) 鉴定评估资料的分析讨论。在整理资料工作完成后，应召集参与评估工作过程的有关人员，对评估的情况和初步结论进行分析讨论。如果发现其中想法不妥、计算错误、作价不合理等方面的问题，要求进行必要的调整。若采用两种不同方法评估并得出两个不同结论的，需要在充分讨论的基础上得出一个正确的结论。

(3) 鉴定评估报告书的撰写。评估报告的负责人应根据评估资料讨论后的修正意见，进行资料的汇总编排和评估报告书的撰写工作；然后将二手车鉴定评估的基本情况和评估报告书初稿得到的初步结论与委托方交换意见，听取委托方的反馈意见后，在坚持客观、公正、科学、可行的前提下，认真分析委托方提出的问题和意见，考虑是否应该修改评估报告书，对报告书中存在的疏忽、遗漏和错误之处进行修正，待修正完毕即可撰写出正式的二手车鉴定评估报告书。

(4) 评估报告的审核。评估报告先由项目负责人审核，再报评估机构经理审核签发，同时要二手车鉴定评估人员签字并加盖评估机构公章。送达客户签收，必须要求客户在收到评估书后，按送达回证上的要求认真填写并要求收件人签字确认。

2) 编制二手车鉴定评估报告书时应注意的事项

编制二手车鉴定评估报告书时应注意以下事项。

(1) 实事求是，切忌出具虚假报告。报告书必须建立在真实、客观的基础上，不能脱离实际情况，更不能无中生有。报告拟定人应是参与鉴定评估并全面了解被评估车辆的主要鉴定评估人员。

(2) 坚持一致性做法，切忌出现表里不一。报告书文字、内容要前后一致，正文、评估说明、作业表、鉴定工作底稿、格式甚至数据要相互一致，不能出现相互矛盾的不一致情况。

(3) 提交报告书要及时、齐全和保密。在正式完成二手车鉴定评估报告工作后，应按业务约定书的约定时间及时将报告书送交委托方。送交报告书时，报告书及有关文件要送交齐全。

5.5 二手车鉴定评估业务案例

5.5.1 评估案例一：机动车估价报告书

致委托估价方函

××××公司：

受您委托，我公司对××××公司两辆盗抢返的广州阿科德牌小客车，进行了客观、公正的评估。经估价人员认真、周密地测算，确定该车辆在2010年7月7日的汽车市场价值见表5-6。

表 5-6 汽车市场价值

品　牌	车牌号	登记日期	评估价格/元
广州阿科德 G7300	京 A××××	2005 年 09 月 28 日	93000
广州阿科德 G7230	京 E××××	2004 年 06 月 19 日	92000

评估过程、结果及有关说明详见《机动车估价报告书》。

北京机动车鉴定评估有限公司

2010 年 07 月 07 日

北京××××机动车鉴定评估有限公司

机动车估价报告书

京××评报字［2010］第 010 号

一、绪言

北京××××机动车鉴定评估有限公司接受××××公司的委托，根据国家有关资产评估的规定，本着客观、独立、公正、科学的原则，按照公认的资产评估方法，对××××公司两辆盗抢小客车进行了鉴定评估。本机构鉴定评估人员按照必要的程序，对委托鉴定评估车辆进行了实地查勘与市场调查，并对其在 2010 年 07 月 07 日所表现的市场价值做出了公允反映。现将车辆评估情况及鉴定评估结果报告如下。

二、委托方与车辆所有方简介

1. 委托方：××××公司；联系人：王五；联系电话：(010)××××

2. 根据《机动车证件》所示，委托车辆原车主：

广州阿科德 G7300：京 A××××，张三

广州阿科德 G7230：京 E××××，李四

三、评估目的

根据委托方的要求，本项目评估目的：

□交易 □转籍 □拍卖 □置换 □抵押 □担保 □咨询 □司法裁决

四、评估对象

1. 评估车辆的品牌型号(广州阿科德 HG7300)；号牌号码(京 A××××)；发动机号码(××××)；车辆识别代号/车架号(××××)；注册登记日期(2005 年 09 月 28 日)；车辆类型(小型客车)所有人(张三)；年审检验合格至 2009 年 09 月；养路费交至 2010 年 06 月；车辆购置税完税证明(无)。

2. 评估车辆的品牌型号(广州阿科德 HG7230)号牌号码(京 E××××)；发动机号码(××××)；车辆识别代号/车架号(××××)；注册登记日期(2004 年 06 月 19 日)；车辆类型(小型客车)所有人(李四)；年审检验合格至 2010 年 06 月；养路费交至 2008 年 06 月；车辆购置税完税证明(无)

五、鉴定评估基准日

鉴定评估基准日：2010年07月07日。

六、评估原则

严格遵循“客观性、独立性、公正性、科学性”原则。

七、评估依据

1. 行为依据

二手车评估委托书第010号。

2. 法律、法规依据

(1)《国有资产评估管理办法》(国务院令第91号)。

(2)《摩托车报废标准暂行规定》(国家经贸委等部门令第33号)。

(3)《国有资产评估管理办法施行细则》(国资办发［1992］36号)。

(4)《关于转发〈资产评估操作规范意见(试行)〉的通知》(国资办发［1996］23号)。

(5)《汽车报废标准》(国经贸经［1997］456号)、《关于调整轻型载货汽车及其补充规定》(国经贸经［1998］407号)、《关于调整汽车报废标准若干规定的通知》(国经贸资源［2000］1202号)、《农用运输车报废标准》(国经贸资源［2001］234号)等。

(6) 其他相关的法律、法规等。

3. 产权依据

委托鉴定评估车辆的机动车登记证书编号见表5-7。

表5-7 机动车登记证书编号

品牌	车牌号	登记证号
广州阿科德G7300	京A××××	××××
广州阿科德G7230	京E××××	××××

4. 评定及取价依据

(1)《资产评估常用数据与参数手册》。

(2) 2010年第2季度新车和二手车市场行情。

八、评估方法

□重置成本法 □现行市价法 □收益现值法 □其他

1. 广州阿科德G7300(京A××××) 计算过程如下：

采用重置成本法计算评估值，采用现行市价法确定重置成本，采用综合分析法确定成新率。重置成本确定为21万元。

评估值＝21万元×65%×68%＝92 820元(取整93 000元)

2. 广州阿科德 G7230(京 E××××)计算过程如下：

采用重置成本法计算评估值，采用现行市价法确定重置成本，采用综合分析法确定成新率。重置成本确定为 21 万元。

评估值=21 万元×59%×74%=91 686 元(取整 92 000 元)

九、评估过程

按照接受委托、验证、现场查勘、评定估算和提交报告的程序进行。

十、评估结论

广州阿科德，京 A××××，车辆评估价格：93 000 元，金额大写：玖万叁仟元整。

广州阿科德，京 E××××，车辆评估价格：92 000 元，金额大写：玖万贰仟元整。

十一、特别事项说明

在估价基准日委托评估对象未设定抵押权、租赁权、担保权，无欠缴养路费、购置税、车船使用税情况，无交通违章、执法机关查封，车辆在检验有效期内检验合格。

本报告之估价结果不含可能发生的交易税费、手续费。

十二、评估报告法律效力

(1) 本项评估结论有效期为 90 天，自评估基准日起至 2010 年 10 月 10 日止。

(2) 当评估目的在有效期内实现时，本评估结果可以作为作价参考依据；超过 90 天，需重新评估。另外在评估有效期内若被评估车辆的市场价格或因交通事故等原因导致车辆的价值发生变化，对车辆评估结果产生明显影响时，委托方也需重新委托评估机构重新评估。

(3) 鉴定评估报告书的使用权归委托方所有，其评估结论仅供委托方为本项目评估目的使用和送交旧机动车鉴定评估主管机关审查使用，不适用于其他目的；因使用本报告书不当而产生的任何后果与签署本报告书的鉴定估价师无关；未经委托方许可，本鉴定评估机构承诺不将本报告书的内容向他人提供或公开。

附件：

一、二手车鉴定评估作业表(略)

二、机动车辆保险权益转让书(略)

三、二手车照片(要求外观清晰，车辆牌照能够辨认)(略)

四、机动车鉴定估价师执业证书复印件(略)

五、鉴定评估机构营业执照复印件(略)

注册旧机动车鉴定估价师(签字、盖章)

李××：国家注册旧机动车鉴定估价师

陈××：国家注册旧机动车鉴定估价师

复核人(签字、盖章)

刘××：国家注册旧机动车高级鉴定估价师

北京××××机动车鉴定评估有限公司

2010 年 07 月 07 日

备注：本报告书和作业表一式四份，委托方两份，受托方两份。

5.5.2 评估案例二：二手车鉴定评估报告书

二手车鉴定评估报告书

鄂××××二手车辆评估中心鉴定评估机构评报字(2005年)第003号

一、绪言

鄂××××二手车辆评估中心(鉴定评估机构)接受××××人民法院的委托，根据国家有关资产评估的规定，本着客观、独立、公正、科学的原则，按照公认的资产评估方法[1]，对鄂E××××(车辆)进行了鉴定评估。本机构鉴定评估人员按照必要的程序，对委托鉴定评估车辆进行了实地查勘与市场调查，并对其在2005年7月20日所表现的市场价值做出了公允反映。现将车辆评估情况及鉴定评估结果报告如下。

二、委托方与车辆所有方简介

(一)委托方××××人民法院

委托方联系人张三，联系电话××××

(二)根据机动车行驶证所示，委托车辆车主××××。

三、评估目的

根据委托方的要求，本项目评估目的(在□处填√)

□交易　□转籍　□拍卖　□置换　□抵押　□担保　□咨询　□司法裁决

四、评估对象

评估车辆的厂牌型号(SGM6510)；号牌号码(鄂E××××)；发动机号(276300)；车辆识别代号/车架号(02032345)；登记日期(2003年4月)；年审检验合格至2007年4月；公路规费交至2005年12月；车辆购置税(已交)；车船使用税(2005年已交)。

五、鉴定评估基准日

鉴定评估基准日：2005年7月20日。

六、评估原则

严格遵循“客观性、独立性、公正性、科学性”原则。

七、评估依据

(一) 行为依据

二手车评估委托书第［2005］003号。

(二) 法律、法规依据

(1)《国有资产评估管理办法》(国务院令第91号)。

(2) 原国家国有资产管理局《关于印发〈国有资产评估管理办法施行细则〉的通知》(国资办发［1992］36号)。

(3) 原国家国有资产管理局《关于转发〈资产评估操作规范意见(试行)〉的通知》(国资办发[1996] 23号)。

(4) 国家经贸委等部门《汽车报废标准》(国经贸经[1997] 456号)、《关于调整轻型载货汽车及其补充规定》(国经贸经[1998] 407号)、《关于调整汽车报废标准若干规定的通知》(国经贸资源[2000] 1202号)等。

(5) 其他相关的法律、法规等。

(三) 产权依据

委托鉴定评估车辆的机动车登记证书编号。

(四) 评定及取价依据

技术标准资料:《汽车标准汇编》。

技术参数资料:随车说明书。

技术鉴定资料:《汽车质检技术》和《汽车维修手册》。

八、评估方法

计算过程如下:因该车鉴定估价目的为司法裁决用,故采用清算价格法(按重置成本法估算成新率),重置成本全价为现时新车价加上车辆购置附加税。本车确定成新率为74.9% (见后面附件二),清算折扣率确定为80%。

计算公式为:评估值=重置成本全价×成新率×清算折扣率

=249 800×(1+10%)×74.9%×80%=164 648(元)

九、评估过程

按照接受委托、验证、现场查勘、评定估算和提交报告的程序进行。

十、评估结论

车辆评估价格165 000元,金额大写:壹拾陆万伍仟元整。

十一、特别事项说明[2]

十二、评估报告法律效力

(一)本项评估结论有效期为90天,自评估基准日至2005年10月20日止。

(二)当评估目的在有效期内实现时,本评估结果可以作为作价参考依据;超过90天,需重新评估。另外在评估有效期内若被评估车辆的市场价格或因交通事故等原因导致车辆的价值发生变化,对车辆评估结果产生明显影响时,委托方也需重新委托评估机构重新评估。

(三)鉴定评估报告书的使用权归委托方所有,其评估结论仅供委托方为本项目评估目的使用和送交二手车鉴定评估主管机关审查使用,不适用于其他目的;因使用本报告书不当而产生的任何后果与签署本报告书的鉴定估价师无关;未经委托方许可,本鉴定评估机构承诺不将本报告书的内容向他人提供或公开。

附件:

一、二手车鉴定评估委托书(略)

二、二手车鉴定评估作业表和成新率估算明细表(略)

三、车辆行驶证、购置附加税(费)证复印件(略)

四、鉴定估价师职业资格证书复印件(略)

五、鉴定评估机构营业执照复印件(略)

六、二手车照片(要求外观清晰，车辆牌照能够辨认)(略)

注册二手车鉴定估价师(签字、盖章)：李四

复核人[3](签字、盖章)：王五

(二手车鉴定评估机构盖章)

湖北省××××二手车评估中心

2005年7月20日

注：[1] 指利用两种或两种以上的评估方法对车辆进行鉴定评估，并以它们评估结果的加权值为最终评估结果的方法。

[2] 特别事项是指在已确定评估结果的前提下，评估人员认为需要说明在评估过程中已发现的可能影响评估结论，但非评估人员执业水平和能力所能评定估算的有关事项以及其他问题。

[3] 复核人须具有高级鉴定估价师资格。

本报告书和作业表一式三份，委托方两份，受托方一份。

5.5.3 评估案例三：关于奥迪车价格评估报告

案例提示：旧机动车评估中经常会遇到发生重大交通事故的车辆，要求评估人员能够鉴别事故的大小及对车辆的技术状况和价值的影响，经常采用的方法是说明事故的大小，在正常重置成本法和市场比较法的基础上，确定折损率加以评估。本例采用重置成本法(综合调整系数)及确定折损率评估。

关于奥迪车价格评估报告

××××鉴定评估机构评报字［××××］第××号

一、绪言

××(鉴定评估机构)接受××××的委托，根据国家有关资产评估的规定，本着客观、独立、公正、科学的原则，按照公认的资产评估方法，对奥迪车辆进行了解评估。本机构鉴定评估人员按照必要的程序，对委托鉴定评估车辆进行了实地查勘与市场调查，并对其在2005年8月31日所表现的市场价值做出了公允反映。现将车辆评估情况及鉴定评估结果报告如下：

二、委托方与车辆所有方简介

委托方××××，委托方联系人××××，联系电话：××××。

根据机动车行驶证所示，委托车辆车主×××。

三、评估目的

根据委托方的要求，本项目的评估目的是为调解买卖奥迪车过程中的价格纠纷，提供价格依据。

四、评估对象

评估车辆的厂牌型号(奥迪Audi A6 2.8)；车牌号码(××—×××)；发动机号(×××××××)；车辆识别代号/车架号(×××××××××××××××××)；初次登记日期(2003年8月)；年审检验合格至2005年8月；养路费交至2005年12月；购置附加税(费)证(齐全)；车辆船使用税(已交至2005年)。

五、鉴定评估基准日

鉴定评估基准日 2005 年 8 月 31 日。

六、评估原则

严格遵循“客观性、独立性、公正性、科学性”原则。

七、评估依据

1. 行为依据

机动车鉴定评估委托书(×××)号。

2. 法律、法规依据

(1)《国有资产评估管理办法》(国务院令第 91 号)。

(2) 原国家国有资产管理局《关于印发〈国有资产评估管理办法施行细则〉的通知》(国资办发[1992] 36 号)。

(3) 原国家国有资产管理局《关于转发〈资产评估操作规范意见(试行)〉的通知》(国资办发[1996] 32 号)。

(4) 国家经贸委等部门《汽车报废报废标准》(国资办发 [1997] 45 号)、《关于调整汽车报废标准若干规定的通知》(国经贸 [2000] 1202 号)。

(5) 其他相关的法律、法规等。

3. 产权依据

委托鉴定评估车辆的机动车登记证书编号。

4. 评定及取价依据

技术标准资料:《机动车运行安全技术条件》(GB7258—2004)。
技术参数资料:一汽一大众奥迪 A6 系列车型性能、装备一览表。
技术鉴定资料:
(1) 评估鉴定人员现场勘察记录表。
(2) 某修理厂提供的事故定损修理清单。
(3) 某保险公司提供的事故理赔清单。

八、评估方法

本次评估采用重置成本法(综合调整系数、市场变现系数),并考虑交通事故所造成的车辆损失对车辆市场价格的影响。

价格评估鉴定和计算过程如下。

(1) 价格评估人员接受委托后,对评估标的奥迪 A6 2.8 现场勘察,并进行了试驾,经鉴定发现了以下问题:前减支架左右相差 3cm,严重超出国家标准。在举升架上勘察车辆底部,发现车身有明显的碰撞后的焊痕,打开后备箱也发现有焊痕,关门时也发现声音异常,判断有重大事故发生。路试过程中,车速达 100km/h,车身感觉摇晃,明显与其他奥迪车相比缺少安全舒适感。

为客观公正地评估该车，鉴定评估人员经市场调查，调阅了该车的各项维修记录，发现该车曾有两次重大事故。一次追尾，造成的损失约11万；另一次被追尾造成的损失约8万；修理部门和保险公司提供了相关的清单。清单显示：2次碰撞，造成的修理换件项目大致有：散热器1 923元、冷凝器3 144元、稳定杆1 104元、前保险杆3 300元、大灯壳体3 578元、左前翼子板7 500元、车门骨架焊接总成2 504元、安全气囊传感器7 400元、防盗器传感器726元……修理项目达200多项；总计损失约19万元(详见修理定损清单)。

(2) 评估计算过程。本次评估采用重置成本法，2003年8月奥迪A6 2.8技术领先型市场售价为523 200元。其基本配置有变速箱型式：无级/手动一体式，发动机型式：2.8升/V型6缸/5气门电控多点燃油喷射/双顶置凸轮轴/可变相位/可变长度进气歧管，整车装备：带记忆电动外后视镜、带记忆前电动座椅、APS前后驻车报警装置、定速巡航装置、自动防眩晕内后视镜、动力转向随助力调节系统。在2005年8月评估基准日，该车型已不再生产，被新车型所替代。但仍然有库存车辆销售，其售价为445 000元。

$$重置价格=售价+上牌税费=445\,000+445\,000\div1.17\times10\%元=483\,034元$$

计算成新率：已使用年限为2年，规定使用年限为15年

$$\varepsilon=(1-2/15)\times\delta\times100\%=(1-2/15)\times0.78\times100\%=67\%$$

其中，δ(调整系数)＝技术状况(0.8)×30%＋维修保养(0.7)×25%＋国产名牌(0.9)×20%＋公务生活消费(0.7)×15%＋工作条件(0.8)×10%＝0.78

计算综合成新率：根据旧机动车变现系数表确定变现系数为0.9

$$综合成新率=67\%\times0.9=60.3\%$$

确定事故折损率：由于事故车修复后，对车辆的技术状况有影响，因此需确定事故折损率。根据评估人员的经验确定，该车事故折损率为26%。

$$\begin{aligned}评估值&=重置成本\times综合成新率\times(1-折损率)\\&=483\,034\times60.3\%\times(1-26\%)\\&=215\,539元\approx21.5万元\end{aligned}$$

九、评估结论

车辆评估价格人民币215 000元。金额大写：贰拾壹万伍仟元整。

十、特别事项说明

(1) 评估机构或评估人员对于评估标的没有现实或潜在的利益。

(2) 因事故造成的修理费用的定损清单，评估机构与买卖双方均已沟通，并获得双方认可。

十一、评估报告法律效力

(一)本项评估结论有效期为90天，自评估基准日起至2005年11月30日止。

(二)当评估目的在有效期内实现时，本评估结果作为作价参考依据。超过90天，需重新评估。另外在评估有效期内若被评估车辆的市场价格或因交通事故等原因导致车辆的价格变化，对车辆评估结果产生明显影响时，委托方也需重新委托评估机构重新评估；鉴定评估报告书的使用权归委托方所有，其评估结论仅供委托方为本项评估目的使用和送交旧机动车鉴定评估主管机关审查使用，不适用于其他目的：因使用本报告书不当而产生的任何后果与签署报告的鉴定估价师无关；未经委托方许可，本鉴定评估机构承诺不将报告书的内容向他人提供或公开。

附件：
一、旧机动车鉴定评估委托书(略)
二、旧机动车鉴定评估作业表(略)
三、车辆行驶证、购置附加税(费)证复印件(略)
四、鉴定估价师职业资格证书复印件(略)
五、鉴定评估机构营业执照复印件(略)
六、旧机动车照片(要求外观清新，车辆牌照能够辨认)(略)

注册旧机动车鉴定估价师　　　　　　　　　　　　　　　　　　复核人
（签字、盖章）　　　　　　　　　　　　　　　　　　　　　（签字、盖章）
（旧机动车鉴定评估机构盖章）
年　月　日

5.5.4 评估案例四：关于别克车价格评估报告

案例提示：旧机动车评估中经常会选用市场法和成本法评估同一辆车，其结论往往不一致，有时相差较大，要求我们根据市场经验取不同权数修正评估结论。

关于别克车价格评估报告

××××鉴定评估机构评报字［××××］第××号

一、绪言

××(鉴定评估机构)接受××××的委托，根据国家有关资产评估的规定，本着客观、独立、公正、科学的原则，按照公认的资产评估方法，对别克车辆进行了解评估。本机构鉴定评估人员按照必要的程序，对委托鉴定评估车辆进行了实地查勘与市场调查，并对其在2005年6月30日所表现的市场价值做出了公允反映。现将车辆评估情况及鉴定评估结果报告如下。

二、委托方与车辆所有方简介

委托方××××，委托方联系人××××，联系电话：××××。

根据机动车行驶证所示，委托车辆车主×××。

三、评估目的

根据委托方的要求，本项目评估目的是为买卖别克车过程中的确定交易价格，提供价格依据。

四、评估对象

评估车辆的厂牌型号(别克SGM7250G)；车牌号码(××－×××)；发动机号(×××××××)；车辆识别代号/车架号(××××××××××)；初次登记日期(2002年6月)；年审检验合格至2005年6月；养路费交至2005年12月；购置附加税(费)证(齐全)；车辆船使用税(已交)。

五、鉴定评估基准日

鉴定评估基准日：2005年6月30日。

六、评估原则

严格遵循“客观性、独立性、公正性、科学性”原则。

七、评估依据

1. 行为依据

机动车鉴定评估委托书(×××)号。

2. 法律、法规依据

(1)《国有资产评估管理办法》(国务院令第91号)。

(2) 原国家国有资产管理局《关于印发〈国有资产评估管理办法施行细则〉的通知》(国资办发[1992] 36号)。

(3) 原国家国有资产管理局《关于转发〈资产评估操作规范意见(试行)〉的通知》(国资办发[1996] 32号)。

(4) 国家经贸委等部门《汽车报废报废标准》(国资办发[1997] 456号)、《关于调整汽车报废标准若干规定的通知》(国经贸[2000] 1202号)。

(5) 其他相关的法律、法规等。

3. 产权依据

委托鉴定评估车辆的机动车登记证书编号。

4. 评定及取价依据

技术标准资料:《机动车运行安全技术条件》(GB 7258—2004)。

技术参数资料:上海通用别克车系列车型性能、装备一览表。

技术鉴定资料:(1)评估鉴定人员现场勘察记录表。

(2)评估鉴定人员市场调查资料。

八、评估方法

本次评估采用重置成本法(综合调整系数、市场变现系数)、市场比较法加权平均确定市场价格。价格评估鉴定和计算过程如下。

1. 运用重置成本法计算

(1) 确定重置成本

重置成本=新车购价+上牌税费

新车购价经市场调查2005年5月,别克老款SGM7250G已不再生产,现生产的为别克君威2.5G,市场售价为20.98万元。其配置差异见表5-8。

从表5-8可以看出,两款别克车安全配置基本相同,均无天窗。别克君威2.5车型配置较为新潮,两款车一次性功能贬值相差约12 000元;因此确定重置价为209 800−12 000=197 800(元)

重置成本=197 800+×10%=214 706(元)

表 5-8　两款别克的配置差异

		车型配置	安全配置
别克老款	SGM7250G	非真皮方向盘、木纹内饰、CD唱机、怀档、灰色布饰座椅	前排双安全气囊、前座高度可调节安全带、ABS4 轮防抱死刹车系统、OBD 车载电脑诊断系统、高位驻车灯和转位指示灯、四门前后门侧面防撞杆、全金属封闭承载式车身
别克君威 2.5G	SGM7252G	标准配置、CD 播放系统、钛晶石英钟、木纹内饰、电子控制空调系统、米色布饰座椅	前排双安全气囊、前座高度可调节安全带、ABS4 轮防抱死驻车系统、OBD 车载电脑诊断系统、高位驻车灯和转位指示灯、四门前后门侧面防撞杆、全金属封闭承载式车身

(2) 确定综合成新率。该车为 2000 年 6 月上牌，至基准日已使用 36 个月，规定使用年限为 180 个月

$$\varepsilon=(1-36/180)\times\delta\times100\%=0.8\times0.9=72\%$$

其中，δ(调整系数)=技术状况(0.9)×30%+维修保养(0.8)×25%+国产名牌(0.9)×20%+公务生活消费(1)×15%+工作条件(0.8)×10%=0.9

计算综合成新率：根据旧机动车变现系数表确定变现系数为 0.99，故

$$综合成新率=72\%\times0.99$$

(3) 评估值。

$$评估值=重置成本\times综合成新率=214\ 706\times72\%\times0.99=153\ 042$$

2. 运用市场比较法计算

评估人员根据市场调查资料选用两款别克车作为参照物，其分析见表 5-9。

表 5-9　分析表

品牌	参照物Ⅰ别克 SGM7250G(老款)	参照物Ⅱ别克君威 SGM7252G	被评估车辆别克 SGM7250G(老款)
上牌日期	2002 年 8 月价 25.8 万	2003 年 3 月价 24.38 万	2002 年 6 月价 25.8 万
交易日期	2005 年 5 月	2005 年 4 月	2005 年 6 月
交易数量	1	1	1
成新率	73%	81%	72%
付款方式	现款	现款	现款
物价指数	1	1.01	0.98
公开市场成交价	120 000	150 000	求评估值

解：(1)以参照物Ⅰ为参照对象作各项差异量化和调整。

结构性能差异量化与调整，参照物Ⅰ为老式车型和被评估车一样，无须调整。

销售时间差异量化与调整，0.98÷1=0.98。

新旧程度差异量化与调整，该项调整系数为

$$120\,000\times(72\%-73\%)=-1\,200\text{元}$$

销售数量和付款方式无差异。

$$\text{评估值}=(120\,000-1\,200)\times0.98=116\,424$$

(2) 以参照物Ⅱ为参照对象作各项差异量化和调整。

结构性能差异量化与调整，参照物Ⅱ为新式车型。被评估物为老式车型，评估基准日该项结构差异为12 000元。

该调整系数为12 000×72%=8 640元

销售时间差异量化与调整，0.98÷1.01=0.98

新旧程度差异量化与调整，该项调整系数为

$$150\,000\times(72\%-81\%)=-13\,500\text{元}$$

销售数量和付款方式无差异。

$$\text{评估值}=(150\,000-8\,640-13\,500)\times0.98=125\,303\text{元}$$

综合参照物Ⅰ参照物Ⅱ，被评估车辆评估值=120 863元

运用重置成本法计算的结论和市场比较法的结论分别为：153 042元、120 863元，评估鉴定人员考虑到别克车虽然属名牌车但其经济性能较差、百千米油耗较高、保值率相对不高，因此市场比较法权数和重置成本法权数分别取0.7、0.3。

$$\text{被评估车辆评估值}=153\,042\times0.3+120\,863\times0.7=130\,517\approx130\,000\text{元}$$

九、评估结论

车辆评估价格人民币130 000元。金额大写：壹拾叁万元整。

十、特别事项说明

(1) 评估机构或评估人员对于评估标的没有现实或潜在的利益。

(2) 评估标的产权明晰，评估时未考虑车辆曝光、欠费等对车辆价格的影响。

十一、评估报告法律效力

(一)本项评估结论有效期为90天，自评估基准日起至2005年9月30日止。

(二)当评估目的在有效期内实现时，本评估结果作为作价参考依据。超过90天，需重新评估。另外在评估有效期内若被评估车辆的市场价格或因交通事故等原因导致车辆的价格变化，对车辆评估结果产生明显影响时，委托方也需重新委托评估机构重新评估；鉴定评估报告书的使用权归委托方所有，其评估结论仅供委托方为本项评估目的使用和送交旧机动车鉴定评估主管机关审查使用，不适用于其他目的；因使用本报告书不当而产生的任何后果与签署报告的鉴定估价师无关；未经委托方许可，本鉴定评估机构承诺不将报告书的内容向他人提供或公开。

附件：

一、旧机动车鉴定评估委托书

二、旧机动车鉴定评估作业表

三、车辆行驶证、购置附加税(费)证复印件

四、鉴定估价师职业资格证书复印件
五、鉴定评估机构营业执照复印件
六、旧机动车照片(要求外观清新，车辆牌照能够辨认)

注册旧机动车鉴定估价师　　　　　　　　　　　　复核人

（签字、盖章）　　　　　　　　　　　　（签字、盖章）

（旧机动车鉴定评估机构盖章）

年　月　日

习　题

1. 二手车鉴定评估工作程序有哪几个步骤?
2. 现场鉴定工作中主要检查核对哪些证件与凭证？检查时应注意哪些事项?
3. 新车船税的特点是什么?
4. 简述不同价格估算方法的各自特点及其适应条件。
5. 什么是二手车鉴定评估报告书？编写过程中应注意哪些事项?

第6章 二手车交易实务

知识目标	了解二手车交易类型； 了解二手车置换的相关政策及发展状况； 掌握二手车交易过户手续、车辆转移登记手续及各种税费的变更
技能目标	了解二手车交易过程中涉及的各种表格、合同、委托书等文件的格式内容并学会如何使用此类文件； 掌握常见二手车交易类型的交易流程，能处理交易过程中常出现的一些问题

本章导语

二手车交易不像一般商品交易那么简单，需要遵守相关的政策规定，按照一定的交易程序进行，这样才能保障买卖双方的利益。本章重点介绍二手车交易程序，包括办理交易过户手续、车辆转移登记手续、各种税证变更等，此外还介绍了常见二手车交易类型、二手车交易合同、二手车置换等内容，通过以上知识的学习，可以更全面地了解二手车交易实务，掌握二手车交易流程。

6.1 交易类型

1. 二手车交易类型简介

二手车交易是一种产权交易，实现二手车所有权从卖方到买方的转移过程。二手车必须完成所有权转移登记(即过户)才算是合法、完整的交易。根据《二手车流通管理办法》(见附录)规定，常见的二手车交易有以下几种类型。

1）直接交易

二手车直接交易是指二手车所有人不通过经销企业、拍卖企业和经纪机构将车辆直接出售给买方的交易行为。交易可以在二手车交易市场内进行，也可以在场外进行。

2）中介经营

中介经营是指二手车买卖双方通过中介方的帮助而实现交易，中介方收取约定佣金的一种交易行为。中介经营包括二手车经纪、二手车拍卖等。

(1) 二手车经纪。二手车经纪是指二手车经纪机构以收取佣金为目的，为促成他人交易二手车而从事居间、行纪或者代理等经营活动。

(2) 二手车拍卖。二手车拍卖是指二手车拍卖企业以公开竞价的形式将二手车转让给最高应价者的经营活动。

3) 二手车销售

二手车销售是指二手车销售企业收购、销售二手车的经营活动。

二手车置换也是一种二手车经销行为。所谓二手车置换就是客户在汽车销售公司购买新车时，将目前在用的汽车经过该公司的检测估价后以一定的折价抵扣部分新车款的一种交易方式。目前二手车置换业务主要是在同品牌的车型中开展，汽车销售企业将置换的汽车经过一定的检测、维修后，作为一辆认证二手车卖给消费者。目前，我国已有部分汽车品牌开展了认证二手车销售业务，如上海通用“诚新二手车”。

二手车典当不赎回情况也可以算作一种二手车销售。二手车典当是指二手车所有人将其拥有的、具有合法手续的车辆质押给典当公司，典当公司支付典当当金，封存质押车辆，双方约定在一定期限内由出典人(二手车所有人)结清典当本息、赎回车辆的一种贷款行为。

典当时二手车所有人须持合法有效的手续到典当行办理典当手续，由典当行工作人员和车主当面查验，填写《机动车抵押/注销抵押登记申请表》(表 6-1，此申请表必须交到车辆管理所备案)，然后封入典当公司的专业车辆库房。如果到约定的赎回期限二手车所有人不赎回车辆，则典当行就可以依据协议自行处置该车，如出售。

2. 二手车交易者类型

二手车可以在任何身份的人群中交易。根据二手车买卖双方身份不同，二手车交易者有以下 4 种类型。

(1) 个人对个人交易。这种交易类型是：二手车所有权人为个人，二手车买受人也是个人。

(2) 个人对单位交易。这种交易类型是：二手车所有权人为个人，二手车买受人是单位。

(3) 单位对个人交易。这种交易类型是：二手车所有权人为单位，二手车买受人是个人。

(4) 单位对单位交易。这种交易类型是：二手车所有权人为单位，二手车买受人也是单位。

3. 二手车交易的相关规定

根据《二手车交易规范》(见附录)的规定。

(1) 二手车交易地点。二手车应在车辆注册登记所在地交易，也就是说，二手车不允许在异地交易。

(2) 二手车办理转移登记手续地点。二手车转移登记手续应按照公安部门有关规定在原车辆注册登记所在地公安机关交通管理部门办理。需要进行异地转移登记的，由车辆原属地公安机关交通管理部门办理车辆转出手续，在接收地公安机关交通管理部门办理车辆转入手续。

(3)建立二手车交易档案。交易后，二手车交易市场经营者、经销企业、拍卖公司应建立交易档案。交易档案主要包括以下内容：①法定证明、凭证复印件(主要包括车辆号牌、机动车登记证书、机动车行驶证和机动车安全技术检验合格标志)；②购车原始发票或者最近一次交易发票复印件；③买卖双方身份证明或者机构代码证书复印件；④委托人及授权代理人身份证或者机构代码证书，以及授权委托书复印件；⑤交易合同原件；⑥二手车经销企业的《车辆信息表》(表 6-2)二手车拍卖公司的《拍卖车辆信息表》(表 6-3)和《二手车拍卖成交确认书》(图 6.1)；⑦其他需要存档的有关资料。交易档案保留期限不少于 3 年。

表6-1 机动车抵押/注销抵押登记申请表

<table>
<tr><th colspan="3">机动车登记证书编号</th><th colspan="3"></th><th>号牌号码</th><th></th></tr>
<tr><td colspan="3">申请登记种类</td><td colspan="3">□抵押登记</td><td colspan="2">□注销抵押登记</td></tr>
<tr><td rowspan="5">抵押人</td><td colspan="2">姓名/名称</td><td colspan="3"></td><td colspan="2" rowspan="5">抵押人签章
（个人签字/单位盖章）
年 月 日</td></tr>
<tr><td colspan="2">住所地址</td><td colspan="3"></td></tr>
<tr><td colspan="2">身份证明名称</td><td></td><td>号码</td><td></td></tr>
<tr><td colspan="2">联系电话</td><td colspan="3"></td></tr>
<tr><td colspan="2">邮政编码</td><td colspan="3"></td></tr>
<tr><td rowspan="5">抵押权人</td><td colspan="2">姓名/名称</td><td colspan="3"></td><td colspan="2" rowspan="5">抵押权人签章
（个人签字/单位盖章）
年 月 日</td></tr>
<tr><td colspan="2">住所地址</td><td colspan="3"></td></tr>
<tr><td colspan="2">身份证明名称</td><td></td><td>号码</td><td></td></tr>
<tr><td colspan="2">联系电话</td><td colspan="3"></td></tr>
<tr><td colspan="2">邮政编码</td><td colspan="3"></td></tr>
<tr><td colspan="3">相关资料</td><td colspan="3">□主合同 合同编号______</td><td colspan="2">□抵押合同 合同编号______</td></tr>
<tr><td rowspan="3">申请方</td><td colspan="3">抵押人</td><td colspan="4">抵押权人</td></tr>
<tr><td colspan="3">□本人申请</td><td colspan="4">□本人申请</td></tr>
<tr><td colspan="3">□委托______代理申请</td><td colspan="4">□委托______代理申请</td></tr>
<tr><td rowspan="14">抵押人的代理人</td><td colspan="2">姓名/名称</td><td colspan="5"></td></tr>
<tr><td colspan="2">住所地址</td><td colspan="3"></td><td>联系电话</td><td></td></tr>
<tr><td colspan="2">身份证明名称</td><td></td><td>号码</td><td></td><td colspan="2" rowspan="5">抵押人的代理人签章
（个人签字/单位盖章）
年 月 日</td></tr>
<tr><td rowspan="4">经办人</td><td>姓名</td><td colspan="3"></td></tr>
<tr><td>身份证明名称</td><td></td><td>号码</td><td></td></tr>
<tr><td>住所地址</td><td colspan="3"></td></tr>
<tr><td>签名</td><td colspan="3">年 月 日</td></tr>
<tr><td colspan="2">住所地址</td><td colspan="3"></td><td>联系电话</td><td></td></tr>
<tr><td colspan="2">身份证明名称</td><td></td><td>号码</td><td></td><td colspan="2" rowspan="5">抵押权人的代理人签章
（个人签字/单位盖章）
年 月 日</td></tr>
<tr><td rowspan="4">经办人</td><td>姓名</td><td colspan="3"></td></tr>
<tr><td>身份证明名称</td><td></td><td>号码</td><td></td></tr>
<tr><td>住所地址</td><td colspan="3"></td></tr>
<tr><td>签名</td><td colspan="3">年 月 日</td></tr>
<tr><td colspan="8">提示：为保证您顺利办理登记事项，请认真查阅填表说明及业务流程。</td></tr>
</table>

填表说明：

① 填写时使用黑色、蓝色墨水笔，字体工整；

② 标注有“□”符号的为选择项目，选择后在“□”中画√；

③ 抵押人、抵押权人的住所地址栏，属于个人的，填写实际居住的地址；属于单位的，填写组织机构代码证书上签注的地址；

续表

④ 申请方式栏，属于由抵押人、抵押权人委托代理单位或者代理人代为申请的，除在“□”内画√外，还应当在下画线处填写代理单位或者代理人的全称； ⑤ 抵押人或抵押权人的签字/盖章栏，属于个人的，由抵押人或抵押权人签字；属于单位的，盖单位公章； ⑥ 抵押人的代理人栏和抵押权人的代理人栏，属于个人代理的，填写代理人的姓名、住所地址、身份证明名称、号码，在代理人栏内签名，不必填写经办人姓名等项目；属于单位代理的，应填写代理人栏的所有内容，代理单位应盖单位公章，经办人应签字。

4. 二手车交易的相关规定

根据《二手车交易规范》(见附录)的规定。

(1) 二手车交易地点。二手车应在车辆注册登记所在地交易，也就是说，二手车不允许在异地交易。

(2) 二手车办理转移登记手续地点。二手车转移登记手续应按照公安部门有关规定在原车辆注册登记所在地公安机关交通管理部门办理。需要进行异地转移登记的，由车辆原属地公安机关交通管理部门办理车辆转出手续，在接收地公安机关交通管理部门办理车辆转入手续。

(3) 建立二手车交易档案。交易后，二手车交易市场经营者、经销企业、拍卖公司应建立交易档案。交易档案主要包括以下内容：①法定证明、凭证复印件(主要包括车辆号牌、机动车登记证书、机动车行驶证和机动车安全技术检验合格标志)；②购车原始发票或者最近一次交易发票复印件；③买卖双方身份证明或者机构代码证书复印件；④委托人及授权代理人身份证或者机构代码证书，以及授权委托书复印件；⑤交易合同原件；⑥二手车经销企业的《车辆信息表》(表6-2)、二手车拍卖公司的《拍卖车辆信息表》(表6-3)和《二手车拍卖成交确认书》(图6.1)；⑦其他需要存档的有关资料。交易档案保留期限不少于3年。

表6-2　车辆信息表

<table>
<tr><td colspan="2">质量保证类别</td><td colspan="5"></td></tr>
<tr><td colspan="2">车牌号</td><td colspan="5"></td></tr>
<tr><td colspan="2">经销企业名称</td><td colspan="5"></td></tr>
<tr><td colspan="2">营业执照号码</td><td></td><td>地址</td><td colspan="3"></td></tr>
<tr><td rowspan="8">车辆基本信息</td><td>车辆价格</td><td>￥　　元</td><td>品牌型号</td><td></td><td>车身颜色</td><td></td></tr>
<tr><td>初次登记</td><td>年　月　日</td><td>行驶里程</td><td>千米</td><td>燃　料</td><td></td></tr>
<tr><td>发动机号</td><td></td><td>车架号码</td><td></td><td>生产厂家</td><td></td></tr>
<tr><td>出厂日期</td><td>年　月</td><td>年检到期</td><td>年　月</td><td>排放等级</td><td></td></tr>
<tr><td>结构特点</td><td colspan="5">□自动档　□手动档　□ABS　□其他</td></tr>
<tr><td>使用性质</td><td colspan="5">□营运　□出租车　□非营运　□营转非　□出租营转非
□教练车　□其他</td></tr>
<tr><td>交通事故记录
次数/类别/程度</td><td colspan="5"></td></tr>
<tr><td>重大维修记录
时间/部件</td><td colspan="5"></td></tr>
</table>

续表

<table>
<tr><td colspan="2">法定证明、凭证</td><td>□号牌　□行驶证　□登记证　□年检证明　□车辆购置税完税证明
□养路费缴付证明　□车船使用税完税证明　□保险单　□其它</td></tr>
<tr><td>车辆技术状况</td><td colspan="2"></td></tr>
<tr><td>质量保证</td><td colspan="2"></td></tr>
<tr><td>声明</td><td colspan="2">本车辆符合《二手车流通管理办法》有关规定，属合法车辆</td></tr>
<tr><td colspan="3">买方(签章)　　经销企业(签章)
经办人(签章)
年　月　日</td></tr>
<tr><td>备注</td><td colspan="2">1. 本表由经销企业负责填写
2. 本表一式三份，一份用于车辆展示，其余作为销售合同附件</td></tr>
</table>

填表说明：

(1) 质量保证类别。车辆使用年限在3年以内或行驶里程在6万km以内(以先到者为准，营运车除外)，填写“本车属于质量保证车辆”。如果超出质量保证范围，则在质量保证类别栏中填写“本车不属于质量保证车辆”，质量保证栏填写“本公司无质量担保责任”。

(2) 经销企业名称、营业执照号码及地址应按照企业营业执照所登记的内容填写。

(3) 车辆基本信息按车辆登记证书所载信息填写。

① 行驶里程按实际行驶里程填写。如果更换过仪表，应注明更换之前行驶里程；如果不能确定实际行驶里程，则应予以注明。

② 年检到期日以车辆最近一次年检证明所列日期为准。

③ 车辆价格按二手车经销企业拟卖出价格填写，可以不是最终销售价。

④ 其他信息根据车辆具体情况，符合项在□中划√。

⑤ 使用性质按表中所列分类，符合项在□中划√。

⑥ 交通事故记录次数/类别/程度，应根据可查记录或原车主的描述以及在对车辆进行技术状况检测过程中发现的，对车辆有重大损害的交通事故次数、类别及程度填写。未发生过重大交通事故填写“无”。

⑦ 重大维修记录应根据可查记录或原车主的描述以及在车辆检测过程中发现的更换或维修车辆重要部件部分(比如发动机大中修等)填写有关内容。车辆未经过大中修填写“无”。

(4) 法定证明、凭证等按表中所列项目，符合项在□中划√。

(5) 车辆技术状况是指车辆在展示前，二手车经销企业对车辆技术状况及排放状况进行检测，检测项目及检测方式根据企业具体情况实施，并将检测结果在表中填写。同时，检验员应在表中相应位置签字。

(6) 属于质量担保车辆的，经销企业根据交易车辆的实际情况，填写质量保证部件、里程和时间。一般情况下，质量保证可按以下内容填写。

① 质量保证范围为：从车辆售出之日起 3 个月或行驶 5000km，以先到为准。

② 本公司在车辆销售之前或之后质量保证期内，保证车辆安全技术性能。

③ 质量保证不包括：轮胎、电瓶、内饰和车身油漆，也不包括因车辆碰撞、车辆用于赛车或拉力赛等非正常使用造成的质量问题。

经销企业也可根据实际情况适当延长质量保证期限，放宽对使用年限和行驶里程的限制。

(7) 当车辆实现销售时，由经销企业及其经办人和买方分别在签章栏中签章。

表 6-3　拍卖车辆信息

	项目					
	拍卖企业名称					
	营业执照号码		地　址			
	拍卖时间	年　月　日	拍卖地点			
车辆基本信息	车牌号		厂牌型号		车身颜色	
	初次登记日期	年　月　日	行驶里程	千米	燃　料	
	发动机号			车架号		
	出厂日期	年　月		发动机排量		
	年检到期日	年　月		生产厂家		
	结构特点	□自动挡　□手动挡　□ABS　□其他____				
	使用性质	□营运　□出租车　□非营运　□营转非　□出租营转非　□教练车　□其他____				
	交通事故记录次数/类别/程度					
	重大维修记录					
	其他提示					
	法定证明、凭证等	□号牌　□行驶证　□登记证　□年检证明　□车辆购置税完税证明　□养路费缴付证明　□车船使用税完税证明　□保险单　□其他				
车辆技术状况						
	检测日期		检测人			
质量保证						

续表

声明	本车辆符合《二手车流通管理办法》有关规定，属合法车辆
其他载明事项	
拍卖人(签章)：	
备注	1. 本表由拍卖人填写 2. 本表一式三份，一份用于车辆展示，其余作为拍卖成交确认书附件

填表说明：

(1) 拍卖企业名称、营业执照号码及地址应按照企业营业执照所登记的内容填写。

(2) 拍卖时间、地点填写拍卖会举办的时间和地点。

(3) 车辆基本信息按车辆登记证书所载信息填写。

① 行驶里程按实际行驶里程填写。如果更换过仪表，应注明更换之前行驶里程；如果不能确定实际行驶里程，则应予以注明。

② 年检到期日以车辆最近一次年检证明所列日期为准。

③ 其他信息根据车辆具体情况，符合项在□中划√

④ 使用性质按表中所列分类，符合项在□中划√。

⑤ 交通事故记录次数/类别/程度，应根据可查记录或委托方的描述以及在对车辆进行技术状况检测过程中发现的，对车辆有重大损害的交通事故次数、类别及程度填写。确定未发生过重大交通事故填写“无”。

⑥ 重大维修记录应根据可查记录或委托方的描述以及在车辆检测过程中发现的更换或维修车辆重要部件部分(比如发动机大中修等)填写有关内容。确定未经过大中修填写“无”。

⑦ 拍卖企业应在其他提示栏中指出车辆存在的质量缺陷、未排除的故障等方面的瑕疵。

(4) 法定证明、凭证等按表中所列项目，符合项在□中划√。

(5) 车辆技术状况是指车辆在展示前，拍卖企业对车辆技术状况及排放状况进行检测，检测项目及检测方式根据企业具体情况实施，并将检测结果在表中填写。同时，检验员应在表中相应位置签字。

(6) 有能力的拍卖企业可为拍卖车辆提供质量保证，质量担保范围可参照经销企业的《车辆信息表》有关要求。质量保证部件、里程和时间可根据实际情况由企业自行掌握。

(7) 其他载明事项是拍卖企业需要对车辆进行特殊说明的事项。

(8) 当车辆拍卖成交时，拍卖人在签章栏中签章。

二手车拍卖成交确认书

拍卖人：

买受人：

签订地点：

签订时间：

图6.1　二手车拍卖成交确认书

经审核本拍卖标的手续齐全，符合国家有关规定，属于合法车辆。

拍卖人于____年____月____日在_______举行拍卖会上，竞标号码为______的竞买人________，经过公开竞价，成功竞得________。拍卖标的物的详情见附件《拍卖车辆信息》。依照《二手车流通管理办法》、《中华人民共和国拍卖法》及有关法律、行政法规之规定，双方签订拍卖成交确认书如下：

一、成交拍卖标的：拍卖编号为________的二手机动车，车牌号码为________。

二、成交价款及佣金：标的成交价款为人民币大写________元（￥________），佣金比例为成交总额的________%，佣金为人民币大写________元（￥________），合计大写________元（￥________）。

三、付款方式：拍卖标的已经拍定，其买受人在付足全款后方可领取该车。

四、交接：拍卖人在买受人付足全款后，应将拍出的车辆移交给买受人，并向买受人提供车辆转移登记所需的号牌、《机动车登记证书》、《机动车行驶证》、有效的机动车安全技术检验合格标志、车辆购置税完税证明、养路费缴付凭证、车船使用税缴付凭证、车辆保险单等法定证明、凭证。

五、转移登记：买受人应自领取车辆及法定证明、凭证之日起30日内，向公安机关交通管理部门申办转移登记手续。

六、质量保证：________________________。

七、声明：买受人已充分了解拍卖标的全部情况，承认并且愿意遵守《中华人民共和国拍卖法》和国家有关法律、行政法规之各项条款。

八、其他约定事项：

____

____

____

买受人（签章）：　　　　　　　　　　　　拍卖人（签章）：

法定代表人：

图6.1　二手车拍卖成交确认书(续)

6.2　交易程序

根据二手车交易类型的不同，其交易程序略有差异。但不论是哪一种交易类型，都必须办理过户相关手续，实现车辆所有权变更。目前，我国没有统一的二手车交易程序标准，各地二手车交易市场在完成二手车交易过程可能程序有差异，但主要程序是基本相同的。下面以北京市二手车交易为例，介绍二手车交易的基本程序。根据二手车交易类型和开具销售发票的权限，二手车交易程序有以下几种。

6.2.1　直接交易程序

二手车个人直接交易和通过二手车经纪机构进行的二手车交易，卖方不能直接给买方开具二手车销售统一发票。根据《二手车流通管理办法》规定，买卖双方达成交易意向后应当到二手车交易市场办理过户业务，由二手车交易市场经营者按规定向买方开具税务机关监制的统一发票——二手车销售统一发票(发票上必须盖有工商验证章才有效)，以便办理车辆相关证件及手续的变更。这种交易的程序(流程)如图 6.2 所示。

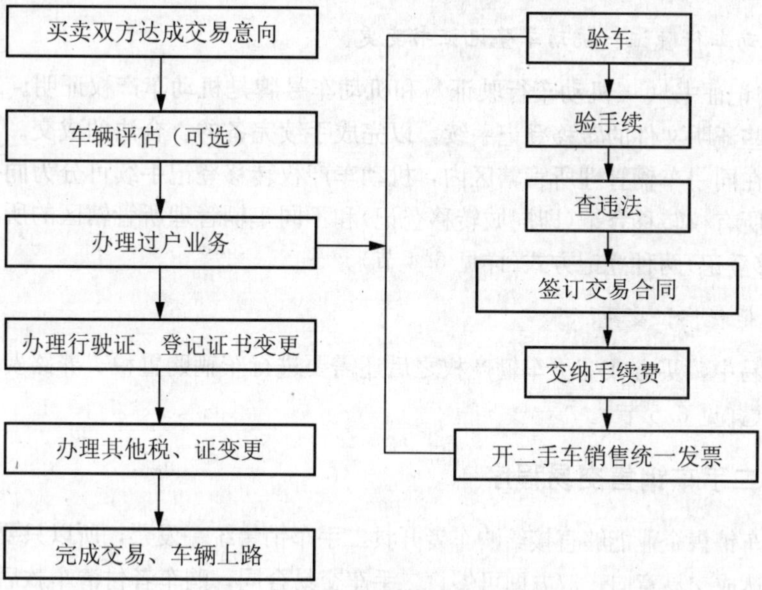

图 6.2　二手车交易直接交易的程序

1. 买卖双方达成交易意向

买卖双方达成交易意向是指买卖双方已就二手车交易谈妥了相关条件(如成交价格)达成的成交愿望。交易意向的达成是买卖双方的一个谈判过程，一旦谈妥就可以进入办理交易过户的相关手续，完成交易。

2. 车辆评估

二手车鉴定评估是买卖双方达成交易意向后自愿选择的项目。2005 年 12 月实施《二手车流通管理办法》以前，在二手车在买卖过程中，二手车交易中心会对车辆进行评估定价，然后在评估价的基础上收取 2.5%的过户费用。实际上，这种评估成了一种强制性的规定。

但是，由于缺乏统一的标准和规范，导致车辆评估的随意性比较大，评估结果可信度低，强制评估实际上成了收取过户费的工具。实施《二手车流通管理办法》以后规定：交易二手车时，除属国有资产的二手车外，二手车鉴定评估应本着买卖双方自愿的原则，不得强制执行，更不能以此为依据强制收取评估费。

消费者要求鉴定评估的目的主要有两个：一是想通过鉴定评估了解二手车的技术状况，尤其是发现车辆存在的故障和安全隐患；二是了解二手车的真实价值。对于不熟悉汽车性能的普通消费者来说，在购买二手车时，委托二手车鉴定评估机构作鉴定评估还是十分必要的。但一定要委托正规的、有资质的第三方评估机构(如二手车鉴定评估中心、资产评估事务所、价格认证中心)，并签订鉴定评估委托书，以使自己的权益得到保证。消费者得到的鉴定评估结果是二手车鉴定评估报告书，由评估机构签章后生效，作为车辆交易的参考。有关二手车鉴定评估的介绍参见第 5 章。

3. 办理过户业务

已注册登记机动车的所有权发生转移，原机动车所有人应在所有权转籍之日起 30 日内，向车辆管理部门申请过户(二手车过户业务内容见 6.3 节)。

4. 办理机动车行驶证、机动车登记证书变更

《机动车登记证书》、《机动车行驶证》和机动车号牌是机动车产权证明。二手车交易后必须办理这些证明文件的转移登记手续，以完成手续完备的、合法的成交。根据买卖双方的住所是否在同一车辆管理所管辖区内，机动车产权转移登记手续可分为同一车辆管理所管辖区内的所有权转移登记(即同城转移登记)和不同车辆管理所管辖区的所有权转移登记(即异地转移登记)两种登记方式(详见 6.4 节)。

5. 办理其他税、证变更

二手车交易中，买方在变更车辆产权之后还需要进行车辆购置税、养路费、保险合同等文件的变更(详见 6.5 节)。

6.2.2 二手车销售交易程序

由于二手车销售企业能够直接给购车者开具二手车销售统一发票，所以只要购车者和二手车销售企业达成交易意向，双方即可签订二手车交易合同，购车者付清车款后，企业按规定给购车者开具二手车销售统一发票，那么购车者就可以携带发票和要求的证件去相关部门办理车辆相关证件及手续的变更。这种交易的程序(流程)如图 6.3 所示。有关车辆的合法性手续，二手车经销企业在收购车时已经查验过，可通过二手车交易合同加以保证。

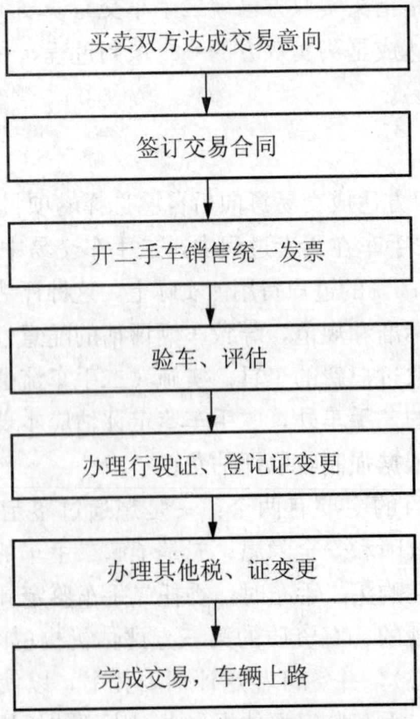

图 6.3　二手车销售类交易程序

6.2.3　二手车拍卖交易程序

根据《二手车流通管理办法》规定，二手车拍卖企业也能够直接给买受人开具二手车销售统一发票，所以在拍卖会结束后，买受人和拍卖企业签订成交确认书(相当于二手车交易合同)、交款得到二手车销售统一发票，凭成交确认书到指定地点提车，然后携带发票和要求的证件去相关部门办理车辆相关证件及手续的变更。拍卖交易程序(流程)如图 6.4 所示。有些拍卖企业虽然有二手车拍卖业务，但没有开具二手车销售统一发票的资格，此时，在交款后需要到指定的二手车交易市场办理相关过户手续，由市场按规定开具二手车销售统一发票。有关车辆的合法性手续，二手车拍卖企业在接受拍卖委托时已经查验过，可以通过二手车拍卖交易程序以及二手车拍卖成交确认书加以保证。

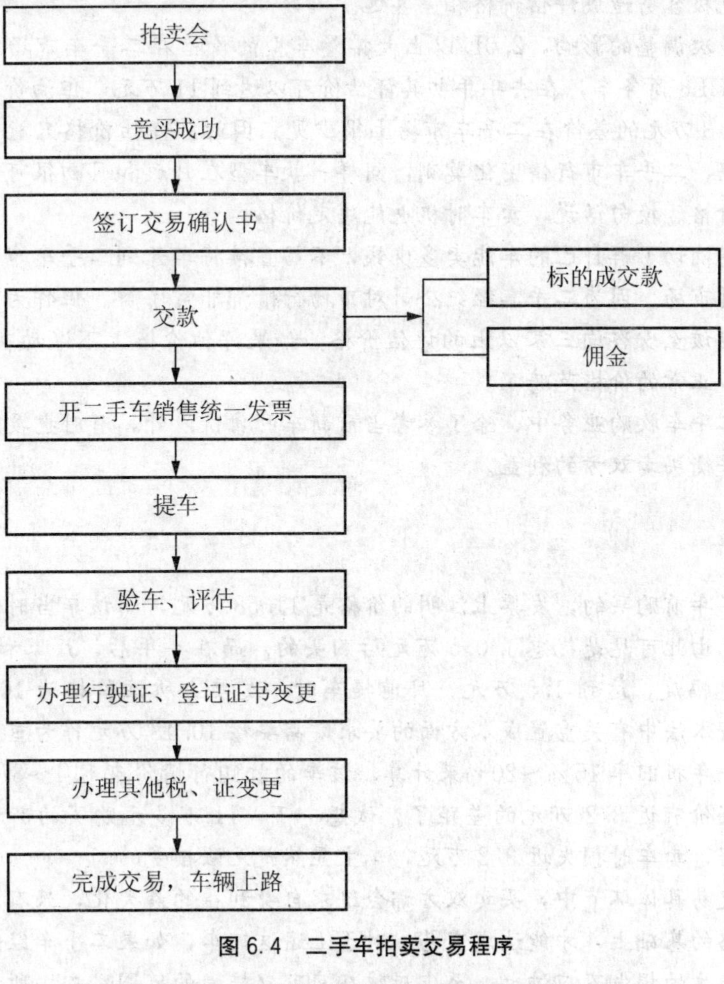

图 6.4　二手车拍卖交易程序

下面通过几个评估案例介绍二手车评估中值得注意的一些问题。

实际案例 6-1

最近，车主老黄想把自己的别克君越车卖掉，但他却被评估价格搞得一头雾水。他开着车去了两家不同的二手车公司，同一辆车被两个不同单位的评估师估出来的价格竟然相差2万多元。

针对老黄这种情况，业内人士认为，由于二手车的价格受新车价格的影响较大，再加上评估人员的专业素质以及掌握到的市场信息不一样，因此，同一辆车估价相差五六千元是正常的，估价相差1万元就有点不正常，若相差2万元就太离谱了。旧车评估的确受到车辆本身以及外界因素的影响，但价格的浮动也须有依据。

影响评估价的因素有多种，除了车辆自身因素影响评估价格之外，市场行情对于一款车型的评估价也起到关键性作用。例如：2006年别克君威2.0L手排车型，在2010年8月的评估价格接近8.4万元，可现在的评估价格在7.5万元，相差近1万元。这与2010年油价变动、1.6L排量及以下车型购置税减半等政策有直接关系。

另外，二手车市场内评估价格的准确度最多只能维持3个月。如果车辆几次评估的间隔时间过长，也极容易造成评估价格相差甚远。

受到油价多次调整的影响，2.0L以上大排量车型的价格在二手车市场内一度几涨几落，2002年的GL8商务车，在去年年初其评估价可以达到11万元，但油价变化后却只有8万多元，接近3万元的差价在二手车市场上很少见。因此，评估价格只能作为车主卖车的一种参考依据，二手车市行情变化莫测，同样一款车型在月底和月初很可能就会出现截然不同的两种价格。换句话说，卖车时机也能决定价格。

如果车主想确切了解自己的车能卖多少钱，不妨直接将车开到二手车市场，这样得到的评估价更贴近市场。因为二手车经纪公司对市场行情都非常了解。但作为车主，也不要只盯准一家，应该至少咨询三家以上的评估价格，如果评估价格上下浮动在5000元范围内，就基本属于正常的价格范畴了。

在现实的二手车收购业务中，除了参考当前新车的售价以外，有时也要考虑二手车的原始价格，以平衡买卖双方的利益。

实际案例 6-2

某车是在半年前购买的，发票上注明的价格是11.58万元，而该车当时的厂家指导价为11.98万元，由此可见是优惠了0.5万元后购买的。而在半年后，厂家和4S店加大了对该车型的优惠幅度，达到1.5万元，目前提车时，发票上所注价格为10.48万元。那么，根据重置成本法中有关重置成本方面的要求，需要按10.48万元作为重置成本评估标准。假使按第一年折旧率15%～20%来计算，该车的收购行情价在8.4～8.9万。那么就与该车主原购买价有近3.2万元的差距了。试想一下，11万多元购买的新车，使用仅半年，且车况良好，卖车时损失近3.2万元，车主显然是无法接受的。

在二手车交易具体环节中，买卖双方都会追求自身利益的最大化，只有交易双方达成一致、认可价格的基础上，才能达成交易。对于上述这辆车，如果二手车经营者想达成交易，就要保证车主的损失不应过大，至少应该在其可以接受的范围之内。所以，比较现实的做法就是依据购车发票上的原始价格，即11.58万元来进行价值评估，评估价范围在9.2～9.8万。当然，如果收购价格达到9.8万元，与当前新车优惠后的购买价，即10.48万元过于接近，对二手车经营者来说，必然造成经营风险，所以现实中是采取“折中”的办法，一般会选择9.2万元的价格，或适当再高一些的价格。因为选择“9万出头”这样的收购价，二手车商家再转手时，例如增加0.7～0.9万的利润，销售价也不会超过10万元，这让消费者在心理上也可以接受。例如收购价超过9.5万元，那么想不超过10万元转手，利润最多不会超过0.5万元。这样对于二手车经营者而言，利润显然太薄了。但如果转手价超过10万元，就与新车售价(即10.48万元)非常接近，消费者是很难接受的。

从上面的例子可见，原购车发票价格的重要性。所以在车辆收购环节中，不应过分依赖评估方法和各种公式，应权衡利弊，斟酌损益。二手车经营的最终目的是顺利地达成交易，实现经济利益。但需要注意的是，对于一些使用年限短，通常为使用一年，或一年以内的车辆适用于上述办法。

对于使用时间超过一年的，采用“重置成本法”较为有效。

6.3 车辆过户业务

二手车过户过程实际上是分为两个步骤：车辆交易过户和转移登记过户，两个步骤缺一不可。交易过户业务在二手车交易市场里办理，获取《二手车销售统一发票》；转移登记过户业务在车管所办理，主要完成《机动车登记证书》的变更登记、核发《机动车行驶证》及机动车号牌。办理二手车交易时，如果原车主不来，可以授权委托其他人来办理交易及过户手续，但必须签署有授权委托书(图6.5)。此委托书只在办理交易过户业务时使用，而办理转移登记过户业务时不用。

授权办理旧机动车交易、过户

委托书

本委托书现有旧机动车一辆，车辆号牌为：________

车辆型号为：________需出售。现委托________，

以委托人的名义办理上述旧机动车的交易、过户事宜。

委托人（签章）

年　　月　　日

注：1. 此原件（或复印件）应由委托人主动向购买旧车的当事人提供，并为《××市东方旧机动车买卖合同》的附件、经办人身份证复印件。

2. 以下手续由本委托人提供：(1) 车辆登记证书原件；(2) 本人身份证或单位法人代码证书；(3) 车辆行驶证原件；(4) 购车发票。

图6.5 二手车交易、过户委托书

办理交易过户业务程序如图6.5所示。

1. 验车

验车是买卖双方到二手车交易市场办理过户业务的第一道程序，由市场主办方委派负责过户的业务人员办理。验车的目的主要是检查车辆和行驶证上的内容是否一致，对车辆的合法性进行验证。检查的内容包括：车主姓名、车辆名称、车辆的号牌号码、车辆类型、车辆识别代码、发动机号、排气量、初次登记日期等，经检查无误后，填写《车辆检验单》(图6.6)，进入查验手续阶段。

2. 验手续

验手续主要查验车辆手续和机动车所有人身份证明。目的是检验买卖双方所提供的所有手续是否具备办理过户的条件，检查有无缺失以及不符合规定的手续。

1）车辆手续检查

车辆手续是指能够满足机动车上路行驶所需要的各种手续，主要包括按照国家有关法律法规以及地方法规要求应该办理的各项有效证件和应该交纳的税、费凭证。在对车辆进行价值评估时，除了车辆本身的实体价值以外，车辆合法证件和税费等均属于无形价值，是构成车辆使用价值的重要组成部分。只有手续合法，所应交纳的税费及其凭证无缺失，才能使车辆在交易环节具有完全的价值。如果车辆出现在使用中拖欠养路费、车船使用税、欠缴购置附加税、不按时年检等情况，即使车辆状况很好，也不具有实际使用价值。

卖方：________　电话：________
买方：________　电话：________
号牌号码：________　车辆类型：________
车辆名称：________　使用性质：________
车辆识别代码：________　发动机号：________
排气量：________　年份：________　颜色：________
注册登记日期：________　登记证号：________
原购车价：________　交易管理费：________　有效期：________
验车员：________　年　月　日
备注：

号牌号码：________　登记日期：________　年份：________
厂牌名称：________　颜色：________　排气量：________
车辆类型：________　使用性质：________　原购车价：________
经办人：________
年　月　日

图 6.6　车辆检验单

（1）查验证件。查验证件的目的是查验交易车辆的合法性。每辆合法注册登记的机动车都有车辆管理所核发的机动车登记证书和机动车行驶证、机动车号牌，号牌必须悬挂在车体指定位置。二手车交易时主要查验以下证件：机动车来历证明、机动车登记证书和机动车行驶证。①《机动车来历证明》（见 5.2.1 节）；②《机动车登记证书》（见 5.2.1 节），是机动车的“户口本”，二手车交易前后车辆和车主的变更信息都详细记载在登记证书里，确保交易双方和车辆管理部门了解车辆产权变更情况，它由车主持有，平时不需要随时携带；③《机动车行驶证》（见 5.2.1 节），是车辆上路行驶时必须随车携带的证件，也是二手车合法性的凭证之一，是二手车过户、转籍必不可少的证件。它是仅次于机动车登记证书的重要文件。消费者在办理二手车所有权转移登记的时候，《机动车行驶证》必须变更。需要注意的是，《机动车行驶证》的车辆照片必须与车辆相符，车辆要按照规定年检合格后才允许办理。

(2) 查验税费证明。根据《二手车流通管理办法》规定，二手车交易必须提供车辆购置税、养路费、车船使用税和车辆保险单等税费缴付凭证，见第5章。

2. 机动车所有人身份证明

机动车所有人身份证明是证实车主身份的证明，目的是查验机动车所有人是否合法拥有该车的处置权。车主的身份证明有以下几种情况：①如果车主为自然人，则身份证件为个人身份证。个人身份又有本地和外地个人之分：本市个人，只需身份证原件；外地个人，需身份证原件和暂住证原件；②如果车主为企业，则身份证件为企业的法人代码证书；③如果车主为外籍公民，则身份证件为其护照及工作(居留)证。

根据《二手车交易规范》规定，二手车交易市场经营者和二手车经营主体应按下列项目确认卖方的身份及车辆的合法性：①卖方身份证明或者机构代码证书原件合法有效；②车辆号牌、机动车登记证书、机动车行驶证、机动车安全技术检验合格标志真实、合法、有效；③交易车辆不属于《二手车流通管理办法》第二十三条规定禁止交易的车辆。

同时，二手车交易市场经营者和二手车经营主体应核实卖方的所有权或处置权证明。车辆所有权或处置权证明应符合下列条件。

① 机动车登记证书、行驶证与卖方身份证明名称一致；国家机关、国有企事业单位出售的车辆，应附有资产处理证明。

② 委托出售的车辆，卖方应提供车主授权委托书(图6.5)和身份证明。

③ 二手车经销企业销售的车辆，应具有车辆收购合同等能够证明经销企业拥有该车所有权或处置权的相关材料，以及原车主身份证明复印件。原车主名称应与机动车登记证、行驶证名称一致。

3. 查违法

查违法就是查询交易的二手车是否有违法行为记录。具体方法是登录车辆管理部门的信息数据库或查询网站进行查询。如某市机动车违法行为的查询可登录该市公安局公安交通管理局网站，输入车牌号和车辆识别代码(图6.7)即可查询到该车是否有违法记录。

4. 签订交易合同

根据《二手车流通管理办法》规定，二手车交易双方应该签订交易合同，要在合同当中对二手车的状况、来源的合法性、费用负担以及出现问题的解决方法等各方面进行约定，以便分清各自的责任和义务。

二手车经过查验和评估后，其车辆的真实性和基本价格已基本确定。如果车主不同意评估价格，可以和二手车销售企业协商达成最终交易的价格，同时，需要原车主对其车辆的一些其他事宜(使用年限、行驶千米数、安全隐患、有无违章记录等)做出一个书面承诺。这些都是以签订交易合同的形式来确定的。交易合同是确立买卖双方交易关系和履行责任的法律合约，是办理交易手续和过户手续的必要凭证之一。有关二手车交易合同的详细介绍参见6.6节，图6.8是二手车买卖合同范本。

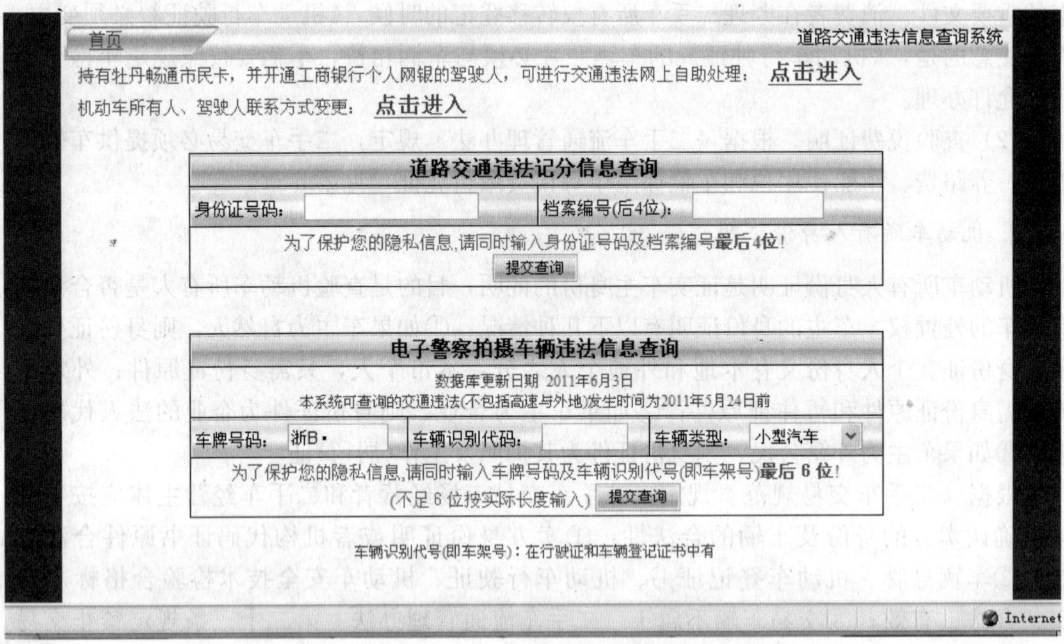

图 6.7 机动车违法行为查询

使用说明

一、本合同文本是依据《中华人民共和国合同法》、《二手车流通管理办法》等有关法律、法规和规章制定的示范文本，供当事人约定使用。

二、本合同所称二手车，是指从办理完注册登记手续到达到国家强制报废标准之前进行交易并转移所有权的汽车（包括三轮汽车、低速载货汽车，即原农用运输车）、挂车和摩托车。

三、本合同签订前，买卖双方应充分了解合同的相关内容。卖方应向买方提供车辆的使用、修理、事故、检验以及是否办理抵押登记、缴纳税费、报废期等真实情况和信息；买方应了解、查验车辆的状况。

四、双方当事人应结合具体情况选择本合同协议条款中所提供的选择项，空格处应以文字形式填写完整。

五、本合同“其他约定”条款，供双方当事人自行约定。

六、本合同示范文本由国家工商行政管理总局负责解释，并在全国范围内推行使用。

二手车买卖合同

合同编号：

依据《中华人民共和国合同法》及相关规定，买卖双方在平等、自愿、公平、诚实信用的基础上，就旧机动车买卖的有关事宜协商达成协议如下：

第一条卖方依法出卖具备以下条件的旧机动车（注：批量交易车辆请填写合同附件）

车主名称：__________；号牌号码：__________；厂牌型号：__________；养路费缴付有效期至__________；初次登记日期：__________；行驶 km 数__________。

车辆使用性质：□客运、□货运、□出租、□租赁、□非营运、□其他。

图 6.8 二手车买卖合同范本

车辆状况：____。

第二条车辆成交价格及交验车

车辆成交价格为（不含税费）________元；大写：________元；

车辆过户、转籍过程中发生的税、费负担方式为：□买方负责、□卖方负责、□________

买方应于________年________月________日在________（地点）同卖方当面验收车辆及审验相关文件，并自验收、审验无误起一日内向卖方支付车价款。

卖方应在收到车价款后向买方交付车辆及相关文件，并在一日内协助买方办理完车辆过户、转籍手续。（注：双方约定分期付款的，可就付款时间及车辆交付等问题在第六条中约定。）

相关文件包括：机动车行驶证、机动车登记证书、车辆购置税证明、税讫证明、车辆年检证明、养路费缴付凭证________。

第三条双方权利义务

1. 卖方应保证对出卖车辆享有所有权或处置权，且该车符合相关规定能够依法办理过户、转籍手续。

2. 卖方应保证向买方提供的相关文件真实有效及其对车辆状况的陈述完整、真实，不存在隐瞒或虚假成分。

3. 买方应按约定时间、地点与卖方当面验收车辆及审验相关文件，并按约定支付车价款。

4. 卖方收取车价款后，应开具合法、有效的收款凭证。

5. 车辆交付后，在办理过户、转籍过程中，因车辆使用发生的问题由________负责。

第四条违约责任

1. 第三人对车辆主张权利并有确实证据的，卖方应承担由此给买方造成的一切损失。

2. 买方未按约定支付车价款的，应每日按未交车价款________%的标准支付违约金。

3. 卖方未按约定交付车辆及相关文件的，应每日按车价款________%的标准支付违约金。

4. 因卖方原因致使车辆在规定期间内不能办理过户、转籍手续的，买方有权要求卖方返还车价款并承担一切损失；因买方原因致使车辆在规定期限不能办理过户、转籍手续的，卖方有权要求买方返还车辆并承担一切损失。

第五条合同争议的解决办法

本合同项下发生的争议，由双方当事人协商或申请调解解决；协商或调解解决不成的，依法向人民法院起诉，或按另行达成的仲裁条款或仲裁协议提起仲裁。

第六条　其他约定事项：____

本合同一式三份，买方一份，卖方一份，备案部门一份。本合同在双方签字盖章后生效。合同生效后，双方对合同内容的变更或补充应采取书面形式，作为本合同的附件。附件与本合同具有同等的法律效力。

买方（章）：	卖方（章）：
住所：	住所：
电话：	电话：
证照号码：	证照号码：
委托代理人：	委托代理人：
电话：	电话：
签订时间：	签订地点：

图 6.8　二手车买卖合同范本(续)

5. 交纳手续费

手续费俗称过户费，是指在二手车交易市场中办理交易过户业务相关手续的服务费用。2005年10月颁布实施《二手车流通管理办法》之前，二手车过户费的收取，是按照车辆评估价值的一定比例征收的，也是二手车交易市场的主要利润来源。以北京为例，过户费是按照车辆评估价2.5%的比例来收取的。例如，某二手车评估值为10万元，按照2.5%的比例，即过户费为2 500元。如果交易一辆评估值为50万元的二手车，过户费就是12 500元；而一辆评估值为5万元的车辆，过户费为1 250元。但就过户业务本身而言，两辆车的过户手续办理步骤是一致的，所需要的时间及人工成本也是一样的，但过户费却相差10倍，显然有失公允，这实际上抬高了交易成本，并转嫁给消费者。

2005年10月1日实施《二手车流通管理办法》以后，取消了强制评估，也就意味着，按照车辆评估价一定比例征收过户费的情况已被取消，取代之的是收取服务费。对于服务费的收取标准，国家没有统一规定，由各个市场根据服务项目和内容自己决定。

目前，很多二手车交易市场的服务费是按照汽车的排量来进行定额收取的，小排量少收，大排量多收。如北京市旧机动车交易市场收取标准按排量、年份、价格来划分，并设有起始价和最低价。车辆初次登记日期一年以内的车型按起始价收取费用，然后按使用年份逐年递减，直至最低价。微型轿车的过户费用200元起，1.0排量的轿车300元起，两者的过户费用最高均为600元。然后随着排量的增大，过户费用也随着增加，3.0排量的轿车最高的过户费用为4 000元，最低为500元。相应的相同排量的客车与货车的过户费用低于轿车，最低的微型货车和农用车的过户费用只需100元。北京中联二手车交易市场服务费采用定额收取的方式，统一标准为每辆车800元。对于1.3～3.0排量的车型实行减半，即400元的优惠征收标准；对于1.3排量以下的，执行200元的优惠征收标准。

6. 开具二手车销售统一发票

二手车销售发票是二手车的来历证明(图5.2)，是办理转移登记手续变更的重要文件，因此，它又被称为“过户发票”。过户发票的有效期为一个月，买卖双方应在此期间内，到车辆管理部门办理机动车行驶证、机动车登记证的相关变更手续。

二手车销售统一发票由从事二手车交易的市场、有开票资格的二手车经销企业或拍卖企业开具；二手车经纪公司和消费者个人之间二手车交易发票由二手车交易市场统一开具。二手车销售统一发票是采用压感纸印制的计算机票，一式5联，其中存根联、记账联、入库联由开票方留存；发票联交购车方、转移登记联交公安车辆管理部门办理过户手续。二手车销售发票的价款中不包括过户手续费和评估费。

开具的发票必须经驻场工商部门审验合格后，在已经开具的“二手车销售统一发票”上加盖“工商行政管理局旧机动车市场管理专用章”发票才能生效，这步骤称为“工商验证”。

7. 卖方应向买方交付的各种凭证

二手车交易完成后，为保证买方权益，卖方应当及时向买方交付车辆、号牌及车辆法定证明、凭证。车辆法定证明、凭证主要包括：①《机动车登记证书》；②《机动车行驶证》；③有效的机动车安全技术检验合格标志；④车辆购置税完税证明；⑤养路费缴付凭证；⑥车船使用税缴付凭证；⑦车辆保险单。

6.4　车辆转移登记手续

二手车交易像买房子一样属于产权交易范畴，涉及相关的证明文件和必要手续。二手车交易后必须办理这些证明文件的转移登记手续，以完成手续完备的、合法的成交。机动车产权证明是《机动车登记证书》、《机动车行驶证》和机动车号牌。根据买卖双方的住所是否在同一车辆管理所管辖区内，机动车产权转移登记手续可分为同一车辆管理所管辖区内的所有权转移登记(即同城转移登记)和不同车辆管理所管辖区的所有权转移登记(即异地转移登记)两种。

二手车同城转移登记手续应当在原车辆注册登记所在地公安交通管理部门办理。需要进行异地转移登记的，由车辆原属地公安交通管理部门办理车辆迁出手续，在接收地公安交通管理部门办理车辆迁入手续。办理二手车转移登记手续的程序如图 6.9 所示。

1. 《机动车登记证书》、《机动车行驶证》和机动车号牌的作用

《机动车登记证书》是机动车办理了登记的证明文件，上面记载了机动车详细的信息资料和机动车所有人的资料等登记事项。当证书上所记载的原始信息发生变化时，机动车所有人应携此证到车管所作变更登记。可见，《机动车登记证书》是机动车的“户口本”，它完整记录了机动车从“生”到“死”的过程。《机动车登记证书》不随车携带。

《机动车行驶证》是准予机动车在我国境内道路上行驶的法定证件。其上面记录的内容在《机动车登记证书》上都有，因此，可以说《机动车登记证书》是机动车信息的正本、《机动车行驶证》是副本。《机动车登记证书》可以不随车携带，而《机动车行驶证》则必须随车携带。机动车号牌是准予机动车在我国境内道路上行驶的法定标志，其号码是机动车登记编号，与行驶证上记载的号码一致。

2. 二手车办理转移登记所需的手续及证件

二手车在同城交易和所有权转移登记时，根据买卖双方身份不同，二手车交易出现 6.1.2 节所述的 4 种交易类型，办理转移登记时所需的手续和证件也相应不同。

(1) 二手车所有权由个人转移给个人：① 卖方个人身份证原件及复印件；②买方个人身份证原件及复印件；③车辆原始购置发票或上次交易过户发票原件及复印件；④过户车辆的《机动车登记证书》原件及复印件；⑤过户车辆的《机动车行驶证》原件及复印件；⑥二手车买卖合同；⑦外地户口需持暂住证；⑧过户车辆到场。

(2) 二手车所有权由个人转移给单位：① 卖方个人身份证原件及复印件；②买方单位法人代码证原件及复印件(须在年检有效期之内)；③车辆原始购置发票或上次交易过户发票原件及复印件；④过户车辆的《机动车登记证书》原件及复印件；⑤过户车辆的《机动车行驶证》原件及复印件；⑥二手车买卖合同；⑦过户车辆到场。

(3) 二手车所有权由单位转移给个人：① 卖方单位法人代码证原件及复印件(须在年检有效期之内)；②买方个人身份证原件及复印件；③车辆原始购置发票或上次交易过户

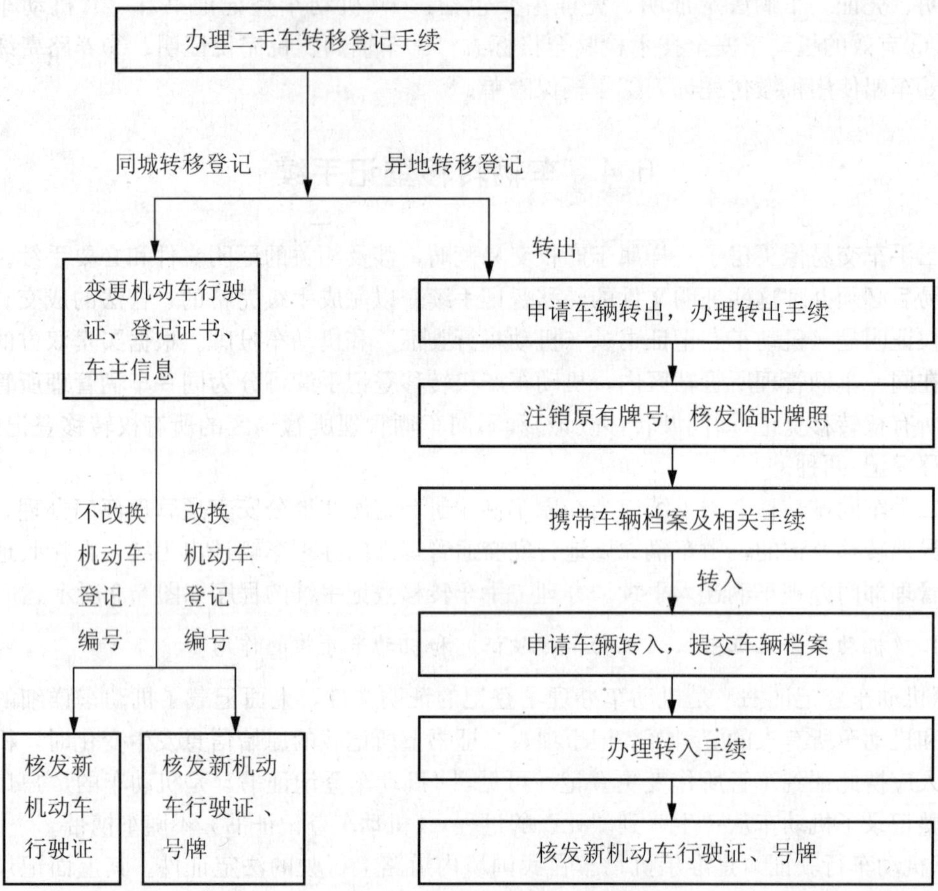

图 6.9　办理二手车转移登记手续的程序

发票原件及复印件(但发票丢失需本单位财务证明信)；④卖方单位须按实际成交价格给买方个人开具成交发票(需复印)；⑤过户车辆的《机动车登记证书》原件及复印件；⑥过户车辆的《机动车行驶证》原件及复印件；⑦二手车买卖合同；⑧过户车辆到场。

(4) 二手车所有权由单位转移给单位：① 卖方单位法人代码证原件及复印件(须在年检有效期之内)；②买方单位法人代码证原件及复印件(须在年检有效期之内)；③车辆原始购置发票或上次交易过户发票原件及复印件(但发票丢失需本单位财务证明信)；④卖方单位须按实际成交价格给买方单位开具成交发票(需复印)；⑤过户车辆的《机动车登记证书》原件及复印件；⑥过户车辆的《机动车行驶证》原件及复印件；⑦二手车买卖合同；⑧过户车辆到场。

3. 同城车辆所有权转移登记

办理已注册登记的机动车在同城(同一车辆管理所管辖区内)发生所有权转移时，只需要更改车主姓名(单位名称)和住所等资料，机动车及机动车号牌可以不变更。这种变更情形习惯上称为办理过户手续，即把机动车原车主的登记信息变更为新车主的登记信息。

1) 过户登记的程序

现车主提出申请(填写《机动车转移登记申请表》，见表 6－4)→机动车检测站查验车辆(同时对超过检验周期的机动车进行安全检测)→车辆管理所受理审核资料→在《机动车登记证书》上记载过户登记事项(对需要改变机动车登记编号的，确定机动车登记编号)→收回原机动车号牌和《机动车行驶证》→重新核发机动车号牌和《机动车行驶证》(对不需要改变机动车登记编号的，只需重新核发《机动车行驶证》)。

表6-4　机动车转移登记申请表

机动车登记证书编号			号牌号码	
申请事项	□机动车在车辆管理所管辖区内的转移登记　□机动车转出车辆管理所管辖区的转移登记			
现机动车所有人	姓名/名称		联系电话	
	住所地址		邮政编码	
	身份证明名称	号码	□常住人口　□暂住人口	
	居住/暂住证明名称	号码		
机动车	机动车使用性质	□公路客运　□公交客运　□出租客运　□旅游客运　□租赁　□货运　□非营运　□警用　□消防　□救护　□工程抢险　□营转非　□出租营转非		
	机动车获得方式	□购买　□中奖　□仲裁裁决　□继承　□赠与　□协议抵偿债务　□资产重组　□资产整体买卖　□调拨　□法院调解、裁定、判决		
	机动车品牌型号			
	车辆识别代号/车架号			
	发动机号码			
相关资料	来历凭证	□销售/交易发票　□《调解书》　□《裁定书》　□《判决书》　□《仲裁裁决书》　□相关文书　□批准文件　□调拨证明　□权益转让证明书		
	其他	□《中华人民共和国海关监管车辆解除监管证明书》　□《协助执行通知书》　□《公证书》　□身份证明　□行驶证	机动车所有人：	
事项明细	转入地车辆管理所名称	车辆管理所		
申请方式	□由现机动车所有人申请　□现机动车所有人委托＿＿＿＿代理申请		(个人签字/单位盖章)　年　月　日	

续表

<table>
<tr><td rowspan="7">代理人</td><td colspan="2">姓名/名称</td><td colspan="3"></td><td>联系电话</td><td></td></tr>
<tr><td colspan="2">住所地址</td><td colspan="5"></td></tr>
<tr><td colspan="2">身份证明名称</td><td></td><td>号码</td><td></td><td colspan="2" rowspan="5">代理人：

（个人签字/单位盖章）
年 月 日</td></tr>
<tr><td rowspan="4">经办人</td><td>姓 名</td><td colspan="3"></td></tr>
<tr><td>身份证明名称</td><td></td><td>号码</td><td></td></tr>
<tr><td>住所地址</td><td colspan="3"></td></tr>
<tr><td>签 字</td><td colspan="3">年 月 日</td></tr>
</table>

填表说明：

① 填写时使用黑色、蓝色墨水笔，字体工整；

② 标注有“□”符号的为选择项目，选择后在“□”中划“√”；

③ 现机动车所有人的住所地址栏，属于个人的，填写实际居住的地址；属于单位的，填写组织机构代码证书上签注的地址；

④ 机动车栏的“机动车品牌型号”、“车辆识别代码/车架号”、“发动机号码”项目，按照车辆的技术说明书、合格证等资料标注的内容与车辆核对后填写；

⑤ 申请方式栏，属于由机动车所有人委托代理单位或者代理人代为申请的，除在“□”内划“√”外，还应当在下划线处填写代理单位或者代理人的全称；

⑥ 机动车所有人的签字/盖章栏，属于个人的，由机动车所有人签字，属于单位的，盖单位公章；

⑦ 代理人栏，属于个人代理的，填写代理人的姓名、住所地址、身份证明名称、号码，在代理人栏内签名，不必填写经办人姓名等项目；属于单位代理的，应填写代理人栏的所有内容，代理单位应盖单位公章，经办人应签字。

2）过户登记需要的材料

（1）机动车转移登记申请表。

（2）现车主的身份证明。

身份证明类型主要分为以下几类。

① 机关、学校、工厂、公司等行政、事业、企业单位和社会团体的身份证明，是《组织机构代码证书》。上述单位已注销、撤销或者破产，其机动车需要办理变更登记、转移登记、注销登记和补领机动车登记证书、号牌、行驶证的，已注销的企业单位的身份证明，是工商行政管理部门出具的注销证明。已撤销的机关、事业单位的身份证明，是其上级主管机关出具的有关证明。已破产的企业单位的身份证明，是依法成立的财产清算机构出具的有关证明。

② 外国驻华使馆、领馆和外国驻华办事机构、国际组织驻华代表机构的身份证明，是该使馆、领馆或者该办事机构、代表机构出具的证明。

③ 居民的身份证明，是《居民身份证》或者《居民户口簿》；在暂住地居住的内地居民，其身份证明是《居民身份证》和公安机关核发的居住、暂住证明。

④ 军人(含武警)的身份证明，是《居民身份证》。

⑤ 香港、澳门特别行政区，台湾地区居民的身份证明，是其入境的身份证明和居留证明。

⑥ 外国人的身份证明，是其入境的身份证明和居留证明。

⑦ 外国驻华使馆、领馆人员，国际组织驻华代表机构人员的身份证明，是外交部核发的有效身份证件。

(3)《机动车登记证书》(原件)。

(4)《机动车行驶证》(原件)。

(5) 解除海关监管的机动车，应当提交监管海关出具的《中华人民共和国海关监管车辆解除监管证明书》。

(6) 机动车来历凭证(二手车交易的机动车来历凭证就是二手车销售统一发票)。

(7) 车辆购置税完税证明。

(8) 所购买的二手车。

3) 过户登记的事项

(1) 现车主的姓名或者单位名称、身份证明名称、身份证明号码、住所地址、邮政编码和联系电话。住所地址是指：① 单位住所的地址为其《组织机构代码证书》记载的地址；②居民住所的地址为其《居民户口簿》或者《居民身份证》或者《暂住证》记载的地址；③军人住所的地址为其团以上单位出具的本人住所地址证明记载的地址；④香港、澳门特别行政区的居民、台湾居民和外国人住所的地址为其居留证件记载的地址。

(2) 机动车获得方式。机动车获得方式是指，人民法院调解、裁定、判决、仲裁机构仲裁裁决，购买、继承、赠与、中奖、协议抵偿债务、资产重组、资产整体买卖和调拨等。

(3) 机动车来历凭证的名称、编号。

(4) 转移登记的日期。

(5) 海关解除监管的机动车，登记海关出具的《中华人民共和国海关监管车辆解除监管证明书》的名称、编号。

(6) 改变机动车登记编号的，登记机动车登记编号。

4) 不能办理过户登记的情形

有下列情形之一的，不能办理过户登记：① 车主提交的证明、凭证无效的；②机动车来历凭证有涂改的，或者机动车来历凭证记载的车主与身份证明不符的；③车主提交的证明、凭证与机动车不符的；④机动车未经国家机动车产品主管部门许可生产、销售或者未经国家进口机动车主管部门许可进口的；⑤机动车的有关技术数据与国家机动车产品主管部门公告的数据不符的；⑥机动车达到国家规定的强制报废标准的；⑦机动车属于被盗抢的；⑧机动车与该车的档案记载的内容不一致的；⑨机动车未被海关解除监管的；⑩机动车在抵押期间的；⑪机动车或者机动车档案被人民法院、人民检察院、行政执法部门依法查封、扣押的；⑫机动车涉及未处理完毕的道路交通安全违法行为或者交通事故的。

4. 二手车过户转移登记介绍

下面以北京市为例，简单介绍二手车过户转移登记程序。北京地区实行市、郊分划号牌管理制度。城八区(海淀区、朝阳区、西城区、东城区、宣武区、崇文区、丰台区、石景山区)使用普通号牌(京 A、京 B、……)，其他市郊各区县(昌平区、顺义区、通州区、平谷区、怀柔区、大兴区、房山区、门头沟区、延庆县、密云县)统一使用“京 G”字头号牌。车辆过户登记时需按照区域号牌种类决定是否更换号牌。

（1）非“京G”字头号牌的车转移登记(图6.10)。

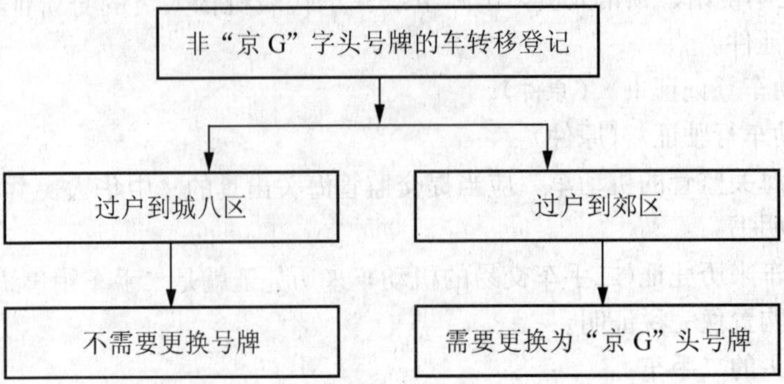

图6.10 非“京G”字头号牌的车转移登记

（2）“京G”字头号牌的车转移登记(图6.11)。

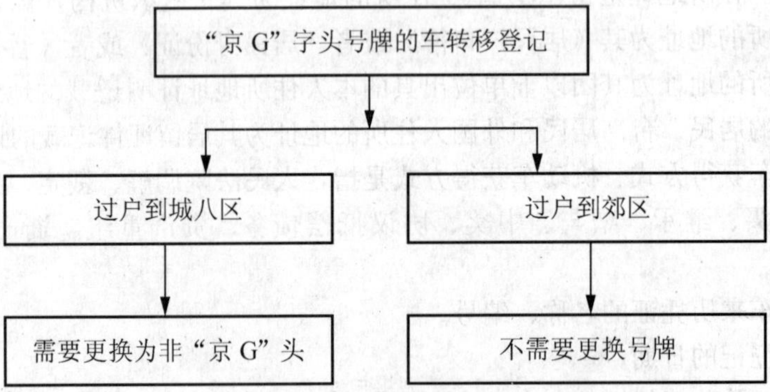

图6.11 “京G”字头号牌的车转移登记

（3）不需要更换车辆号牌的转移登记程序如下。

需要手续如下：①买方身份证原件；②原车主身份证原件；③《机动车登记证书》；④《机动车行驶证》；⑤过户交易发票；⑥车辆购置税完税证明；⑦已经交易的车辆。

办理流程如图6.12所示。

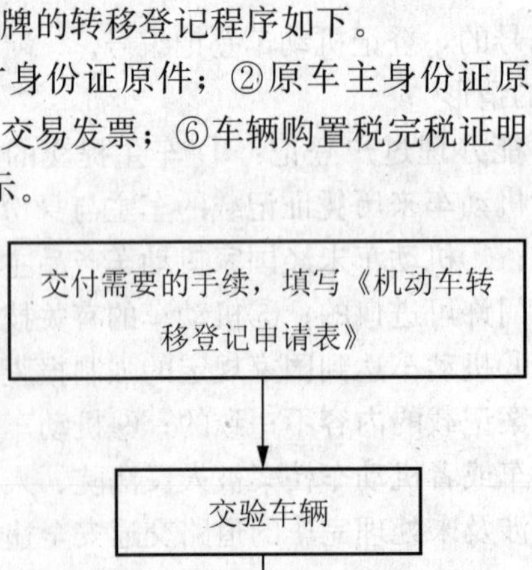

图6.12 不换号牌的转移登记流程

(4) 需更换车辆号牌的转移登记程序。

需要手续如下：① 买方身份证原件；②原车主身份证原件；③《机动车登记证书》；④《机动车行驶证》；⑤过户交易发票；⑥车辆购置税完税证明；⑦已经交易的车辆。

办理流程如图 6.13 所示。

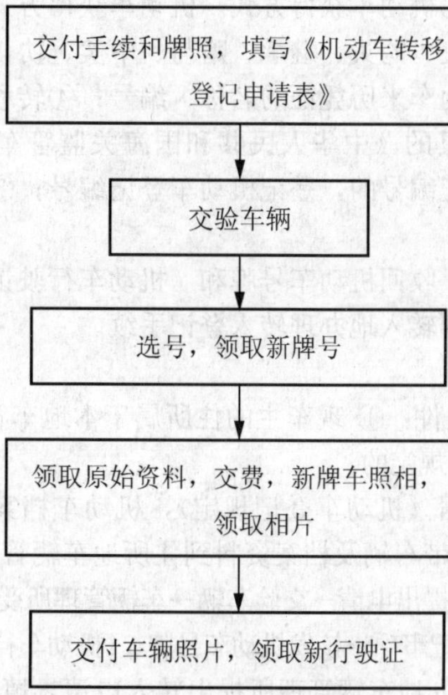

图 6.13　换号牌的转移登记流程

5. 异地车辆所有权转移登记

二手车交易后，如果新车主和原车主的住所不在同一城市里，不能直接办理《机动车登记证书》和《机动车行驶证》的变更，需要到新车主住所所属的车辆管理所管辖区内办理。这就牵涉二手车转出和转入登记问题。

1) 转出登记

车辆转出登记是指在现车辆管理所管辖区内已注册登记的车辆，办理车辆档案转出的手续。一般是由于现车主的住所或工作地址变动等原因需要将车辆转出本地。

(1) 转出登记程序。现车主提出申请(填写《机动车转移登记申请表》，见表 6-4)→车辆管理所受理审核资料→确认车辆→在《机动车登记证书》上记载转出登记事项→收回机动车号牌和《机动车行驶证》→核发临时行驶车号牌，密封机动车档案→交机动车所有人。

(2) 转出登记的规定。根据《机动车登记规定》，二手车交易后且现车主的住所不在原车辆管理所管辖区的，现车主应当于机动车交付之日(以二手车销售发票上登记日期为准)起 30 日内，向原二手车管辖地车辆管理所提出转移登记申请，填写《机动车转移登记申请表》(表 6-4)，有些地方还要求车主签订外迁保证书。

(3) 转出登记需要的资料。现车主在规定的时间内，持下列资料，向原二手车管辖地车辆管理所申请转出登记，并交验车辆：①机动车转移登记申请表；②现车主的身份证明；③《机动车登记证书》(原件)；④机动车来历凭证(二手车销售发票注册登记联原件)；

⑤如果属于解除海关监管的机动车，应当提交监管海关出具的《中华人民共和国海关监管车辆解除监管证明书》；⑥交回机动车号牌和《机动车行驶证》。

（4）转出登记事项。车辆管理所办理转出登记时，要在《机动车登记证书》上记载下列转出登记事项：①现车主的姓名或者单位名称、身份证明名称、身份证明号码、住所地址、邮政编码和联系电话；②机动车获得方式。机动车获得方式是指，人民法院调解、裁定、判决，仲裁机构仲裁裁决、购买、继承、赠与、中奖、协议抵偿债务、资产重组、资产整体买卖和调拨等；③机动车来历凭证的名称、编号；④转移登记的日期；⑤海关解除监管的机动车，登记海关出具的《中华人民共和国海关监管车辆解除监管证明书》的名称、编号；⑥改变机动车登记编号的，登记机动车登记编号；⑦登记转入地车辆管理所的名称。

完成转出登记的办理后，收回机动车号牌和《机动车行驶证》，核发临时行驶车号牌，密封机动车档案，交给车主到转入地办理转入登记手续。

2）转入登记

（1）机动车转入登记的条件：① 现车主的住所属于本地车管所登记规定范围的；②转入机动车符合国家机动车登记规定的。

（2）转入登记规定。根据《机动车登记规定》，机动车档案转出原车辆管理所后，机动车所有人必须在90日内携带车辆及档案资料到住所地车辆管理所申请机动车转入登记。

（3）转入登记程序。车主提出申请→交验车辆→车辆管理所受理申请→审核资料→在《机动车登记证书》上记载转入登记事项→核发机动车号牌、《机动车行驶证》和检验合格标志。

① 提出申请：车主向转入地车辆管理所提出转入申请，填写《机动车注册登/转入申请表》(表6-5)。

② 交验车辆：车主将机动车送到机动车检测站检测，车管所民警确认机动车的唯一性，查验车辆识别代号(车架号码)有无凿改嫌疑。

③ 车辆管理所受理申请：受理转入登记申请，查验并收存机动车档案，向车主出具受理凭证。

④ 审核资料：审批相关手续，符合规定的在计算机登记系统中确认，不符合规定的说明理由并开具退办单，将资料退回车主。

⑤ 办理转入登记手续：审验合格后，进行机动车号牌选号、照相，确定机动车登记编号，并在《机动车登记证书》上记载转入登记事项。

⑥ 核发新的机动车号牌和《机动车行驶证》。

表6-5　机动车注册登/转入申请表

申请事项		□注册登记			□转入	
机动车所有人	姓名/名称				联系电话	
	住所地址				邮政编码	
	身份证明名称		号码		□常住人口	□暂住人口
	居住/暂住证明名称				号码	

续表

<table>
<tr><td rowspan="5">机动车</td><td colspan="2">机动车使用性质</td><td colspan="4">□公路客运 □公交客运 □出租客运 □旅游客运 □租赁
□货运 □非营运 □警用 □消防 □救护 □工程抢险
□营转非 □出租营转非</td></tr>
<tr><td colspan="2">机动车获得方式</td><td colspan="4">□购买 □仲裁裁决 □继承 □赠予 □协议抵偿债务 □中奖
□资产重组 □资产整体买卖 □调拨 □境外自带
□法院调解、裁定、判决</td></tr>
<tr><td colspan="2">机动车品牌型号</td><td colspan="4"></td></tr>
<tr><td colspan="2">车辆识别
代号/车架号</td><td colspan="4"></td></tr>
<tr><td colspan="2">发动机号码</td><td colspan="4"></td></tr>
<tr><td rowspan="3">相关资料</td><td colspan="2">来历凭证</td><td colspan="2">□销售/交易发票 □《调解书》
□《裁定书》 □《判决书》
□相关文书 □批准文件
□调拨证明 □《仲裁裁决书》</td><td colspan="2" rowspan="4">机动车所有人签章：

(个人签字/单位盖章)
年 月 日</td></tr>
<tr><td colspan="2">进口凭证</td><td colspan="2">□《货物进口证明书》
□《没收走私汽车、摩托车证明书》
□《中华人民共和国海关监管车辆进(出)境领(销)牌证通知书》</td></tr>
<tr><td colspan="2">其他</td><td colspan="2">□国产机动车的整车出厂合格证
□机动车档案 □身份证明 □《协助执行通知书》 □《公证书》</td></tr>
<tr><td>申请
方式</td><td colspan="4">□由机动车所有人申请 □机动车所有人委托代理申请</td></tr>
<tr><td rowspan="7">代理人</td><td colspan="2">姓名/名称</td><td colspan="4"></td></tr>
<tr><td colspan="2">住所地址</td><td colspan="2"></td><td>联系电话</td><td></td></tr>
<tr><td colspan="2">身份证明名称</td><td></td><td>号码</td><td colspan="2" rowspan="5">代理人签章：

(个人签字/单位盖章)
年 月 日</td></tr>
<tr><td rowspan="4">经办人</td><td>姓　名</td><td colspan="2"></td></tr>
<tr><td>身份证明名称</td><td></td><td>号码</td></tr>
<tr><td>住所地址</td><td colspan="2"></td></tr>
<tr><td>签　字</td><td colspan="2">年 月 日</td></tr>
</table>

填表说明：

① 填写时使用黑色、蓝色墨水笔，字体工整；

② 标注有“□”符号的为选择项目，选择后在“□”中划“√”；

③ 机动车所有人的住所地址栏，属于个人的，填写实际居住的地址；属于单位的，填写组织机构代码证书上签注的地址；

续表

④ 机动车栏的“机动车品牌型号”、“车辆识别代码/车架号”、“发动机号码”项目，按照车辆的技术说明书、合格证等资料标注的内容与车辆核对后填写； ⑤ 申请方式栏，属于由机动车所有人委托代理单位或者代理人代为申请的，除在“□”内划“√”外，还应当在下划线处填写代理单位或者代理人的全称； ⑥ 机动车所有人的签字/盖章栏，属于个人的，由机动车所有人签字，属于单位的，盖单位公章； ⑦ 代理人栏，属于个人代理的，填写代理人的姓名、住所地址、身份证明名称、号码，在代理人栏内签名，不必填写经办人姓名等项目；属于单位代理的，应填写代理人栏的所有内容，代理单位应盖单位公章，经办人应签字。

(4) 转入登记需要的资料。① 机动车注册登记转入申请表；②车主的身份证明；③《机动车登记证书》；④机动车密封档案(原封条无断裂、破损)；⑤申请办理转入登记的机动车的标准照片；⑥如果是海关监管的机动车，还应当提交监管海关出具的《中华人民共和国海关监管车辆进(出)境领(销)牌照通知书》。

由于各地区对车辆环保要求执行不同的标准，例如北京市执行“国Ⅲ”标准，并要求所有机动车在办理注册登记，以及申请转入本市的车辆，须加装 OBD(On－Board－Diagnostics)车辆诊断系统。满足上述条件的，允许机动车注册登记，以及接受转入登记的申请。所以，车主在将车辆转入“转入地”前，应向转入地的车辆管理部门征询该车辆是否符合转入条件。

(5) 转入登记事项。车辆管理所办理转入登记时，要在《机动车登记证书》上记载下列登记事项：①车主的姓名或者单位名称、身份证明号码或者单位代码、住所的地址、邮政编码和联系电话；②机动车的使用性质；③转入登记的日期。

如果属于机动车所有权发生转移的，还应当登记下列事项：①机动车获得方式；②机动车来历凭证的名称、编号和进口机动车的进口凭证的名称、编号；③机动车办理保险的种类、保险的日期和保险公司的名称；④机动车销售单位或者交易市场的名称和机动车销售价格。

(6) 不能办理转入登记的情形。有下列情形之一的，不予办理转入登记：① 机动车所有人擅自改动、更换机动车或者机动车档案的；②6.4 节中不能办理过户登记的情形的。

6.5 其他税、证变更手续

二手车交易中，买方在变更车辆产权之后还需要进行车辆购置税、养路费、保险合同等文件的变更。各地在变更时对文件的要求不同，可以先到规定办理的单位窗口咨询一下。

1. 车辆购置税的变更

车辆购置税的征收部门是车辆登记注册地的主管税务机关，办理变更时，需填写《车辆变动情况登记表》，并携带以下资料办理。

1）车辆购置税同城过户业务办理

（1）办理车辆购置税同城过户业务提供的资料：① 新车主的身份证明；②二手车交易发票；③《机动车行驶证》；④车辆购置税完税证明(正本)。

上述资料均需提供原件及复印件。

（2）办理车辆购置税同城过户业务流程。填写《车辆变动情况登记表》→报送资料→办理过户→换领车辆购置税完税证明。

2）车辆购置税转籍(转出)业务办理

（1）办理转籍(转出)业务提供的资料：① 车主身份证明；②车辆交易有效凭证原件(二手车交易发票)；③车辆购置税完税证明(正本)；④公安车管部门出具的车辆转出证明材料。

上述资料均需提供原件及复印件。

（2）办理转籍(转出)业务流程。填写《车辆变动情况登记表》→报送资料→领取档案资料袋。

3）车辆购置税转籍(转入)业务办理

（1）办理转籍(转入)业务提供的资料：① 车主身份证明；②本地公安车管部门核发的机动车行驶证；③车辆交易有效凭证原件(二手车交易发票)；④车辆购置税完税证明；⑤档案转移通知书；⑥转出地车辆购置税办封签的档案袋。

（2）办理转籍(转入)业务流程。填写《车辆变动情况登记表》→报送资料→换领车辆购置税完税证明(正本)。

2. 养路费变更

养路费的征收部门是交通行政主管部门设立的养路费征稽处，办理变更时，需携带以下资料到征稽处办理。

① 本籍车辆过户、车牌号不变，车主变更，在不欠费的前提下凭二手车销售发票、新机动车行驶证、养路费凭证到养路费办理处注销后再办理新的养路费档案。

② 本籍车辆过户、因故变更车牌号、车主需提供新、旧行驶证复印件或新行驶证和变更过的车辆购置税证或者机动车登记证书，到养路费办理处注销后再办理新的养路费档案。

③ 本省境内的过户车辆，到原征稽机构结清养路费后办理养路费过户手续，并取得原征稽机构开出的车辆养路费异地通知单，转入地区征稽机构凭转出地区征稽机构办理的养路费过户手续(车辆养路费异地通知单)按新增车辆程序注册征费。

④ 省与省之间转籍的车辆，由转出地区征稽机构凭转籍证件办理该车在本地缴费截止日期的证明函件，转入地区凭证明函件按新增车辆程序登记征费，无证明函件的按逃费车辆处理。

3. 车辆保险合同的变更

在二手车买卖的过程中，办理车辆保险过户是非常重要的一个环节，因为车辆所有权的转移并不意味着车辆保险合同也转移。一般情况下，保险利益随着保险标的所有权的转让而灭失，只有经保险公司同意批改后，保险合同方才重新生效。所以，保险车辆依法过户转让后应到保险公司办理保险合同主体的变更手续，否则车辆受损时保险公司是有权拒赔的。我国《保险法》第 34 条规定：“保险标的转让应当通知保险人，经保险人同意继续承保后，依法变更合同。”保险公司和车主签订的保险合同一般也约定，在保险合同的有效期限内，保险车辆转卖、转让、赠送他人、变更用途或增加危险程度，被保险人应当事先书面通知保险人并申请办理批改，否则，保险人有权解除保险合同或者有权拒绝赔偿。

实际案例 6 - 3

买卖二手车莫忘保险过户

如今，随着二手车交易的增多，一个新问题也随之产生。很多人在买卖二手车时，以为只要向当地车管所提出机动车转籍更新申请即可，却忘记同时还应通知车辆的保险公司，给车辆保险办理相关的批改手续。

实际上，在二手车买卖的过程中，办理车险过户是非常重要的一个环节，因为车辆所有权的转移并不意味着车辆保险合同也跟着转移了。前不久，有位张先生就因为这样的疏忽，失去了要求保险公司为自己车辆赔偿的权利。

2003 年 11 月，张先生向某机械厂购买了一辆二手丰田小型栏板货车，并办理了相关的转籍入户手续。此前，该车已投保车辆损失险和附加险，保险金额为人民币 20 万元，保险期限为 2003 年 1 月 1 日零时至 12 月 31 日 24 时。但张先生买下此车后，并未及时将车主、车牌号变更的情况，及时通知保险公司。11 月底，该车发生重大交通事故，保险公司接到报案后，才发现车主及车牌已经变更。由于“被保险人未及时履行如实告知义务”，保险公司拒绝了保险车辆的赔偿要求。对此，张先生难以接受，一纸诉状将保险公司告上法庭。他认为保险合同约定的是对车辆的保险，在此案中，虽然车主与车牌变了，但车辆本身并未变更，保险公司理应承担此次事故的赔偿责任。

法院开庭审理后，法院判决不予以支持张先生的诉讼请求。因为，保险合同是一种基于最大诚信原则订立的合同，双方的诚信义务高于一般合同，法律要求投保人对保险标的的陈述必须真实。一般情况下，保险利益随着保险标的所有权的转让而灭失，只有经保险公司同意批改后，保险合同方才重新生效。同时，机动车辆保险条款中均有规定，在保险有效期内，保险车辆转卖、转让、赠送他人、变更用途或增加危险程度，被保险人应当书面通知保险公司并申请办理批改，否则保险公司有权拒绝赔偿。

(1) 办理车辆保险过户的方式。有两种。第一种是对保单要素进行更改，如更换被保险人与车主。

第二种就是申请退保，即把原来那份车险退掉，终止以前的合同。这时保险公司会退还剩余的保护费。之后，新车主就可以到任何一家保险公司去重新办理一份车险。

(1) 车辆保险合同变更的程序：① 填写一份汽车保险过户申请书，向原投保的保险公司申请办理批改被保险人称谓的手续。申请书上注明保险单号码、车牌号、新旧车主的姓名及过户原因，并签字或盖章，以便保险公司重新核保；②带保险单和已过户的机动车行驶证，找保险公司的业务部门办理。

一般情况下，保险公司都会受理并出具一张变更被保险人的批单，批单上面写明了被保险人的变化情况。

6.6 二手车交易合同

1. 订立二手车交易合同的基本准则

二手车交易合同是指二手车经营公司、经纪公司与法人、其他组织和自然人相互之间为实现二手车交易的目的，明确相互权利义务关系，所订立的协议。

订立交易合同时须遵守以下基本原则。

1）合法原则

订立二手车交易合同，必须遵守法律和行政法规。法律法规集中体现了人民的利益和要求。合同的内容及订立合同的程序、形式只有与法律法规相符合，才会具有法律效力，当事人的合法权益才可得到保护。任何单位和个人都不得利用经济合同进行违法活动，扰乱市场秩序，损害国家和社会利益，牟取非法收入。

2）平等互利、协商一致原则

订立合同的当事人法律地位一律平等，任何一方不得以大欺小、以强凌弱，把自己的意愿强加给对方，双方都必须在完全平等的地位上签订二手车交易合同。二手车交易合同应当在当事人之间充分协商、意思表示一致的基础上订立，采取胁迫、乘人之危、违背当事人真实意志而订立的合同都是无效的，也不允许任何单位和个人进行非法干预。

2. 交易合同的主体

二手车交易合同主体是指为了实现二手车交易目的，以自己名义签订交易合同，享有合同权利、承担合同义务的组织和个人。根据《中华人民共和国合同法》的规定，我国合同当事人按照其法律地位可分为以下几种。

1）法人

法人是指具有民事权利能力和民事行为能力，依法独立享有民事权利和承担民事义务的组织。

它必须具备以下条件：① 依法成立；②有必要的财产或经费；③有自己的名称、场所和组织机构；④能够独立承担民事责任的企业法人、机关法人、事业单位法人和社会团体法人。

2）其他组织

其他组织是指合法成立、有一定的组织机构和财产，但又不具备法人资格的组织，如私营独资企业、合伙组织和个体工商户。

3）自然人

自然人是指具有完全民事行为能力，可以独立进行民事活动的人。

3. 交易合同的内容

(1) 主要条款：① 标的，指合同当事人双方权利义务共同指向的对象，可以是物也可以是行为。二手车交易合同的标的是被交易的二手车；②数量；③质量，是标的内在因素和外观形态优劣的标志，是标的满足人们一定需要的具体特征；④履行期限、地点和方式；⑤违约责任；⑥根据法律规定的或按合同性质必须具备的条款及当事人一方要求必须规定的条款。

(2) 其他条款包括合同的包装要求、某种特定的行业规则和当事人之间交易的惯有规则。

4. 交易合同的变更和解除

(1) 交易合同的变更。交易合同的变更，通常是指依法成立的交易合同尚未履行或未完全履行之前，当事人就其内容进行修改和补充而达成的协议。

交易合同的变更必须以有效成立的合同为对象，凡未成立或无效的合同，不存在变更问题。交易合同的变更是在原合同的基础上，达成一个或几个新的合同作为修正，以新协议代替原协议。所以，变更作为一种法律行为，使原合同的权利义务关系消灭，新权利义务关系产生。

(2) 交易合同的解除。交易合同的解除，是指交易合同订立后，没有履行或没有完全履行以前，当事人依法提前终止合同。

(3) 交易合同变更和解除的条件。合同法规定，凡发生下列情况之一，允许变更或解除合同：① 当事人双方经协商同意，并且不因此损害国家利益和社会公共利益；②由于不可抗力致使合同的全部义务不能履行；③由于另一方在合同约定的期限内没有履行合同。

5. 违约责任

违约责任是指交易合同一方或双方当事人由于自己的过错造成合同不能履行或不能完全履行，依照法律或合同约定必须承受的法律制裁。

1）违约责任的性质

(1) 等价补偿。凡是已给对方当事人造成财产损失的，就应当承担补偿责任。

(2) 违约惩罚。合同当事人违反合同的，无论这种违约是否已经给对方当事人造成财产损失，都要依照法律规定或合同约定，承担相应的违约责任。

2）承担违约责任的条件

(1) 要有违约行为。要追究违约责任，必须有合同当事人不履行或不完全履行的违约行为。它可分为作为违约和不作为违约。

(2) 行为人要有过错。过错是指当事人违约行为主观上出于故意或过失。故意是指当事人应当预见自己的行为会产生一定的不良后果，但仍用积极的不作为或者消极的不作为希望或放任这种后果的发生；过失是指当事人对自己行为的不良后果应当预见或能够预见到，而由于疏忽大意没有预见到或虽已预见到但轻信可以避免，以致产生不良后果。

3）承担违约责任的方式

(1) 违约金。指合同当事人因过错不履行或不适当履行合同，依据法律规定或合同约定，支付给对方一定数额的货币。

根据《合同法》及有关条例或实施细则的规定，违约金分为法定违约金和约定违约金。

(2) 赔偿金。指合同当事人一方过错违约给另一方当事人造成损失超过违约金数额时，由违约方当事人支付给对方当事人的一定数额的补偿货币。

(3) 继续履行。指合同违约方支付违约金、赔偿金后，应对方的要求，在对方指定或双方约定的期限内，继续完成没有履行的那部分合同义务。

违约方在支付了违约金、赔偿金后，合同关系尚未终止，违约方有义务继续按约履行，最终实现合同目的。

6. 合同纠纷处理方式

合同纠纷是指合同当事人之间因对合同的履行状况及不履行的后果所发生的争议。根据《合同法》及有关条例的规定，我国合同纠纷的解决方式一般有协商解决、调解解决、仲裁和诉讼 4 种。

(1) 协商解决。是指合同当事人之间直接磋商，自行解决彼此间发生的合同纠纷。这是合同当事人在自愿、互谅互让基础上，按照法律、法规的规定和合同的约定，解决合同纠纷的一种方式。

(2) 调解解决。是指由合同当事人以外的第三人(交易市场管理部门或二手车交易管理协会)出面调解，使争议双方在互谅互让基础上自愿达成解决纠纷的协议。

(3) 仲裁。是指合同当事人将合同纠纷提交到国家规定的仲裁机关，由仲裁机关对合同纠纷做出裁决的一种活动。

(4) 诉讼。是指合同当事人之间发生争议而合同中未规定仲裁条款或发生争议后也未达成仲裁协议的情况下，由当事人一方将争议提交到有管辖权的法院按诉讼程序审理做出判决的活动。

7. 二手车交易合同的种类

二手车交易合同按当事人在合同中处于出让、受让或居间中介的不同情况，可分为二手车买卖合同和二手车居间合同两种。

(1) 二手车买卖合同。① 出让人(售车方)：有意向出让二手车合法产权的法人或其他组织、自然人；②受让人(购车方)：有意向受让二手车合法产权的法人或其他组织、自然人。

典型的二手车买卖合同如图 6.14 所示。

二手车买卖合同

合同编号：＿＿＿＿＿＿

订立地点：＿＿＿＿＿＿

卖方（甲方）：＿＿＿＿＿＿＿＿

买方（乙方）：＿＿＿＿＿＿＿＿

甲、乙双方在平等、自愿、公平、诚实信用的基础上，就二手车的买卖事宜，经协商一致，达成如下协议：

一、卖方车辆的基本情况：

车主姓名或单位名称：＿＿＿＿＿＿＿＿　厂牌型号：＿＿＿＿＿＿＿＿

车牌号码：＿＿＿＿＿＿＿＿　已行驶里程：＿＿＿＿＿＿＿＿

初次登记日期：＿＿＿＿＿＿　发动机号：＿＿＿＿＿＿　车架号：＿＿＿＿＿＿

车辆状况：＿＿＿＿＿＿　需要说明的情况：＿＿＿＿＿＿

车辆使用性质：□客运、□货运、□出租、□租赁、□非营运、□其他。

具体瑕疵描述：

（一）底盘部分：＿＿＿＿＿＿＿＿＿＿＿＿＿＿＿＿

（二）车身外观部分：＿＿＿＿＿＿＿＿＿＿＿＿＿＿＿＿

（三）发动机部分：＿＿＿＿＿＿＿＿＿＿＿＿＿＿＿＿

（四）电器设备部分：＿＿＿＿＿＿＿＿＿＿＿＿＿＿＿＿

（五）其他：＿＿＿＿＿＿＿＿＿＿＿＿＿＿＿＿

图 6.14　二手车买卖合同

二、车款及交验车：

车款为（不含税费）__________元；大写____________。

买方应于______年____月____日在（地点）____________同卖方当面查验车辆及相关证明、凭证，并以□现金□支票□汇票的方式自查验无误之日起______日内向卖方支付车款的______%，待办理完过户手续后，即支付剩余车款。卖方应在收到第一笔车款的当日交付车辆、号牌及相关证明、凭证，并协助买方在15个工作日内办理完车辆过户、转籍手续。车辆过户、转籍过程中发生的税、费由____________负担。

相关证明、凭证包括：□机动车行驶证 □机动车登记证书 □机动车安检合格标志 □车船使用税缴付凭证 □车辆保险单 □车辆购置税完税证明 □养路费缴付凭证 □其他____________。

三、卖方的权利义务

（一）应保证对出卖的车辆享有所有权和处分权，能够依法办理过户、转籍手续；

（二）保证向买方提供的相关证明、凭证真实、合法、有效；

（三）因卖方的原因造成车辆不能过户或转籍，应接受买方退回的车辆，卖方已接受的车款及孳生的利息应全部退回，并向买方支付因此实际发生的费用；

（四）保证向买方提供车辆的使用、修理、事故、检验以及是否办理抵押登记、交纳税费、报废期等真实情况和信息，卖方出售车辆存在未明示瑕疵给买方造成损失的，赔偿买方相应的经济损失。

（五）收取买方车款后，应给买方开具合法的收款凭证。

四、买方的权利义务

（一）应按照约定的时间、地点与卖方当面验车及查验相关证明、凭证，并按照约定支付车款。

（二）应持有效证件与卖方约定时间，共同办理车辆过户、转籍手续。

五、违约责任

（一）第三人对车辆主张权利并有确切证据的，卖方应承担由此给买方造成的一切经济损失。

（二）卖方未按照约定交付车辆或相关证明、凭证的，应每日按已收取车款的______%标准向买方支付违约金。

（三）因卖方原因致使车辆在约定期限内不能办理过户、转籍手续的，应每延迟一日按已收取车款的______%标准向买方支付违约金。

（四）买方未按约定支付车款或未按约定时间办理过户、转籍手续的每延迟一日按未支付车款的______%标准向卖方支付违约金。

六、解决争议的方法

本合同履行中发生争议，由双方协商解决，协商不成可向工商行政管理机关申请调解，不愿调解或调解不成的，可向____________仲裁委员会申请仲裁（不约定仲裁的可直接向人民法院起诉）。

图6.14 二手车买卖合同(续)

5. 车辆权属状况

(1) 车辆所有人姓名或名称：________

(2) 车辆设定担保(抵押或质押)情况：□已设定 □未设定

6. 车辆其他相关信息：________

第二条 车辆价款、车辆转移登记手续费、居间报酬及支付时间、支付方式

(1) 本车价款为人民币：________元(小写：________元)。

(2) 车辆转移登记手续费(包含税费)为人民币：________元(小写：________元)。车辆转移登记手续费由________方承担，该方应于本合同签订之日起________日内将车辆转移登记手续费支付给约定的车辆转移登记手续办理方。

(3) 车辆成交居间报酬为车辆价款的______%，即人民币：________元(小写：________元)。

(4) 居间报酬应在《二手车买卖合同》签订后______日内支付给经纪机构。

(5) 居间报酬支付方式：

□全部由卖方支付 □全部由买方支付

□卖方支付________%，即人民币：________元；买方支付________%，即人民币：________元

第三条 买方、卖方及经纪机构的权利和义务

(1) 买方应当按照约定支付价款，卖方应当按照约定向买方交付车辆。

(2) 卖方应当保证合法享有车辆的所有权或处分权，同时卖方还应当保证其向经纪机构以及买方出示及提供的与车辆有关的一切证件、证明及信息合法、真实、有效。

(3) 卖方应向买方充分披露车辆的质量状况，对于车辆出现的质量故障不得隐瞒。

(4) 买方、卖方应当按照约定向经纪机构支付居间报酬。

(5) 经纪机构收取居间报酬后，应向支付方开具合法、规范的收费票据。

(6) 经纪机构应当向买方如实告知与车辆交易相关的重要事实和信息，包括但不限于：影响安全使用的质量故障、重大事故记录等。

(7) 经纪机构应当主动告知买卖双方办理车辆过户、转籍的有关程序并全力协助双方备齐过户、转籍所需资料。若买卖双方共同委托经纪机构办理车辆转移登记和转籍手续的，经纪机构应在买卖双方签订买卖合同后________日办妥车辆转移登记手续，并将有关证件交付给买方。

第四条 违约责任

(1) 卖方向买方提供的车辆如果存在权利瑕疵或者影响安全使用的质量故障，买方有权要求卖方赔偿因此而造成的损失。经纪机构若与卖方恶意串通隐瞒该权利瑕疵或者质量故障，该经纪机构应当与卖方承担连带赔偿责任。

(2) 经纪机构逾期办理或不予办理车辆转移登记手续的，应双倍返还居间报酬。

(3) 经纪机构故意隐瞒与订立合同有关的重要事实或者提供虚假情况，损害买方或者卖方利益的，不得要求买方或者卖方支付报酬或双倍返还已支付的报酬，并应当承担损害赔偿责任。

第五条 合同的解除

有下列情形之一的，当事人可以解除合同。

(1) 当事人就解除合同协商一致。

(2) 因不可抗力致使合同目的无法实现。

图 6.15 二手车居间合同(续)

第六条　合同争议的解决方式

因本合同发生纠纷，由当事人协商解决。协商不成时，依据中华人民共和国法律，采取下列第________种方式解决。

(1) 向××仲裁委员会申请仲裁。

(2) 向中国国际经济贸易仲裁委员会××分会申请仲裁。

(3) 向人民法院起诉。

第七条　其他约定

____

____

____

第八条　合同生效

本合同一式______份，自三方当事人签字(盖章)之日起生效。

买方(签章)：　　　　　　　　　　卖方(签章)：

经纪机构(签章)：

签订地点：

签订时间：　　　　　　　　　　年　　月　　日

图 6.15　二手车居间合同(续)

6.7　二手车置换

1. 二手车置换的概念

二手车置换就是用现有的二手车来置换新车，就是将卖旧车和买新车两个过程合并成为一个过程。

目前的二手车置换方式主要有两种：一种是同品牌内的二手车置换新车，比如奇瑞汽车开展的“QQ”换“旗云”、“旗云”换“东方之子”等。但是进行这种置换方式的厂商一般较少，而且很多是地区经销商的个别行为。另一种是多品牌置换某一品牌新车的业务，例如目前上海通用的“诚信二手车”等都是这种方式。

厂商直接参与的二手车置换与直接把二手车拿到二手车交易场所去卖相比，主要的好处就是比较有保障。但一般来讲，厂家的二手车置换给出的二手车评估价相对来讲比较低。

4S店真正的优势在于二手车的整修环节，可以利用他们的硬件资源，将二手车真正地整修一番，无疑可以提高它下一个阶段的使用价值，但这一个环节已经与置换车辆的车主没有关系了。

在发达国家，二手车市场形成了品牌专卖、大型超市、连锁经营、二手车专营、二手车拍卖等多元化经营体制，其交易方式也呈现出直销、代销、租赁、拍卖、置换等多样化运作模式。但二手车业务在我国正处于新兴阶段，目前各地二手车交易市场仍以代理交易为主要业务形式，传统的收取手续费仍是其主要赢利模式。不过，伴随着多种经营主体大规模涌入二手车市场，市场已孕育出一些新的经营模式。其中，以汽车厂商为主导的品牌二手车业务尤为引人注目，正在悄然构建二手车市场交易的新规则。

目前，市场上出现的品牌二手车业务主要有上海通用的“诚信二手车”、一汽大众的“认证二手车”、奥迪的“3A 二手车”及上海大众的“特选二手车”。这些品牌二手车业务大同小异，主要包括置换业务和认证二手车业务，其中置换业务占据较大比例。因为在二手车的业务链中，二手车置换无疑是品牌厂商最容易介入的业务，也是新车销售的下一个利润增长点。目前的置换业务主要是二手车与新车的置换，而二手车与二手车的置换极为罕见，而且二手车与新车的置换业务又分为同品牌置换和多品牌置换。

虽然汽车厂商具有经营同品牌置换业务的天然优势，但是多品牌置换业务将会成为品牌认证二手车的主流业务模式。首先，从需求方来看，消费者在置换时有选择其他品牌新车的心理诉求。近年来，新车价格持续走低，从而导致二手车折旧加快。同品牌置换时较低的二手车评估价，使得消费者产生极度的心理不平衡，进而对原品牌丧失信心。据统计，目前汽车厂商开展的同品牌置换业务的成功率不到10%。虽然其他品牌汽车的折旧程度同样很高，但消费者毕竟没有用过之后的切肤之痛，因此往往会选择多品牌置换业务。其次，从供给方来看，汽车厂商有提供多品牌置换业务的扩张动力。为了抢占对手品牌的市场保有量份额，汽车制造商常常会通过其经销商开展的多品牌置换业务，把对手品牌的二手车置换成自己品牌的新车，然后再培养这些新消费者的本品牌忠诚度，从而达到战胜竞争对手的目的。

不过，对于汽车厂商而言，置换来的对手品牌二手车的技术力量与配件保障都远不如本品牌车辆，很难对其提供充分的检修、整备与质保。而《二手车流通管理办法》要求经营者对其售出的车辆一律要提供担保，这便成为开展多品牌置换业务的汽车厂商必须要解决的一道难题。但这并非是不可跨越的障碍，汽车厂商可以同其他二手车经营主体组建经营联盟，通过合作来开展多品牌置换业务。其实，汽车厂商完全可以把置换来的对手品牌二手车委托给专业的二手车经销商、拍卖公司或经纪公司来处理，甚至直接转让给他们；当然也可以通过专业的二手车鉴定评估公司，来完成对换入其他品牌二手车的检修、整备与质保。

2. 我国二手车置换的发展现状

1）我国二手乘用车市场现状及预测

目前我国的二手乘用车市场发展处于初期阶段，其主要特征为：①二手车是新车的衍生品，具有许多新车的产品属性特征，但是水平不同；②二手车与新车的用户消费理念趋同，购买能力不足；③新车市场的发展决定了二手车市场的诞生，新车市场的成熟决定了二手车市场的规模；④二手车交易具有重复性特征，新车只交易一次，而二手车可能交易数次；⑤新车交易双方是单向不可逆的，二手车交易双方是双向可逆的；⑥二手车市场滞后于新车市场起动，但规模会超过新车；⑦新车应以需求为导向进行营销，而二手车要以产品为导向进行营销；⑧厂商品牌二手车发展的终极目标是进行投资经营，与新车地位平行。

2）二手乘用车市场关键指标分析

（1）车辆更换周期。用户期望换车周期略有延长，受政策影响高级别车型提前换车时间。

目前二手车市场在实际车辆使用年限中，更换周期在5年以上的比例远远小于用户期望，车辆年限结构明显倾向于5年内(含3年以下准新车)，用户期望值与市场实际值之间的较大差异必然导致二手车车源断层。受宏观经济环境影响，用户车辆更换年限期望略有拉长，主要体现在低级别车型上；高级别车型用户由于燃油税等政策影响，车辆更换周期加快。

(2) 车辆认证费用。认证费用略有下降，幅度并不明显。

不同类型用户对认证费用接受度差异明显：预购二手车用户比已购车用户对有厂商质保的认证二手车，抱有更大的期望，故接受度相对更高；有厂商质保的认证二手车，对于低预算用户(10万元以内)具有极大的吸引力，用户愿意为此付出的费用相比其他类型用户而言也更高。

(3) 车辆整备接受度。高级别车型整备程度还应满足不同用户的需求。

总体来说，对二手车市场车辆整备不太清楚的消费者仍占相当比例；消费者对低级别车型整备程度较为认可，而高级别车型还可以针对不同人群实现差异化整备。

(4) 车辆出货时间。政策对市场的影响初步显现，零售出货时间因车辆级别不同呈现差异化。数据显示，高级别车型出货时间明显偏长，而低级别车型相反；这一现象也反映出国家政策对二手车市场的影响初步显现，对经纪公司而言，这种影响更为明显。

3) 用户心理及行为分析

(1) 购车态度。经济性是用户考虑二手车的主要因素，而对质量的担忧阻碍了用户的购买行为。

二手车的经济性是用户选择二手车的主要原因，体现在价格导向和性价比两个方面。对质量的顾虑成为阻碍用户选择二手车的首要因素；长期固有观念及现有二手车交易体制的不完善均影响了用户的购买倾向。

(2) 购车渠道。经纪公司仍是购买渠道的首选，非市场化的车辆处置方式表明现阶段二手车市场仍不成熟。对于预购二手车用户而言，经纪公司仍是首选购买渠道，厂家4S店虽位居第二，但与经纪公司相比仍有一定差距。

3. 二手车置换流程

二手车置换的流程按照品牌厂商的不同而有所区别，但是大体上相同。下面举例说明二手车置换的基本流程。

(1) 资料。置换客户带汽车及相关资料到公司置换部。

(2) 检测评估。置换客户把汽车及相关资料提供给公司，公司评估人员根据现有二手车市场价格行情、当前新车价格、车况及使用年限等资料对二手车进行综合分析、评估，初步拟定价格。

(3) 定价。将初步价格通知置换客户，经协商同意后，确定收购价格。

(4) 选购新车。客户确定新车车型，挑选新车，确定新车后，商定新车价格。

(5) 成交。置换客户与公司签订汽车置换协议或合同。

(6) 过户。客户提供过户资料，办理汽车过户手续。

(7) 折算二手车款凭证。置换部出具《折算二手车款凭证》。

(8) 新车收款凭证。用户选定新车后，由销售部门出具《收款通知单》。

(9) 补齐车款。置换用户凭《折算二手车款凭证》、《收款通知单》到公司财务处补齐车款。

（10）办理上牌。置换用户补齐车款后，提交汽车上牌所需资料，由公司办理汽车上牌。

（11）提车。公司在办完所有手续以后通知客户提车。

习　题

1. 常见二手车交易类型有哪些？

2. 二手车交易过户都需要查验哪些证件？

3. 办理二手车转移登记手续时，同城转移登记手续与异地转移登记手续有哪些不同之处？

4. 二手车交易中，买方在变更车辆产权后还需要对哪些税费及证件进行变更？

5. 什么是二手车置换？简述二手车置换流程。

附录 相关法律法规

一、机动车登记规定

中华人民共和国公安部 第102号令

公安部部长 孟建柱

二〇〇八年五月二十七日

目 录

第一章 总 则

第一条 根据《中华人民共和国道路交通安全法》及其实施条例的规定，制定本规定。

第二条 本规定由公安机关交通管理部门负责实施。

省级公安机关交通管理部门负责本省(自治区、直辖市)机动车登记工作的指导、检查和监督。直辖市公安机关交通管理部门车辆管理所、设区的市或者相当于同级的公安机关交通管理部门车辆管理所负责办理本行政辖区内机动车登记业务。

县级公安机关交通管理部门车辆管理所可以办理本行政辖区内摩托车、三轮汽车、低速载货汽车登记业务。条件具备的，可以办理除进口机动车、危险化学品运输车、校车、中型以上载客汽车以外的其他机动车登记业务。具体业务范围和办理条件由省级公安机关交通管理部门确定。

警用车辆登记业务按照有关规定办理。

第三条 车辆管理所办理机动车登记，应当遵循公开、公正、便民的原则。

车辆管理所在受理机动车登记申请时，对申请材料齐全并符合法律、行政法规和本规定的，应当在规定的时限内办结。对申请材料不齐全或者其他不符合法定形式的，应当一次告知申请人需要补正的全部内容。对不符合规定的，应当书面告知不予受理、登记的理由。

车辆管理所应当将法律、行政法规和本规定的有关机动车登记的事项、条件、依据、程序、期限以及收费标准、需要提交的全部材料的目录和申请表示范文本等在办理登记的场所公示。

省级、设区的市或者相当于同级的公安机关交通管理部门应当在互联网上建立主页，发布信息，便于群众查阅机动车登记的有关规定，下载、使用有关表格。

第四条 车辆管理所应当使用计算机登记系统办理机动车登记，并建立数据库。不使用计算机登记系统登记的，登记无效。

计算机登记系统的数据库标准和登记软件全国统一。数据库能够完整、准确记录登记内容，记录办理过程和经办人员信息，并能够实时将有关登记内容传送到全国公安交通管理信息系统。计算机登记系统应当与交通违法信息系统和交通事故信息系统实行联网。

第二章　登　记

第一节　注册登记

第五条　初次申领机动车号牌、行驶证的，机动车所有人应当向住所地的车辆管理所申请注册登记。

第六条　机动车所有人应当到机动车安全技术检验机构对机动车进行安全技术检验，取得机动车安全技术检验合格证明后申请注册登记。但经海关进口的机动车和国务院机动车产品主管部门认定免予安全技术检验的机动车除外。

免予安全技术检验的机动车有下列情形之一的，应当进行安全技术检验：

（一）国产机动车出厂后两年内未申请注册登记的；

（二）经海关进口的机动车进口后两年内未申请注册登记的；

（三）申请注册登记前发生交通事故的。

第七条　申请注册登记的，机动车所有人应当填写申请表，交验机动车，并提交以下证明、凭证：

（一）机动车所有人的身份证明；

（二）购车发票等机动车来历证明；

（三）机动车整车出厂合格证明或者进口机动车进口凭证；

（四）车辆购置税完税证明或者免税凭证；

（五）机动车交通事故责任强制保险凭证；

（六）法律、行政法规规定应当在机动车注册登记时提交的其他证明、凭证。

不属于经海关进口的机动车和国务院机动车产品主管部门规定免予安全技术检验的机动车，还应当提交机动车安全技术检验合格证明。

车辆管理所应当自受理申请之日起二日内，确认机动车，核对车辆识别代号拓印膜，审查提交的证明、凭证，核发机动车登记证书、号牌、行驶证和检验合格标志。

第八条　车辆管理所办理消防车、救护车、工程救险车注册登记时，应当对车辆的使用性质、标志图案、标志灯具和警报器进行审查。

车辆管理所办理全挂汽车列车和半挂汽车列车注册登记时，应当对牵引车和挂车分别核发机动车登记证书、号牌和行驶证。

第九条　有下列情形之一的，不予办理注册登记：

（一）机动车所有人提交的证明、凭证无效的；

（二）机动车来历证明被涂改或者机动车来历证明记载的机动车所有人与身份证明不符的；

（三）机动车所有人提交的证明、凭证与机动车不符的；

（四）机动车未经国务院机动车产品主管部门许可生产或者未经国家进口机动车主管部门许可进口的；

（五）机动车的有关技术数据与国务院机动车产品主管部门公告的数据不符的；

（六）机动车的型号、发动机号码、车辆识别代号或者有关技术数据不符合国家安全技术标准的；

（七）机动车达到国家规定的强制报废标准的；

（八）机动车被人民法院、人民检察院、行政执法部门依法查封、扣押的；

（九）机动车属于被盗抢的；

（十）其他不符合法律、行政法规规定的情形。

第二节　变更登记

第十条　已注册登记的机动车有下列情形之一的，机动车所有人应当向登记地车辆管理所申请变更登记：

（一）改变车身颜色的；

（二）更换发动机的；

（三）更换车身或者车架的；

（四）因质量问题更换整车的；

（五）营运机动车改为非营运机动车或者非营运机动车改为营运机动车等使用性质改变的；

（六）机动车所有人的住所迁出或者迁入车辆管理所管辖区域的。

机动车所有人为两人以上，需要将登记的所有人姓名变更为其他所有人姓名的，可以向登记地车辆管理所申请变更登记。

属于本条第一款第(一)项、第(二)项和第(三)项规定的变更事项的，机动车所有人应当在变更后十日内向车辆管理所申请变更登记；属于本条第一款第(六)项规定的变更事项的，机动车所有人申请转出前，应当将涉及该车的道路交通安全违法行为和交通事故处理完毕。

第十一条　申请变更登记的，机动车所有人应当填写申请表，交验机动车，并提交以下证明、凭证：

（一）机动车所有人的身份证明；

（二）机动车登记证书；

（三）机动车行驶证；

（四）属于更换发动机、车身或者车架的，还应当提交机动车安全技术检验合格证明；

（五）属于因质量问题更换整车的，还应当提交机动车安全技术检验合格证明，但经海关进口的机动车和国务院机动车产品主管部门认定免予安全技术检验的机动车除外。

车辆管理所应当自受理之日起一日内，确认机动车，审查提交的证明、凭证，在机动车登记证书上签注变更事项，收回行驶证，重新核发行驶证。

车辆管理所办理本规定第十条第一款第(三)项、第(四)项和第(六)项规定的变更登记事项的，应当核对车辆识别代号拓印膜。

第十二条　车辆管理所办理机动车变更登记时，需要改变机动车号牌号码的，收回号牌、行驶证，确定新的机动车号牌号码，重新核发号牌、行驶证和检验合格标志。

第十三条　机动车所有人的住所迁出车辆管理所管辖区域的，车辆管理所应当自受理之日起三日内，在机动车登记证书上签注变更事项，收回号牌、行驶证，核发有效期为三十日的临时行驶车号牌，将机动车档案交机动车所有人。机动车所有人应当在临时行驶车号牌的有效期限内到住所地车辆管理所申请机动车转入。

申请机动车转入的，机动车所有人应当填写申请表，提交身份证明、机动车登记证书、机动车档案，并交验机动车。机动车在转入时已超过检验有效期的，应当在转入地进行安全技术检验并提交机动车安全技术检验合格证明和交通事故责任强制保险凭证。车辆管理所应当自受理之日起三日内，确认机动车，核对车辆识别代号拓印膜，审查相关证明、凭证和机动车档案，在机动车登记证书上签注转入信息，核发号牌、行驶证和检验合格标志。

第十四条　机动车所有人为两人以上，需要将登记的所有人姓名变更为其他所有人姓名的，应当提交机动车登记证书、行驶证、变更前和变更后机动车所有人的身份证明和共同所有的公证证明，但属于夫妻双方共同所有的，可以提供《结婚证》或者证明夫妻关系的《居民户口簿》。

变更后机动车所有人的住所在车辆管理所管辖区域内的，车辆管理所按照本规定第十一条第二款的规定办理变更登记。变更后机动车所有人的住所不在车辆管理所管辖区域内的，迁出地和迁入地车辆管理所按照本规定第十三条的规定办理变更登记。

第十五条　有下列情形之一的，不予办理变更登记：

（一）改变机动车的品牌、型号和发动机型号的，但经国务院机动车产品主管部门许可选装的发动机除外；

（二）改变已登记的机动车外形和有关技术数据的，但法律、法规和国家强制性标准另有规定的除外；

（三）有本规定第九条第(一)项、第(七)项、第(八)项、第(九)项规定情形的。

第十六条 有下列情形之一，在不影响安全和识别号牌的情况下，机动车所有人不需要办理变更登记：

（一）小型、微型载客汽车加装前后防撞装置；

（二）货运机动车加装防风罩、水箱、工具箱、备胎架等；

（三）增加机动车车内装饰。

第十七条 已注册登记的机动车，机动车所有人住所在车辆管理所管辖区域内迁移或者机动车所有人姓名(单位名称)、联系方式变更的，应当向登记地车辆管理所备案。

（一）机动车所有人住所在车辆管理所管辖区域内迁移、机动车所有人姓名(单位名称)变更的，机动车所有人应当提交身份证明、机动车登记证书、行驶证和相关变更证明。车辆管理所应当自受理之日起一日内，在机动车登记证书上签注备案事项，重新核发行驶证。

（二）机动车所有人联系方式变更的，机动车所有人应当提交身份证明和行驶证。车辆管理所应当自受理之日起一日内办理备案。

机动车所有人的身份证明名称或者号码变更的，可以向登记地车辆管理所申请备案。机动车所有人应当提交身份证明、机动车登记证书。车辆管理所应当自受理之日起一日内，在机动车登记证书上签注备案事项。

发动机号码、车辆识别代号因磨损、锈蚀、事故等原因辨认不清或者损坏的，可以向登记地车辆管理所申请备案。机动车所有人应当提交身份证明、机动车登记证书、行驶证。车辆管理所应当自受理之日起一日内，在发动机、车身或者车架上打刻原发动机号码或者原车辆识别代号，在机动车登记证书上签注备案事项。

第三节 转移登记

第十八条 已注册登记的机动车所有权发生转移的，现机动车所有人应当自机动车交付之日起三十日内向登记地车辆管理所申请转移登记。

机动车所有人申请转移登记前，应当将涉及该车的道路交通安全违法行为和交通事故处理完毕。

第十九条 申请转移登记的，现机动车所有人应当填写申请表，交验机动车，并提交以下证明、凭证：

（一）现机动车所有人的身份证明；

（二）机动车所有权转移的证明、凭证；

（三）机动车登记证书；

（四）机动车行驶证；

（五）属于海关监管的机动车，还应当提交《中华人民共和国海关监管车辆解除监管证明书》或者海关批准的转让证明；

（六）属于超过检验有效期的机动车，还应当提交机动车安全技术检验合格证明和交通事故责任强制保险凭证。

现机动车所有人住所在车辆管理所管辖区域内的，车辆管理所应当自受理申请之日起一日内，确认机动车，核对车辆识别代号拓印膜，审查提交的证明、凭证，收回号牌、行驶证，确定新的机动车号牌号码，在机动车登记证书上签注转移事项，重新核发号牌、行驶证和检验合格标志。

现机动车所有人住所不在车辆管理所管辖区域内的，车辆管理所应当按照本规定第十三条的规定办理。

第二十条 有下列情形之一的，不予办理转移登记：

（一）机动车与该车档案记载内容不一致的；

（二）属于海关监管的机动车，海关未解除监管或者批准转让的；

（三）机动车在抵押登记、质押备案期间的；

（四）有本规定第九条第(一)项、第(二)项、第(七)项、第(八)项、第(九)项规定情形的。

第二十一条　被人民法院、人民检察院和行政执法部门依法没收并拍卖，或者被仲裁机构依法仲裁裁决，或者被人民法院调解、裁定、判决机动车所有权转移时，原机动车所有人未向现机动车所有人提供机动车登记证书、号牌或者行驶证的，现机动车所有人在办理转移登记时，应当提交人民法院出具的未得到机动车登记证书、号牌或者行驶证的《协助执行通知书》，或者人民检察院、行政执法部门出具的未得到机动车登记证书、号牌或者行驶证的证明。车辆管理所应当公告原机动车登记证书、号牌或者行驶证作废，并在办理转移登记的同时，补发机动车登记证书。

第四节　抵押登记

第二十二条　机动车所有人将机动车作为抵押物抵押的，应当向登记地车辆管理所申请抵押登记；抵押权消灭的，应当向登记地车辆管理所申请解除抵押登记。

第二十三条　申请抵押登记的，机动车所有人应当填写申请表，由机动车所有人和抵押权人共同申请，并提交下列证明、凭证：

（一）机动车所有人和抵押权人的身份证明；

（二）机动车登记证书；

（三）机动车所有人和抵押权人依法订立的主合同和抵押合同。

车辆管理所应当自受理之日起一日内，审查提交的证明、凭证，在机动车登记证书上签注抵押登记的内容和日期。

第二十四条　申请解除抵押登记的，机动车所有人应当填写申请表，由机动车所有人和抵押权人共同申请，并提交下列证明、凭证：

（一）机动车所有人和抵押权人的身份证明；

（二）机动车登记证书。

人民法院调解、裁定、判决解除抵押的，机动车所有人或者抵押权人应当填写申请表，提交机动车登记证书、人民法院出具的已经生效的《调解书》、《裁定书》或者《判决书》，以及相应的《协助执行通知书》。

车辆管理所应当自受理之日起一日内，审查提交的证明、凭证，在机动车登记证书上签注解除抵押登记的内容和日期。

第二十五条　机动车抵押登记日期、解除抵押登记日期可以供公众查询。

第二十六条　有本规定第九条第(一)项、第(七)项、第(八)项、第(九)项或者第二十条第(二)项规定情形之一的，不予办理抵押登记。对机动车所有人提交的证明、凭证无效，或者机动车被人民法院、人民检察院、行政执法部门依法查封、扣押的，不予办理解除抵押登记。

第五节　注销登记

第二十七条　已达到国家强制报废标准的机动车，机动车所有人向机动车回收企业交售机动车时，应当填写申请表，提交机动车登记证书、号牌和行驶证。机动车回收企业应当确认机动车并解体，向机动车所有人出具《报废机动车回收证明》。报废的大型客、货车及其他营运车辆应当在车辆管理所的监督下解体。

机动车回收企业应当在机动车解体后七日内将申请表、机动车登记证书、号牌、行驶证和《报废机动车回收证明》副本提交车辆管理所，申请注销登记。

车辆管理所应当自受理之日起一日内，审查提交的证明、凭证，收回机动车登记证书、号牌、行驶证，出具注销证明。

第二十八条　除本规定第二十七条规定的情形外，机动车有下列情形之一的，机动车所有人应当向登记地车辆管理所申请注销登记：

（一）机动车灭失的；

（二）机动车因故不在我国境内使用的；

（三）因质量问题退车的。

已注册登记的机动车有下列情形之一的，登记地车辆管理所应当办理注销登记：

（一）机动车登记被依法撤销的；

（二）达到国家强制报废标准的机动车被依法收缴并强制报废的。

属于本条第一款第(二)项和第(三)项规定情形之一的，机动车所有人申请注销登记前，应当将涉及该车的道路交通安全违法行为和交通事故处理完毕。

第二十九条　属于本规定第二十八条第一款规定的情形，机动车所有人申请注销登记的，应当填写申请表，并提交以下证明、凭证：

（一）机动车登记证书；

（二）机动车行驶证；

（三）属于机动车灭失的，还应当提交机动车所有人的身份证明和机动车灭失证明；

（四）属于机动车因故不在我国境内使用的，还应当提交机动车所有人的身份证明和出境证明，其中属于海关监管的机动车，还应当提交海关出具的《中华人民共和国海关监管车辆进(出)境领(销)牌照通知书》；

（五）属于因质量问题退车的，还应当提交机动车所有人的身份证明和机动车制造厂或者经销商出具的退车证明。

车辆管理所应当自受理之日起一日内，审查提交的证明、凭证，收回机动车登记证书、号牌、行驶证，出具注销证明。

第三十条　因车辆损坏无法驶回登记地的，机动车所有人可以向车辆所在地机动车回收企业交售报废机动车。交售机动车时应当填写申请表，提交机动车登记证书、号牌和行驶证。机动车回收企业应当确认机动车并解体，向机动车所有人出具《报废机动车回收证明》。报废的大型客、货车及其他营运车辆应当在报废地车辆管理所的监督下解体。

机动车回收企业应当在机动车解体后七日内将申请表、机动车登记证书、号牌、行驶证和《报废机动车回收证明》副本提交报废地车辆管理所，申请注销登记。

报废地车辆管理所应当自受理之日起一日内，审查提交的证明、凭证，收回机动车登记证书、号牌、行驶证，并通过计算机登记系统将机动车报废信息传递给登记地车辆管理所。

登记地车辆管理所应当自接到机动车报废信息之日起一日内办理注销登记，并出具注销证明。

第三十一条　已注册登记的机动车有下列情形之一的，车辆管理所应当公告机动车登记证书、号牌、行驶证作废：

（一）达到国家强制报废标准，机动车所有人逾期不办理注销登记的；

（二）机动车登记被依法撤销后，未收缴机动车登记证书、号牌、行驶证的；

（三）达到国家强制报废标准的机动车被依法收缴并强制报废的；

（四）机动车所有人办理注销登记时未交回机动车登记证书、号牌、行驶证的。

第三十二条　有本规定第九条第(一)项、第(八)项、第(九)项或者第二十条第(一)项、第(三)项规定情形的之一的，不予办理注销登记。

第三章　其他规定

第三十三条　申请办理机动车质押备案或者解除质押备案的，由机动车所有人和典当行共同申请，机动车所有人应当填写申请表，并提交以下证明、凭证：

（一）机动车所有人和典当行的身份证明；

（二）机动车登记证书。

车辆管理所应当自受理之日起一日内，审查提交的证明、凭证，在机动车登记证书上签注质押备案或者解除质押备案的内容和日期。

有本规定第九条第(一)项、第(七)项、第(八)项、第(九)项规定情形之一的，不予办理质押备案。对机动车所有人提交的证明、凭证无效，或者机动车被人民法院、人民检察院、行政执法部门依法查封、扣押的，不予办理解除质押备案。

第三十四条　机动车登记证书灭失、丢失或者损毁的，机动车所有人应当向登记地车辆管理所申请补领、换领。申请时，机动车所有人应当填写申请表并提交身份证明，属于补领机动车登记证书的，还应当交验机动车。车辆管理所应当自受理之日起一日内，确认机动车，审查提交的证明、凭证，补发、换发机动车登记证书。

启用机动车登记证书前已注册登记的机动车未申领机动车登记证书的，机动车所有人可以向登记地车辆管理所申领机动车登记证书。但属于机动车所有人申请变更、转移或者抵押登记的，应当在申请前向车辆管理所申领机动车登记证书。申请时，机动车所有人应当填写申请表，交验机动车并提交身份证明。车辆管理所应当自受理之日起五日内，确认机动车，核对车辆识别代号拓印膜，审查提交的证明、凭证，核发机动车登记证书。

第三十五条　机动车号牌、行驶证灭失、丢失或者损毁的，机动车所有人应当向登记地车辆管理所申请补领、换领。申请时，机动车所有人应当填写申请表并提交身份证明。

车辆管理所应当审查提交的证明、凭证，收回未灭失、丢失或者损毁的号牌、行驶证，自受理之日起一日内补发、换发行驶证，自受理之日起十五日内补发、换发号牌，原机动车号牌号码不变。

补发、换发号牌期间应当核发有效期不超过十五日的临时行驶车号牌。

第三十六条　机动车具有下列情形之一，需要临时上道路行驶的，机动车所有人应当向车辆管理所申领临时行驶车号牌：

(一) 未销售的；

(二) 购买、调拨、赠予等方式获得机动车后尚未注册登记的；

(三) 进行科研、定型试验的；

(四) 因轴荷、总质量、外廓尺寸超出国家标准不予办理注册登记的特型机动车。

第三十七条　机动车所有人申领临时行驶车号牌应当提交以下证明、凭证：

(一) 机动车所有人的身份证明；

(二) 机动车交通事故责任强制保险凭证；

(三) 属于本规定第三十六条第(一)项、第(四)项规定情形的，还应当提交机动车整车出厂合格证明或者进口机动车进口凭证；

(四) 属于本规定第三十六条第(二)项规定情形的，还应当提交机动车来历证明，以及机动车整车出厂合格证明或者进口机动车进口凭证；

(五) 属于本规定第三十六条第(三)项规定情形的，还应当提交书面申请和机动车安全技术检验合格证明。

车辆管理所应当自受理之日起一日内，审查提交的证明、凭证，属于本规定第三十六条第(一)项、第(二)项规定情形，需要在本行政辖区内临时行驶的，核发有效期不超过十五日的临时行驶车号牌；需要跨行政辖区临时行驶的，核发有效期不超过三十日的临时行驶车号牌。属于本规定第三十六条第(三)项、第(四)项规定情形的，核发有效期不超过九十日的临时行驶车号牌。

因号牌制作的原因，无法在规定时限内核发号牌的，车辆管理所应当核发有效期不超过十五日的临时行驶车号牌。

对具有本规定第三十六条第(一)项、第(二)项规定情形之一，机动车所有人需要多次申领临时行驶车号牌的，车辆管理所核发临时行驶车号牌不得超过三次。

第三十八条　机动车所有人发现登记内容有错误的，应当及时要求车辆管理所更正。车辆管理所应当自受理之日起五日内予以确认。确属登记错误的，在机动车登记证书上更正相关内容，换发行驶证。

需要改变机动车号牌号码的，应当收回号牌、行驶证，确定新的机动车号牌号码，重新核发号牌、行驶证和检验合格标志。

第三十九条 已注册登记的机动车被盗抢的，车辆管理所应当根据刑侦部门提供的情况，在计算机登记系统内记录，停止办理该车的各项登记和业务。被盗抢机动车发还后，车辆管理所应当恢复办理该车的各项登记和业务。

机动车在被盗抢期间，发动机号码、车辆识别代号或者车身颜色被改变的，车辆管理所应当凭有关技术鉴定证明办理变更备案。

第四十条 机动车所有人可以在机动车检验有效期满前三个月内向登记地车辆管理所申请检验合格标志。

申请前，机动车所有人应当将涉及该车的道路交通安全违法行为和交通事故处理完毕。申请时，机动车所有人应当填写申请表并提交行驶证、机动车交通事故责任强制保险凭证、机动车安全技术检验合格证明。

车辆管理所应当自受理之日起一日内，确认机动车，审查提交的证明、凭证，核发检验合格标志。

第四十一条 除大型载客汽车以外的机动车因故不能在登记地检验的，机动车所有人可以向登记地车辆管理所申请委托核发检验合格标志。申请前，机动车所有人应当将涉及机动车的道路交通安全违法行为和交通事故处理完毕。申请时，应当提交机动车登记证书或者行驶证。

车辆管理所应当自受理之日起一日内，出具核发检验合格标志的委托书。

机动车在检验地检验合格后，机动车所有人应当按照本规定第四十条第二款的规定向被委托地车辆管理所申请检验合格标志，并提交核发检验合格标志的委托书。被委托地车辆管理所应当自受理之日起一日内，按照本规定第四十条第三款的规定核发检验合格标志。

第四十二条 机动车检验合格标志灭失、丢失或者损毁的，机动车所有人应当持行驶证向机动车登记地或者检验合格标志核发地车辆管理所申请补领或者换领。车辆管理所应当自受理之日起一日内补发或者换发。

第四十三条 办理机动车转移登记或者注销登记后，原机动车所有人申请办理新购机动车注册登记时，可以向车辆管理所申请使用原机动车号牌号码。

申请使用原机动车号牌号码应当符合下列条件：

（一）在办理转移登记或者注销登记后六个月内提出申请；

（二）机动车所有人拥有原机动车三年以上；

（三）涉及原机动车的道路交通安全违法行为和交通事故处理完毕。

第四十四条 确定机动车号牌号码采用计算机自动选取和由机动车所有人按照机动车号牌标准规定自行编排的方式。

第四十五条 机动车所有人可以委托代理人代理申请各项机动车登记和业务，但申请补领机动车登记证书的除外。对机动车所有人因死亡、出境、重病、伤残或者不可抗力等原因不能到场申请补领机动车登记证书的，可以凭相关证明委托代理人代理申领。

代理人申请机动车登记和业务时，应当提交代理人的身份证明和机动车所有人的书面委托。

第四十六条 机动车所有人或者代理人申请机动车登记和业务，应当如实向车辆管理所提交规定的材料和反映真实情况，并对其申请材料实质内容的真实性负责。

第四章 法律责任

第四十七条 有下列情形之一的，由公安机关交通管理部门处警告或者二百元以下罚款：

（一）重型、中型载货汽车及其挂车的车身或者车厢后部未按照规定喷涂放大的牌号或者放大的牌号不清晰的；

（二）机动车喷涂、粘贴标识或者车身广告，影响安全驾驶的；

（三）载货汽车、挂车未按照规定安装侧面及后下部防护装置、粘贴车身反光标识的；

（四）机动车未按照规定期限进行安全技术检验的；

（五）改变车身颜色、更换发动机、车身或者车架，未按照本规定第十条规定的时限办理变更登记的；

（六）机动车所有权转移后，现机动车所有人未按照本规定第十八条规定的时限办理转移登记的；

（七）机动车所有人办理变更登记、转移登记，机动车档案转出登记地车辆管理所后，未按照本规定第十三条规定的时限到住所地车辆管理所申请机动车转入的。

第四十八条　除本规定第十条和第十六条规定的情形外，擅自改变机动车外形和已登记的有关技术数据的，由公安机关交通管理部门责令恢复原状，并处警告或者五百元以下罚款。

第四十九条　以欺骗、贿赂等不正当手段取得机动车登记的，由公安机关交通管理部门收缴机动车登记证书、号牌、行驶证，撤销机动车登记；申请人在三年内不得申请机动车登记。对涉嫌走私、盗抢的机动车，移交有关部门处理。

以欺骗、贿赂等不正当手段办理补、换领机动车登记证书、号牌、行驶证和检验合格标志等业务的，由公安机关交通管理部门处警告或者二百元以下罚款。

第五十条　省、自治区、直辖市公安厅、局可以根据本地区的实际情况，在本规定的处罚幅度范围内，制定具体的执行标准。

对本规定的道路交通安全违法行为的处理程序按照《道路交通安全违法行为处理程序规定》执行。

第五十一条　交通警察违反规定为被盗抢、走私、非法拼(组)装、达到国家强制报废标准的机动车办理登记的，按照国家有关规定给予处分，经教育不改又不宜给予开除处分的，按照《公安机关组织管理条例》规定予以辞退；对聘用人员予以解聘。构成犯罪的，依法追究刑事责任。

第五十二条　交通警察有下列情形之一的，按照国家有关规定给予处分；对聘用人员予以解聘。构成犯罪的，依法追究刑事责任：

（一）不按照规定确认机动车和审查证明、凭证的；

（二）故意刁难，拖延或者拒绝办理机动车登记的；

（三）违反本规定增加机动车登记条件或者提交的证明、凭证的；

（四）违反本规定第四十四条的规定，采用其他方式确定机动车号牌号码的；

（五）违反规定跨行政辖区办理机动车登记和业务的；

（六）超越职权进入计算机登记系统办理机动车登记和业务，或者不按规定使用机动车登记系统办理登记和业务的；

（七）向他人泄漏、传播计算机登记系统密码，造成系统数据被篡改、丢失或者破坏的；

（八）利用职务上的便利索取、收受他人财物或者谋取其他利益的；

（九）强令车辆管理所违反本规定办理机动车登记的。

第五十三条　公安机关交通管理部门有本规定第五十一条、第五十二条所列行为之一的，按照国家有关规定对直接负责的主管人员和其他直接责任人员给予相应的处分。

公安机关交通管理部门及其工作人员有本规定第五十一条、第五十二条所列行为之一，给当事人造成损失的，应当依法承担赔偿责任。

第五章　附　　则

第五十四条　机动车登记证书、号牌、行驶证、检验合格标志的种类、式样，以及各类登记表格式样等由公安部制定。机动车登记证书由公安部统一印制。

机动车登记证书、号牌、行驶证、检验合格标志的制作应当符合有关标准。

第五十五条　本规定下列用语的含义：

（一）进口机动车是指：

1. 经国家限定口岸海关进口的汽车；

2. 经各口岸海关进口的其他机动车；

3. 海关监管的机动车；

4. 国家授权的执法部门没收的走私、无合法进口证明和利用进口关键件非法拼(组)装的机动车。

（二）进口机动车的进口凭证是指：

1. 进口汽车的进口凭证，是国家限定口岸海关签发的《货物进口证明书》；

2. 其他进口机动车的进口凭证，是各口岸海关签发的《货物进口证明书》；

3. 海关监管的机动车的进口凭证，是监管地海关出具的《中华人民共和国海关监管车辆进(出)境领(销)牌照通知书》；

4. 国家授权的执法部门没收的走私、无进口证明和利用进口关键件非法拼(组)装的机动车的进口凭证，是该部门签发的《没收走私汽车、摩托车证明书》。

（三）机动车所有人是指拥有机动车的个人或者单位。

1. 个人是指我国内地的居民和军人(含武警)以及香港、澳门特别行政区、台湾地区居民、华侨和外国人；

2. 单位是指机关、企业、事业单位和社会团体以及外国驻华使馆、领馆和外国驻华办事机构、国际组织驻华代表机构。

（四）身份证明是指：

1. 机关、企业、事业单位、社会团体的身份证明，是该单位的《组织机构代码证书》、

加盖单位公章的委托书和被委托人的身份证明。机动车所有人为单位的内设机构，本身不具备领取《组织机构代码证书》条件的，可以使用上级单位的《组织机构代码证书》作为机动车所有人的身份证明。上述单位已注销、撤销或者破产，其机动车需要办理变更登记、转移登记、解除抵押登记、注销登记、解除质押备案、申领机动车登记证书和补、换领机动车登记证书、号牌、行驶证的，已注销的企业的身份证明，是工商行政管理部门出具的注销证明。已撤销的机关、事业单位、社会团体的身份证明，是其上级主管机关出具的有关证明。已破产的企业的身份证明，是依法成立的财产清算机构出具的有关证明；

2. 外国驻华使馆、领馆和外国驻华办事机构、国际组织驻华代表机构的身份证明，是该使馆、领馆或者该办事机构、代表机构出具的证明；

3. 居民的身份证明，是《居民身份证》或者《临时居民身份证》。在暂住地居住的内地居民，其身份证明是《居民身份证》或者《临时居民身份证》，以及公安机关核发的居住、暂住证明；

4. 军人(含武警)的身份证明，是《居民身份证》或者《临时居民身份证》。在未办理《居民身份证》前，是指军队有关部门核发的《军官证》、《文职干部证》、《士兵证》、

《离休证》、《退休证》等有效军人身份证件，以及其所在的团级以上单位出具的本人住所证明；

5. 香港、澳门特别行政区居民的身份证明，是其入境时所持有的《港澳居民来往内地通行证》或者《港澳同胞回乡证》、香港、澳门特别行政区《居民身份证》和公安机关核发的居住、暂住证明；

6. 台湾地区居民的身份证明，是其所持有的有效期六个月以上的公安机关核发的《台湾居民来往大陆通行证》或者外交部核发的《中华人民共和国旅行证》和公安机关核发的居住、暂住证明；

7. 华侨的身份证明，是《中华人民共和国护照》和公安机关核发的居住、暂住证明；

8. 外国人的身份证明，是其入境时所持有的护照或者其他旅行证件、居(停)留期为六个月以上的有效签证或者居留许可，以及公安机关出具的住宿登记证明；

9. 外国驻华使馆、领馆人员、国际组织驻华代表机构人员的身份证明，是外交部核发的有效身份证件。

（五）住所是指：

1. 单位的住所为其主要办事机构所在地的地址；

2. 个人的住所为其身份证明记载的地址。在暂住地居住的内地居民的住所是公安机关核发的居住、暂住证明记载的地址。

（六）机动车来历证明是指：

1. 在国内购买的机动车，其来历证明是全国统一的机动车销售发票或者二手车交易发票。在国外购买的机动车，其来历证明是该车销售单位开具的销售发票及其翻译文本，但海关监管的机动车不需提供来历证明；

2. 人民法院调解、裁定或者判决转移的机动车，其来历证明是人民法院出具的已经生效的《调解书》、《裁定书》或者《判决书》，以及相应的《协助执行通知书》；

3. 仲裁机构仲裁裁决转移的机动车，其来历证明是《仲裁裁决书》和人民法院出具的《协助执行通知书》；

4. 继承、赠与、中奖、协议离婚和协议抵偿债务的机动车，其来历证明是继承、赠与、中奖、协议离婚、协议抵偿债务的相关文书和公证机关出具的《公证书》；

5. 资产重组或者资产整体买卖中包含的机动车，其来历证明是资产主管部门的批准文件；

6. 机关、企业、事业单位和社会团体统一采购并调拨到下属单位未注册登记的机动车，其来历证明是全国统一的机动车销售发票和该部门出具的调拨证明；

7. 机关、企业、事业单位和社会团体已注册登记并调拨到下属单位的机动车，其来历证明是该单位出具的调拨证明。被上级单位调回或者调拨到其他下属单位的机动车，其来历证明是上级单位出具的调拨证明；

8. 经公安机关破案发还的被盗抢且已向原机动车所有人理赔完毕的机动车，其来历证明是《权益转让证明书》。

（七）机动车整车出厂合格证明是指：

1. 机动车整车厂生产的汽车、摩托车、挂车，其出厂合格证明是该厂出具的《机动车整车出厂合格证》；

2. 使用国产或者进口底盘改装的机动车，其出厂合格证明是机动车底盘生产厂出具的《机动车底盘出厂合格证》或者进口机动车底盘的进口凭证和机动车改装厂出具的《机动车整车出厂合格证》；

3. 使用国产或者进口整车改装的机动车，其出厂合格证明是机动车生产厂出具的《机动车整车出厂合格证》或者进口机动车的进口凭证和机动车改装厂出具的《机动车整车出厂合格证》；

4. 人民法院、人民检察院或者行政执法机关依法扣留、没收并拍卖的未注册登记的国产机动车，未能提供出厂合格证明的，可以凭人民法院、人民检察院或者行政执法机关出具的证明替代。

（八）机动车灭失证明是指：

1. 因自然灾害造成机动车灭失的证明是，自然灾害发生地的街道、乡、镇以上政府部门出具的机动车因自然灾害造成灭失的证明；

2. 因失火造成机动车灭失的证明是，火灾发生地的县级以上公安机关消防部门出具的机动车因失火造成灭失的证明；

3. 因交通事故造成机动车灭失的证明是，交通事故发生地的县级以上公安机关交通管理部门出具的机动车因交通事故造成灭失的证明。

（九）本规定所称“一日”、“二日”、“三日”、“五日”、“七日”、“十日”、“十五日”，是指工作日，不包括节假日。

临时行驶车号牌的最长有效期“十五日”、“三十日”、“九十日”，包括工作日和节假日。

本规定所称以下、以上、以内，包括本数。

第五十六条　本规定自2008年10月1日起施行。2004年4月30日公安部发布的《机动车登记规定》(公安部令第72号)同时废止。本规定实施前公安部发布的其他规定与本规定不一致的，以本规定为准。

二、二手车流通管理办法

商务部、公安部、工商总局、税务总局2005年第2号令

第一章　总　则

第一条　为加强二手车流通管理，规范二手车经营行为，保障二手车交易双方的合法权益，促进二手车流通健康发展，依据国家有关法律、行政法规，制定本办法。

第二条　在中华人民共和国境内从事二手车经营活动或者与二手车相关的活动，适用本办法。

本办法所称二手车，是指从办理完注册登记手续到达到国家强制报废标准之前进行交易并转移所有权的汽车(包括三轮汽车、低速载货汽车，即原农用运输车，下同)、挂车和摩托车。

第三条　二手车交易市场是指依法设立、为买卖双方提供二手车集中交易和相关服务的场所。

第四条　二手车经营主体是指经工商行政管理部门依法登记，从事二手车经销、拍卖、经纪、鉴定评估的企业。

第五条　二手车经营行为是指二手车经销、拍卖、经纪、鉴定评估等。

(一) 二手车经销是指二手车经销企业收购、销售二手车的经营活动；

(二) 二手车拍卖是指二手车拍卖企业以公开竞价的形式将二手车转让给最高应价者的经营活动；

(三) 二手车经纪是指二手车经纪机构以收取佣金为目的，为促成他人交易二手车而从事居间、行纪或者代理等经营活动；

(四) 二手车鉴定评估是指二手车鉴定评估机构对二手车技术状况及其价值进行鉴定评估的经营活动。

第六条　二手车直接交易是指二手车所有人不通过经销企业、拍卖企业和经纪机构将车辆直接出售给买方的交易行为。二手车直接交易应当在二手车交易市场进行。

第七条　国务院商务主管部门、工商行政管理部门、税务部门在各自的职责范围内负责二手车流通有关监督管理工作。

省、自治区、直辖市和计划单列市商务主管部门(以下简称省级商务主管部门)、工商行政管理部门、税务部门在各自的职责范围内负责辖区内二手车流通有关监督管理工作。

第二章　设立条件和程序

第八条　二手车交易市场经营者、二手车经销企业和经纪机构应当具备企业法人条件，并依法到工商行政管理部门办理登记。

第九条　二手车鉴定评估机构应当具备下列条件：

(一) 是独立的中介机构；

(二) 有固定的经营场所和从事经营活动的必要设施；

(三) 有3名以上从事二手车鉴定评估业务的专业人员(包括本办法实施之前取得国家职业资格证书的旧机动车鉴定估价师)；

(四) 有规范的规章制度。

第十条　设立二手车鉴定评估机构，应当按下列程序办理：

(一) 申请人向拟设立二手车鉴定评估机构所在地省级商务主管部门提出书面申请，并提交符合本办法第九条规定的相关材料。

(二) 省级商务主管部门自收到全部申请材料之日起20个工作日内作出是否予以核准的决定，对予以核准的，颁发《二手车鉴定评估机构核准证书》；不予核准的，应当说明理由。

(三) 申请人持《二手车鉴定评估机构核准证书》到工商行政管理部门办理登记手续。

第十一条　外商投资设立二手车交易市场、经销企业、经纪机构、鉴定评估机构的申请人，应当分别持符合第八条、第九条规定和《外商投资商业领域管理办法》、有关外商投资法律规定的相关材料报省级商务主管部门。省级商务主管部门进行初审后，自收到全部申请材料之日起1个月内上报国务院商务

主管部门。合资中方有国家计划单列企业集团的，可直接将申请材料报送国务院商务主管部门。国务院商务主管部门自收到全部申请材料3个月内会同国务院工商行政管理部门，作出是否予以批准的决定，对予以批准的，颁发或者换发《外商投资企业批准证书》；不予批准的，应当说明理由。

申请人持《外商投资企业批准证书》到工商行政管理部门办理登记手续。

第十二条　设立二手车拍卖企业(含外商投资二手车拍卖企业)应当符合《中华人民共和国拍卖法》和《拍卖管理办法》有关规定，并按《拍卖管理办法》规定的程序办理。

第十三条外资并购二手车交易市场和经营主体及已设立的外商投资企业增加二手车经营范围的，应当按第十一条、第十二条规定的程序办理。

第三章　行为规范

第十四条　二手车交易市场经营者和二手车经营主体应当依法经营和纳税，遵守商业道德，接受依法实施的监督检查。

第十五条　二手车卖方应当拥有车辆的所有权或者处置权。二手车交易市场经营者和二手车经营主体应当确认卖方的身份证明、车辆的号牌、《机动车登记证书》、《机动车行驶证》，有效的机动车安全技术检验合格标志、车辆保险单、交纳税费凭证等。

国家机关、国有企事业单位在出售、委托拍卖车辆时，应持有本单位或者上级单位出具的资产处理证明。

第十六条　出售、拍卖无所有权或者处置权车辆的，应承担相应的法律责任。

第十七条　二手车卖方应当向买方提供车辆的使用、修理、事故、检验以及是否办理抵押登记、交纳税费、报废期等真实情况和信息。买方购买的车辆如因卖方隐瞒和欺诈不能办理转移登记，卖方应当无条件接受退车，并退还购车款等费用。

第十八条　二手车经销企业销售二手车时应当向买方提供质量保证及售后服务承诺，并在经营场所予以明示。

第十九条　进行二手车交易应当签订合同。合同示范文本由国务院工商行政管理部门制定。

第二十条　二手车所有人委托他人办理车辆出售的，应当与受托人签订委托书。

第二十一条　委托二手车经纪机构购买二手车时，双方应当按以下要求进行：

(一) 委托人向二手车经纪机构提供合法身份证明；

(二) 二手车经纪机构依据委托人要求选择车辆，并及时向其通报市场信息；

(三) 二手车经纪机构接受委托购买时，双方签订合同；

(四) 二手车经纪机构根据委托人要求代为办理车辆鉴定评估，鉴定评估所发生的费用由委托人承担。

第二十二　条二手车交易完成后，卖方应当及时向买方交付车辆、号牌及车辆法定证明、凭证。车辆法定证明、凭证主要包括：

(一)《机动车登记证书》；

(二)《机动车行驶证》；

(三) 有效的机动车安全技术检验合格标志；

(四) 车辆购置税完税证明；

(五) 养路费缴付凭证；

(六) 车船使用税缴付凭证；

(七) 车辆保险单。

第二十三条　下列车辆禁止经销、买卖、拍卖和经纪：

(一) 已报废或者达到国家强制报废标准的车辆；

(二) 在抵押期间或者未经海关批准交易的海关监管车辆；

(三) 在人民法院、人民检察院、行政执法部门依法查封、扣押期间的车辆；

（四）通过盗窃、抢劫、诈骗等违法犯罪手段获得的车辆；

（五）发动机号码、车辆识别代号或者车架号码与登记号码不相符，或者有凿改迹象的车辆；

（六）走私、非法拼(组)装的车辆；

（七）不具有第二十二条所列证明、凭证的车辆；

（八）在本行政辖区以外的公安机关交通管理部门注册登记的车辆；

（九）国家法律、行政法规禁止经营的车辆。

二手车交易市场经营者和二手车经营主体发现车辆具有(四)、(五)、(六)情形之一的，应当及时报告公安机关、工商行政管理部门等执法机关。

对交易违法车辆的，二手车交易市场经营者和二手车经营主体应当承担连带赔偿责任和其他相应的法律责任。

第二十四条　二手车经销企业销售、拍卖企业拍卖二手车时，应当按规定向买方开具税务机关监制的统一发票。

进行二手车直接交易和通过二手车经纪机构进行二手车交易的，应当由二手车交易市场经营者按规定向买方开具税务机关监制的统一发票。

第二十五条　二手车交易完成后，现车辆所有人应当凭税务机关监制的统一发票，按法律、法规有关规定办理转移登记手续。

第二十六条　二手车交易市场经营者应当为二手车经营主体提供固定场所和设施，并为客户提供办理二手车鉴定评估、转移登记、保险、纳税等手续的条件。二手车经销企业、经纪机构应当根据客户要求，代办二手车鉴定评估、转移登记、保险、纳税等手续。

第二十七条　二手车鉴定评估应当本着买卖双方自愿的原则，不得强制进行；属国有资产的二手车应当按国家有关规定进行鉴定评估。

第二十八条　二手车鉴定评估机构应当遵循客观、真实、公正和公开原则，依据国家法律法规开展二手车鉴定评估业务，出具车辆鉴定评估报告；并对鉴定评估报告中车辆技术状况，包括是否属事故车辆等评估内容负法律责任。

第二十九条　二手车鉴定评估机构和人员可以按国家有关规定从事涉案、事故车辆鉴定等评估业务。

第三十条　二手车交易市场经营者和二手车经营主体应当建立完整的二手车交易购销、买卖、拍卖、经纪以及鉴定评估档案。

第三十一条　设立二手车交易市场、二手车经销企业开设店铺，应当符合所在地城市发展及城市商业发展有关规定。

第四章　监督与管理

第三十二条　二手车流通监督管理遵循破除垄断，鼓励竞争，促进发展和公平、公正、公开的原则。

第三十三条　建立二手车交易市场经营者和二手车经营主体备案制度。凡经工商行政管理部门依法登记，取得营业执照的二手车交易市场经营者和二手车经营主体，应当自取得营业执照之日起两个月内向省级商务主管部门备案。省级商务主管部门应当将二手车交易市场经营者和二手车经营主体有关备案情况定期报送国务院商务主管部门。

第三十四条　建立和完善二手车流通信息报送、公布制度。二手车交易市场经营者和二手车经营主体应当定期将二手车交易量、交易额等信息通过所在地商务主管部门报送省级商务主管部门。省级商务主管部门将上述信息汇总后报送国务院商务主管部门。国务院商务主管部门定期向社会公布全国二手车流通信息。

第三十五条　商务主管部门、工商行政管理部门应当在各自的职责范围内采取有效措施，加强对二手车交易市场经营者和经营主体的监督管理，依法查处违法违规行为，维护市场秩序，保护消费者的合法权益。

第三十六条　国务院工商行政管理部门会同商务主管部门建立二手车交易市场经营者和二手车经营

主体信用档案，定期公布违规企业名单。

第五章 附 则

第三十七条 本办法自2005年10月1日起施行，原《商务部办公厅关于规范旧机动车鉴定评估管理工作的通知》（商建字〔2004〕第70号）、《关于加强旧机动车市场管理工作的通知》（国经贸贸易〔2001〕1281号）、《旧机动车交易管理办法》（内贸机字〔1998〕第33号）及据此发布的各类文件同时废止。

三、二手车交易规范

商务部公告2006年第22号

第一章 总 则

第一条 为规范二手车交易市场经营者和二手车经营主体的服务、经营行为，以及二手车直接交易双方的交易行为，明确交易规程，增加交易透明度，维护二手车交易双方的合法权益，依据《二手车流通管理办法》，制定本规范。

第二条 在中华人民共和国境内从事二手车交易及相关的活动适用于本规范。

第三条 二手车交易应遵循诚实、守信、公平、公开的原则，严禁欺行霸市、强买强卖、弄虚作假、恶意串通、敲诈勒索等违法行为。

第四条 二手车交易市场经营者和二手车经营主体应在各自的经营范围内从事经营活动，不得超范围经营。

第五条 二手车交易市场经营者和二手车经营主体应按下列项目确认卖方的身份及车辆的合法性：

（一）卖方身份证明或者机构代码证书原件合法有效；

（二）车辆号牌、机动车登记证书、机动车行驶证、机动车安全技术检验合格标志真实、合法、有效；

（三）交易车辆不属于《二手车流通管理办法》第二十三条规定禁止交易的车辆。

第六条 二手车交易市场经营者和二手车经营主体应核实卖方的所有权或处置权证明。车辆所有权或处置权证明应符合下列条件：

（一）机动车登记证书、行驶证与卖方身份证明名称一致；国家机关、国有企事业单位出售的车辆，应附有资产处理证明。

（二）委托出售的车辆，卖方应提供车主授权委托书和身份证明。

（三）二手车经销企业销售的车辆，应具有车辆收购合同等能够证明经销企业拥有该车所有权或处置权的相关材料，以及原车主身份证明复印件。原车主名称应与机动车登记证、行驶证名称一致。

第七条 二手车交易应当签订合同，明确相应的责任和义务。交易合同包括：收购合同、销售合同、买卖合同、委托购买合同、委托出售合同、委托拍卖合同等。

第八条 交易完成后，买卖双方应当按照国家有关规定，持下列法定证明、凭证向公安机关交通管理部门申办车辆转移登记手续：

（一）买方及其代理人的身份证明；

（二）机动车登记证书；

（三）机动车行驶证；

（四）二手车交易市场、经销企业、拍卖公司按规定开具的二手车销售统一发票；

（五）属于解除海关监管的车辆，应提供《中华人民共和国海关监管车辆解除监管证明书》。

车辆转移登记手续应在国家有关政策法规所规定的时间内办理完毕，并在交易合同中予以明确。

完成车辆转移登记后，买方应按国家有关规定，持新的机动车登记证书和机动车行驶证到有关部门办理车辆购置税、养路费变更手续。

第九条 二手车应在车辆注册登记所在地交易。二手车转移登记手续应按照公安部门有关规定在原车辆注册登记所在地公安机关交通管理部门办理。需要进行异地转移登记的，由车辆原属地公安机关交通管理部门办理车辆转出手续，在接收地公安机关交通管理部门办理车辆转入手续。

第十条 二手车交易市场经营者和二手车经营主体应根据客户要求提供相关服务，在收取服务费、佣金时应开具发票。

第十一条 二手车交易市场经营者、经销企业、拍卖公司应建立交易档案。交易档案主要包括以下内容：

（一）本规范第五条第二款规定的法定证明、凭证复印件；

（二）购车原始发票或者最近一次交易发票复印件；

（三）买卖双方身份证明或者机构代码证书复印件；

（四）委托人及授权代理人身份证或者机构代码证书以及授权委托书复印件；

（五）交易合同原件；

（六）二手车经销企业的《车辆信息表》（见附件一），二手车拍卖公司的《拍卖车辆信息》（见附件二）和《二手车拍卖成交确认书》（见附件三）；

（七）其他需要存档的有关资料。

交易档案保留期限不少于3年。

第十二条 二手车交易市场经营者、二手车经营主体发现非法车辆、伪造证照和车牌等违法行为，以及擅自更改发动机号、车辆识别代号(车架号码)和调整里程表等情况，应及时向有关执法部门举报，并有责任配合调查。

第二章 收购和销售

第十三条 二手车经销企业在收购车辆时，应按下列要求进行：

（一）按本规范第五条和第六条所列项目核实卖方身份以及交易车辆的所有权或处置权，并查验车辆的合法性。

（二）与卖方商定收购价格，如对车辆技术状况及价格存有异议，经双方商定可委托二手车鉴定评估机构对车辆技术状况及价值进行鉴定评估。达成车辆收购意向的，签订收购合同，收购合同中应明确收购方享有车辆的处置权。

（三）按收购合同向卖方支付车款。

第十四条 二手车经销企业将二手车销售给买方之前，应对车辆进行检测和整备。

二手车经销企业应对进入销售展示区的车辆按《车辆信息表》的要求填写有关信息，在显要位置予以明示，并可根据需要增加《车辆信息表》的有关内容。

第十五条 达成车辆销售意向的，二手车经销企业应与买方签订销售合同，并将《车辆信息表》作为合同附件。按合同约定收取车款时，应向买方开具税务机关监制的统一发票，并如实填写成交价格。

买方持本规范第八条规定的法定证明、凭证到公安机关交通管理部门办理转移登记手续。

第十六条 二手车经销企业向最终用户销售使用年限在3年以内或行驶里程在6万KM以内的车辆(以先到者为准，营运车除外)，应向用户提供不少于3个月或5 000 KM(以先到者为准)的质量保证。质量保证范围为发动机系统、转向系统、传动系统、制动系统、悬挂系统等。

第十七条 二手车经销企业向最终用户提供售后服务时，应向其提供售后服务清单。

第十八条 二手车经销企业在提供售后服务的过程中，不得擅自增加未经客户同意的服务项目。

第十九条 二手车经销企业应建立售后服务技术档案。售后服务技术档案包括以下内容：

（一）车辆基本资料，主要包括车辆品牌型号、车牌号码、发动机号、车架号、出厂日期、使用性质、最近一次转移登记日期、销售时间、地点等；

（二）客户基本资料，主要包括客户名称(姓名)、地址、职业、联系方式等；

（三）维修保养记录，主要包括维修保养的时间、里程、项目等。

售后服务技术档案保存时间不少于3年。

第三章 经 纪

第二十条 购买或出售二手车可以委托二手车经纪机构办理。委托二手车经纪机构购买二手车时，应按《二手车流通管理办法》第二十一条规定进行。

第二十一条 二手车经纪机构应严格按照委托购买合同向买方交付车辆、随车文件及本规范第五条第二款规定的法定证明、凭证。

第二十二条 经纪机构接受委托出售二手车，应按以下要求进行：

（一）及时向委托人通报市场信息；

（二）与委托人签订委托出售合同；

（三）按合同约定展示委托车辆，并妥善保管，不得挪作他用；

（四）不得擅自降价或加价出售委托车辆。

第二十三条 签订委托出售合同后，委托出售方应当按照合同约定向二手车经纪机构交付车辆、随车文件及本规范第五条第二款规定的法定证明、凭证。

车款、佣金给付按委托出售合同约定办理。

第二十四条 通过二手车经纪机构买卖的二手车，应由二手车交易市场经营者开具国家税务机关监制的统一发票。

第二十五条 进驻二手车交易市场的二手车经纪机构应与交易市场管理者签订相应的管理协议，服从二手车交易市场经营者的统一管理。

第二十六条 二手车经纪人不得以个人名义从事二手车经纪活动。

二手车经纪机构不得以任何方式从事二手车的收购、销售活动。

第二十七条 二手车经纪机构不得采取非法手段促成交易，以及向委托人索取合同约定佣金以外的费用。

第四章 拍 卖

第二十八条 从事二手车拍卖及相关中介服务活动，应按照《拍卖法》及《拍卖管理办法》的有关规定进行。

第二十九条 委托拍卖时，委托人应提供身份证明、车辆所有权或处置权证明及其他相关材料。拍卖人接受委托的，应与委托人签订委托拍卖合同。

第三十条 委托人应提供车辆真实的技术状况，拍卖人应如实填写《拍卖车辆信息》。如对车辆的技术状况存有异议，拍卖委托双方经商定可委托二手车鉴定评估机构对车辆进行鉴定评估。

第三十一条 拍卖人应于拍卖日 7 日前发布公告。拍卖公告应通过报纸或者其他新闻媒体发布，并载明下列事项：

（一）拍卖的时间、地点；

（二）拍卖的车型及数量；

（三）车辆的展示时间、地点；

（四）参加拍卖会办理竞买的手续；

（五）需要公告的其他事项。

拍卖人应在拍卖前展示拍卖车辆，并在车辆显著位置张贴《拍卖车辆信息》。车辆的展示时间不得少于 2 天。

第三十二条 进行网上拍卖，应在网上公布车辆的彩色照片和《拍卖车辆信息》，公布时间不得少于 7 天。

网上拍卖是指二手车拍卖公司利用互联网发布拍卖信息，公布拍卖车辆技术参数和直观图片，通过网上竞价，网下交接，将二手车转让给超过保留价的最高应价者的经营活动。

网上拍卖过程及手续应与现场拍卖相同。网上拍卖组织者应根据《拍卖法》及《拍卖管理办法》有关条款制定网上拍卖规则，竞买人则需要办理网上拍卖竞买手续。

任何个人及未取得二手车拍卖人资质的企业不得开展二手车网上拍卖活动。

第三十三条　拍卖成交后，买受人和拍卖人应签署《二手车拍卖成交确认书》。

第三十四条　委托人、买受人可与拍卖人约定佣金比例。

委托人、买受人与拍卖人对拍卖佣金比例未作约定的，依据《拍卖法》及《拍卖管理办法》有关规定收取佣金。

拍卖未成交的，拍卖人可按委托拍卖合同的约定向委托人收取服务费用。

第三十五条　拍卖人应在拍卖成交且买受人支付车辆全款后，将车辆、随车文件及本规范第五条第二款规定的法定证明、凭证交付给买受人，并向买受人开具二手车销售统一发票，如实填写拍卖成交价格。

第五章　直接交易

第三十六条　二手车直接交易方为自然人的，应具有完全民事行为能力。无民事行为能力的，应由其法定代理人代为办理，法定代理人应提供相关证明。

二手车直接交易委托代理人办理的，应签订具有法律效力的授权委托书。

第三十七条　二手车直接交易双方或其代理人均应向二手车交易市场经营者提供其合法身份证明，并将车辆及本规范第五条第二款规定的法定证明、凭证送交二手车交易市场经营者进行合法性验证。

第三十八条　二手车直接交易双方应签订买卖合同，如实填写有关内容，并承担相应的法律责任。

第三十九条　二手车直接交易的买方按照合同支付车款后，卖方应按合同约定及时将车辆及本规范第五条第二款规定的法定证明、凭证交付买方。

车辆法定证明、凭证齐全合法，并完成交易的，二手车交易市场经营者应当按照国家有关规定开具二手车销售统一发票，并如实填写成交价格。

第六章　交易市场的服务与管理

第四十条　二手车交易市场经营者应具有必要的配套服务设施和场地，设立车辆展示交易区、交易手续办理区及客户休息区，做到标志明显，环境整洁卫生。交易手续办理区应设立接待窗口，明示各窗口业务受理范围。

第四十一条　二手车交易市场经营者在交易市场内应设立醒目的公告牌，明示交易服务程序、收费项目及标准、客户查询和监督电话号码等内容。

第四十二条　二手车交易市场经营者应制定市场管理规则，对场内的交易活动负有监督、规范和管理责任，保证良好的市场环境和交易秩序。由于管理不当给消费者造成损失的，应承担相应的责任。

第四十三条　二手车交易市场经营者应及时受理并妥善处理客户投诉，协助客户挽回经济损失，保护消费者权益。

第四十四条　二手车交易市场经营者在履行其服务、管理职能的同时，可依法收取交易服务和物业等费用。

第四十五条　二手车交易市场经营者应建立严格的内部管理制度，牢固树立为客户服务、为驻场企业服务的意识，加强对所属人员的管理，提高人员素质。二手车交易市场服务、管理人员须经培训合格后上岗。

第七章　附　　则

第四十六条　本规范自发布之日起实施。

附件一　车辆信息表

附件二　拍卖车辆信息

附件三　二手车拍卖成交确认书

四、《关于实施〈关于调整汽车报废标准若干规定的通知〉有关问题的通知》（公交管〔2001〕2号）

根据国家经济贸易委员会等生部委《关于调整汽车报废标准若干规定的通知》（国经贸资源〔2000〕

1202 号)精神，现将实施调整后的汽车报废标准有关问题通知如下：

一、旅游载客汽车和 9 座以上非营运载客汽车达到报废标准后要求继续使用的，按照公安部《关于实施(汽车报废标准)有关事项的通知》(公交管〔1997〕261 号)第二条规定审批。旅游载客汽车每年定期检验 4 次；9 座以上非营运载客汽车每年定期检验 2 次，超过 15 年的，从第 16 年起每年定期检验 4 次。

二、在座(含 9 座)以下非营运载客汽车达到报废标准后要求继续使用的，不需要审批。每年定期检验 2 次，超过 20 年的，从第 21 年起每年定期检验 4 次。

三、上述车辆定期检验时，连续 3 次检验都不符合国家标准《机动车运行安全技术条件》(GB7258)规定的，公安交通管理部门应当收回机动车号牌和《机动车行驶证》，通知机动车所有人办理注销登记。

四、上述车辆达到报废标准后，公安交通管理部门不得办理注册登记和转籍过户登记。

五、2000 年 12 月 18 日之前，应当按照原报废标准报废但未办理完毕注销登记的车辆，比照《关于调整汽车报废标准若干规定的通知》(国经贸资源〔2000〕1202 号)规定执行。

六、右置方向盘汽车报废的管理．按照公安部《关于加强右置方向盘汽车管理的通知》(公交管〔2000〕1202 号)规定执行。本通知未涉及的其他规定，按照公安部《关于实施(汽车报废标准)有关事项的通知》(公交管〔1997〕261 号)执行。

本通知自发布之日起实施。

公　安　部

二○○一年一月六日

五、《关于调整汽车报废标准若干规定的通知》(国经贸资源[2000]1202 号)

【法规名称】国家经济贸易委员会、国家发展计划委员会、公安部、国家环境保护总局关于调整/汽车报废标准若干规定的通知

【法规分类】环境治理

【颁布部门】国家经济贸易委员会/国家发展计划委员会/公安部/国家环境保护总局

【颁布日期】2000 年 12 月 18 日

【实施日期】2000 年 12 月 18 日

【正　　文】国家经济贸易委员会、国家发展计划委员会、公安部、国家环境保护总局关于调整汽车报废标准若干规定的通知

国经贸资源(2000)1202 号

各省、自治区、直辖市、计划单列市及新疆生产建设兵团经贸委(经委)、计委、公安厅(局)、环境保护局(厅)、汽车更新领导小组办公室：

为了鼓励技术进步、节约资源，促进汽车消费，现决定将 1997 年制定的汽车报废标准中非营运载客汽车和旅游载客汽车的使用年限及办理延缓的报废标准调整为：

一、9 座(含 9 座)以下非营运载客汽车(包括轿车、含越野型)使用 15 年。

二、旅游载客汽车和 9 座以上非营运载客汽车使用 10 年。

三、上述车辆达到报废年限后需继续使用的，必须依据国家机动车安全、污染物排放有关规定进行严格检验，检验合格后可延长使用年限。但旅游载客汽车和 9 座以上非营运载客汽车可延长使用年限最长不超过 10 年。

四、对延长使用年限的车辆，应当按照公安交通管理部门和环境保护部门的规定，增加检验次数。一个检验周期内连续三次检验不符合要求的，应注销登记，不允许再上路行驶。

五、营运车辆转为非营运车辆或非营运车辆转为营运车辆，一律按营运车辆的规定报废。

六、本通知没有调整的内容和其他类型的汽车(包括右置方向盘汽车)，仍按照国家经贸委等部门《关于发布〈汽车报废标准〉的通知》(国经贸经〔1997〕456 号)和《关于调整轻型载货汽车报废标准的通知》(国经贸经〔1998〕407 号)执行。

七、本通知所称非营运载客汽车是指：单位和个人不以获取运输利润为目的的自用载客汽车；旅游载客汽车是指：经各级旅游主管部门批准的旅行社专门运载游客的自用载客汽车。

八、本通知自发布之日起施行。

六、汽车报废标准

（国经贸经〔1997〕456 号）(1997 年修订)

凡在我国境内注册的民用汽车，属下列情况之一的应当报废：

1. 轻、微型载货汽车(含越野型)、矿山作业专用车累计行驶 30 万 km，重、中型载货汽车(含越野型)累计行驶 40 万 km，特大、大、中、轻、微型客车(含越野型)、轿车累计行驶 50 万 km，其他车辆累计行驶 45 万 km。

2. 轻、微型载货汽车(含越野型)、带拖车的载货汽车、矿山作业专用车及各类出租车使用 8 年，其他车辆使用 10 年。

3. 因各种原因造成车辆严重损坏或技术状况劣化，无法修复的。

4. 车型淘汰，已无配件来源。

5. 汽车经长期使用，耗油量超过国家定型车出厂标准规定值 15%的。

6. 经合适修理和调整仍达不到国家对机动车运行技术条件要求的。

7. 经合适修理和调整或采用排气污染控制技术后，排放污染物仍超过国家规定的汽车排放标准的。

8. 除 19 座以下出租车和轻、微型载货车(含越野型)外，对达到上述使用年限的客、货车辆，经公安车辆管理部门依据国家机动车安全排放有关规定严格检验，性能符合规定的，可延缓报废，但延长期不得超过本标准第二条规定年限的一半。对于吊车、消防车、钻探车等从事专门作业的车辆，还可根据实际使用和检验情况，再延长使用年限。所有延长使用年限的车辆，都需按公安部规定增加检验次数，不符合国家有关汽车安全排放规定的应当强制报废。

本标准自发布之日起施行。在本标准发布前已达到本标准规定报废条件的车辆，允许在本标准公布后 12 个月之内报废。本标准由全国汽车更新领导小组办公室负责解释。

参考文献

[1] 庞昌乐．二手车评估与交易实务［M］．北京：北京理工大学出版社，2007.

[2] 李江天．旧机动车鉴定评估［M］．北京：人民交通出版社，2006.

[3] 李玉柱．汽车检测与故障诊断技术［M］．北京：冶金工业出版社，2009.

[4] 高群钦．二手车鉴定与评估［M］．北京：国防工业出版社，2006.

[5] 高延龄．汽车运用工程［M］．北京：人民交通出版社，2001.

[6] 舒华．汽车电子控制技术［M］．北京：人民交通出版社，2004.

[7] 陈家瑞．汽车构造［M］．4 版．北京：人民交通出版社，2002.

[8] 李朝晖．汽车新技术［M］．重庆：重庆大学出版社，2004.

[9] 顾金亭．汽车构造与原理［M］．北京：中国劳动社会保障出版社，2000.

[10] 宋景芬．汽车文化［M］．北京：电子工业出版社，2005.

[11] 刘锐．汽车使用与管理［M］．北京：人民交通出版社，1998.

[12] 张国方．汽车服务工程［M］．北京：电子工业出版社，2004.

[13] 李江天．汽车营销实务［M］．北京：电子工业出版社，2005.

[14] 李萌．二手车评估［M］．北京：北京理工大学出版社，2010.

[15] 韩建保．旧车鉴定及评估［M］．北京：高等教育出版社，2006.

[16] 何宝文．汽车评估［M］．大连：大连理工大学出版社，2009.

北京大学出版社高职高专汽车系列规划教材

序号	书号	书名	编著者	定价	出版日期
1	978-7-301-13661-4	汽车电控技术	祁翠琴	39.00	2012.5 第 4 次印刷
2	978-7-301-13658-4	汽车发动机电控系统原理与维修	张吉国	25.00	2012.4 第 2 次印刷
3	978-7-301-14139-7	汽车空调原理及维修	林　钢	26.00	2011.8 第 2 次印刷
4	978-7-301-15378-9	汽车底盘构造与维修	刘东亚	34.00	2009.7
5	978-7-301-15578-3	汽车文化	刘　锐	28.00	2011.8 第 3 次印刷
6	978-7-301-15742-8	汽车使用	刘彦成	26.00	2009.9
7	978-7-301-16919-3	汽车检测与诊断技术	娄　云	35.00	2011.7 第 2 次印刷
8	978-7-301-17079-3	汽车营销实务	夏志华	25.00	2011.11 第 2 次印刷
9	978-7-301-13660-7	汽车构造(上册)——发动机构造	罗灯明	30.00	2012.4 第 2 次印刷
10	978-7-301-17711-2	汽车专业英语图解教程	侯锁军	22.00	2012.1 第 2 次印刷
11	978-7-301-17821-8	汽车机械基础项目化教学标准教程	傅华娟	40.00	2010.10
12	978-7-301-17532-3	汽车构造(下册)——底盘构造	罗灯明	29.00	2011.1
13	978-7-301-17694-8	汽车电工电子技术	郑广军	33.00	2011.1
14	978-7-301-18477-6	汽车维修管理实务	毛　峰	23.00	2011.3
15	978-7-301-17894-2	汽车养护技术	隋礼辉	24.00	2011.3
16	978-7-301-18850-7	汽车电器设备原理与维修实务	明光星	38.00	2011.5
17	978-7-301-18494-3	汽车发动机电控技术	张　俊	46.00	2011.6
18	978-7-301-19147-7	电控发动机原理与维修实务	杨洪庆	27.00	2011.7
19	978-7-301-19027-2	汽车故障诊断技术	明光星	25.00	2011.6
20	978-7-301-19334-1	汽车电气系统检修	宋作军	25.00	2011.8
21	978-7-301-19350-1	汽车营销服务礼仪	夏志华	30.00	2012.4 第 2 次印刷
22	978-7-301-19504-8	汽车机械基础	张本升	34.00	2011.10
23	978-7-301-19652-6	汽车机械基础教程(第 2 版)	吴笑伟	28.00	2012.1
24	978-7-301-18948-1	汽车底盘电控原理与维修实务	刘映凯	26.00	2012.1
25	978-7-301-19646-5	汽车构造	刘智婷	42.00	2012.1
26	978-7-301-20011-7	汽车电器实训	高照亮	38.00	2012.1
27	978-7-301-20753-6	二手车鉴定与评估	李玉柱	28.00	2012.6